Routledge
Taylor & Francis Group

“侦查学”国家一流专业建设成果
江苏省“十四五”国家安全学重点学科建设成果
江苏高校“青蓝工程”资助研究成果

犯罪学前沿译丛

WHITE-COLLAR CRIME
AN OPPORTUNITY PERSPECTIVE
（THIRD EDITION）

白领犯罪：机会的视角
（原书第3版）

［美］迈克尔·L.本森（Michael L.Benson）
［美］莎莉·S.辛普森（Sally S. Simpson）◎著
刘蔚文　黄小英◎译

知识产权出版社
全国百佳图书出版单位
—北京—

图书在版编目（CIP）数据

白领犯罪：机会的视角：原书第 3 版/（美）迈克尔·L. 本森（Michael L. Benson），（美）莎莉·S. 辛普森（Sally S. Simpson）著；刘蔚文，黄小英译. —北京：知识产权出版社，2024. 5
（犯罪学前沿译丛/刘蔚文主编）
书名原文：White-Collar Crime：An Opportunity Perspective（Third Edition）
ISBN 978 - 7 - 5130 - 9224 - 1

Ⅰ. ①白… Ⅱ. ①迈… ②莎… ③刘… ④黄… Ⅲ. ①经济犯罪—研究 Ⅳ. ①D914. 04

中国国家版本馆 CIP 数据核字（2024）第 030845 号

责任编辑：韩婷婷　　**责任校对**：潘凤越
封面设计：北京乾达文化艺术有限公司　　**责任印制**：刘译文

犯罪学前沿译丛
白领犯罪
机会的视角（原书第 3 版）
［美］迈克尔·L. 本森（Michael L. Benson）
［美］莎莉·S. 辛普森（Sally S. Simpson）◎著
刘蔚文　黄小英◎译

出版发行：知识产权出版社有限责任公司　　**网　址**：http：//www. ipph. cn
社　址：北京市海淀区气象路 50 号院　　**邮　编**：100081
责编电话：010 - 82000860 转 8359　　**责编邮箱**：176245578@ qq. com
发行电话：010 - 82000860 转 8101/8102　　**发行传真**：010 - 82000893/82005070/82000270
印　刷：三河市国英印务有限公司　　**经　销**：新华书店、各大网上书店及相关专业书店
开　本：720mm × 1000mm　1/16　　**印　张**：20. 5
版　次：2024 年 5 月第 1 版　　**印　次**：2024 年 5 月第 1 次印刷
字　数：316 千字　　**定　价**：99. 00 元
ISBN 978 - 7 - 5130 - 9224 - 1
京权图字：01 - 2023 - 5598

这本白领犯罪教科书因其丰富的理论以及政策和组织层面上对预防和控制白领犯罪的适用性而精彩绝伦……它成功运用了一种重要的白领犯罪理论方法来研究和打击企业犯罪，提供了一个比较充分的实证研究文本。

——丹尼尔·麦古琳（Danielle McGurrin）

波特兰州立大学，美国（Portland State University，USA）

本书的主要优点在于它直接而简明地论述了一个极其复杂的研究领域。它很好地概述了一些重要理论并阐释了其所讨论的犯罪的行业和业务活动背景，提供了最新的案例，同时进一步拓展了书中独特的理论视角。

——卢卡·福利斯（Luca Follis）

兰开斯特大学，英国（Lancaster University，UK）

本森和辛普森的新版著作非常受欢迎。作者认识到白领犯罪形态随着时间的推移而改变，而犯罪机会模型能够很好地解释这种变化。这一理论模型也为白领犯罪的性质以及对这种犯罪行为的可能控制提供了重要的见解。

——罗伯特·F. 迈耶（Robert F. Meier）

内布拉斯加州大学奥马哈分校，

美国（University of Nebraska at Omaha，USA）

不同于常态犯罪研究聚焦于“大众犯罪”（volume crimes）和非法市场以试图理解犯罪机会的本质，本森和辛普森多年来创新和系统地发展了“机会视角”来理解白领犯罪的“方式”。机会并不意味着白领犯罪就会发生，机会是必要条件，但不是充分条件。作者再次佐证了机会结构的分析是白领犯罪解释模型的一个基本要素。

——尼古拉斯·洛德（Nicholas Lord）

曼彻斯特大学，英国（University of Manchester，UK）

《白领犯罪：机会的视角》在一个逻辑自洽的理论框架内对白领犯罪进行了分析。机会视角假定所有的犯罪都依赖于犯罪人对犯罪机会的识别，作者通过这一视角揭示了白领犯罪得以实现的过程和情境条件。此外，他们没有回避控制犯罪的难题，而是为这一持久而广泛的社会问题提供了可能的解决方案。

迈克尔·L. 本森（Michael L. Benson），辛辛那提大学（University of Cincinnati）刑事司法学院教授，他在包括《犯罪学》（*Criminology*）、《司法季刊》（*Justice Quarterly*）、《犯罪与少年犯罪研究杂志》（*Journal of Research in Crime and Delinquency*）、《美国社会学评论》（*American Sociological Review*）、《美国社会学期刊》（*American Journal of Sociology*）和《社会问题》（*Social Problems*）等主流期刊上发表了大量关于白领犯罪和公司犯罪的文章。他是美国犯罪学学会（American Society of Criminology，ASC）会员、国家白领犯罪研究中心白领犯罪研究联合会（White - Collar Crime Research Consortium of the National White - Collar Crime Research Center）前主席、美国犯罪学学会白领犯罪与公司犯罪分会（Division of White Collar and Corporate Crime）会员，2017年吉尔伯特·盖斯终身成就奖获得者。凭借《打击公司犯罪：地方检察官的工作》这部著作，他还获得了社会问题研究学会犯罪与青少年犯罪研究分会颁发的杰出学者奖。2016年，他与莎娜·R. 范·斯莱克（Shanna R. Van Slyke）和弗朗西斯·T. 卡伦（Francis T. Cullen）共同编辑完成《牛津白领犯罪手册》（*The Oxford Handbook on White - Collar Crime*）。他的研究得到了国家司法研究所、疾病控制中心和私人研究基金会的资助。目前他正在撰写的一本专著是《犯罪和刑事司法中的情感》。

莎莉·S. 辛普森（Sally S. Simpson），马里兰大学帕克分校（University of Maryland，College Park）犯罪学和刑事司法系教授和系主任，同时兼任商业道德、监管和犯罪研究中心主任。辛普森是美国犯罪学学会会员，是该学会提名的杰出学者，荣获过2013年国家白领犯罪研究中心白领犯罪研究联合会吉尔伯特·盖斯终身成就奖。她还是白领犯罪研究联合会前任主席，发表了60多篇论文，出版了5本书，是美国国家司法研究所资助的一项研究项目的首席研究员，该项目主要研究公司董事会多元化与公司参与财务造假和贿赂、环境违规、反竞争行为之间的关系。

“犯罪学与司法研究”
（*Criminology and Justice Studies*）丛书

编者：切斯特·布里特（Chester Britt）、肖恩·L. 加比顿（Shaun L. Gabbidon）

“犯罪学与司法研究”丛书寻求有创新思想和风格、篇幅可长可短的文稿。我们的目标是出版当代这一领域最佳学术和思想的典范作品，并且在风格上力求将学术与更广泛的受众（包括本科生、研究生和公众）联系起来。我们期望这些作品能够填补学术专著和百科全书式教科书之间的空白，使创新性的学术成果能够被广大读者所接受，但又不流于肤浅。系列专题包括犯罪的成因和后果、犯罪的全球化、犯罪控制政策（国内和国际）、预防犯罪、刑事司法制度研究的组织方法、刑事司法系统的决策、恐怖主义和国土安全、移民和犯罪。

《理解白领犯罪：机会的视角》（*Understanding White - Collar Crime：An Opportunity Perspective*），第二版，迈克尔·L. 本森（Michael L. Benson）、莎莉·S. 辛普森（Sally S. Simpson）著；

《刑事司法理论：刑事司法性质和行为的解释》（*Criminal Justice Theory：Explaining the Nature and Behavior of Criminal Justice*），第二版，布赖恩·威思罗（Brian L. Withrow）著；

《犯罪学视角下的种族与犯罪》（*Criminological Perspectives on Race and Crime*），第三版，肖恩·L. 加比顿（Shaun L. Gabbidon）著；

《犯罪与司法的研究方法》（*Research Methods in Crime and Justice*），第二版，布赖恩·威思罗（Brian L. Withrow）著；

《刑事司法的声音：内部观点和外部经验》（*Voices from Criminal Jus-*

tice：*Insider Perspectives*，*Outsider Experiences*），第二版，海特·科普斯（Heith Copes）、马克·R. 波格莱宾（Mark R. Pogrebin）编；

《跨学科视角下的人口拐卖》（*Human Trafficking*：*Interdisciplinary Perspectives*），第二版，玛丽·C. 伯克（Mary C. Burke）著；

《白领犯罪：机会的视角》（*White – Collar Crime*：*An Opportunity Perspective*），第三版，迈克尔·L. 本森（Michael L. Benson）、莎莉·S. 辛普森（Sally S. Simpson）著。

感谢我们的同事，他们给予我们启发；感谢我们的学生，他们会把这项研究继续下去；纪念雷·佩特诺斯特——为我们美好的友谊和其渊博的学识。

第三版前言

《白领犯罪：机会的视角》第三版遵照第二版的形式编写，同时又涵盖了对近几年美国曝光的重大犯罪案件的分析，更新了个人犯罪和组织犯罪的最新资料，对白领犯罪及其控制的最新理论和实证调查也进行了论述。我们始终努力展示机会的视角如何帮助我们更好地理解与商业有关的犯罪，即使犯罪类型会随着时间的推移而发生变化和演进。我们还试图表明，从机会理论的视角来思考白领犯罪问题，有助于提出更好的办法来预防和控制这些犯罪，因为控制机制必须随着白领犯罪的演变而不断发展变化。

以下是对本版主要实质性变化的简要概括。

第一部分讨论了如何更好地界定白领犯罪以及哪些人应被视为白领犯罪人等长期存在争议的问题。这部分的主要变化出现在第二章，增加了关于当代白领犯罪人的最新资料，并提供了美国量刑委员会关于单位犯罪主体的最新数据。

第二部分的第三章讨论了传统犯罪学理论在白领犯罪研究中的运用。在这一章中，我们增加了一个部分来讨论批判和后现代视角对白领犯罪的理解。上一版第二章中有关白领犯罪心理的材料现在被重新编排在这一章。关于白领犯罪的心理，我们扩充了有关精神障碍的讨论。我们在这一章还讨论了大众汽车排放的丑闻。第四章对白领犯罪特征的讨论有所扩展，之前编排在其他部分的有关欺骗的材料也转移到这一章。为便于学生对白领犯罪机会视角的理解，本版将所需材料编排在这一章中。

第三部分是对许多不同类型白领犯罪的分析。鉴于当前人们对医疗保健的关心，我们讨论了《平价医疗法案》如何改变美国联邦政府处理医疗诈骗的方式。第五章还引用了关于伦敦银行同业拆借利率暗箱操纵投标的报告，也就是众所周知的“Libor”丑闻。第六章也有所更新，增加的内容是关于世界范围内日益严重的电子垃圾环境污染和涉及合成药房的制药业新型犯罪问题。

第四部分与早期版本大致相同，只在第七章中增加了对组织犯罪中道德解脱的讨论，第八章增加了关于美国组织“玻璃天花板”的新资料，以及荷兰白领犯罪的跨国数据。这些补充材料表明，至少在这两个西方国家中被抓获和起诉的白领犯罪人是非常相似的，这一结论能否在世界其他地区得到证实，还有待进一步观察。

第五部分对美国司法部在涉及大公司严重不法行为的案件中越来越多地使用延迟起诉和不起诉协议等回应性规制及其带来的各种影响进行了讨论，整个讨论过程中还加入了近来关于对公司犯罪威慑的荟萃分析结果，这些内容都在第九章。第十章讨论了美国证券交易委员会（United States Securities and Exchange Commission，SEC）和医疗补助服务中心（Center for Medicaid Services）对数据分析的使用，这是白领犯罪情境预防方法的创新范例。

第二版前言

自从本书第一版面世以来，白领犯罪一直很猖獗。新的丑闻和犯罪阴谋周期性出现并带来严重后果，例如通用汽车公司对其所生产的汽车点火开关致命缺陷的明显掩盖，还有伯纳德·麦道夫（Bernard Madoff）精心策划的庞氏骗局，其持续时间之长、涉及金额之大，都令人难以置信。我们还观察到，美国抵押贷款市场中广泛的欺诈行为带来了巨大的社会和经济损失，所有这些都为我们提供了大量的新素材。汲取白领犯罪学者们的最新研究成果，我们还在本版中介绍和分析了近期的一些白领犯罪和公司犯罪事件。本版的编写结构有所变化，共分为五个部分，并且一些内容材料在章节中的位置有所改变，但总的叙述顺序仍然保持不变。

第一部分是对白领犯罪的定义以及谁是白领犯罪人问题的讨论。在第一章，为补充说明如何最好地定义白领犯罪问题，我们增加了讨论白领犯罪测量难度这部分新内容，这两个主题——白领犯罪的定义和测量——原本就是密切相关的。第二章阐述了 20 世纪 70 年代耶鲁大学研究人员关于白领犯罪人的社会和人口结构特征的开创性研究，内容有所扩展，将美国量刑委员会的资料也增加进来，这样我们可以将现代白领犯罪人和耶鲁大学研究中的白领犯罪人做一个比较。比较的结果表明，白领犯罪人的人口结构发生了变化，其变化方式反映了美国更广泛的社会变化。本章还对白领犯罪生涯以及白领犯罪人心理特征的最新研究进行了述评，对白领犯罪人心理特征的研究有时真的令人不安。最后，我们增加了关于犯罪组织的新内容。

第二部分探讨了对白领犯罪进行解释的各种理论方法，并引入了我们的机会视角。第三章介绍了白领犯罪的传统理论，增加了关于评估公司犯罪发生率的一些新方法的讨论。这是一个亟待解决的重要问题，因为自我控制理论的倡导者与几乎所有其他理论观点的支持者对于公司白领犯罪是偶发的还是普遍性的问题存在着持续争议。本章还扩展讨论了越来越多地被运用于白领犯罪的“选择”理论。本版第四章的标题有所变化，此外，本章还将日常活动中的“适当目标”和“监护权的缺失”概念与选择理论中密切相关但又不完全相同的“诱惑”和“可靠监督的缺失”概念进行了比较和讨论。

第三部分考察了白领犯罪和公司犯罪的不同形式。与第一版相同，本版第五章分析了白领财务犯罪，对抵押贷款行业在2000—2008年发生的许多真实诈骗案例的讨论进行了大量扩展。我们还把更多的篇幅用于讨论证券违法行为，特别是股票操纵、内幕交易和投资阴谋。我们详细论述了伯纳德·麦道夫的庞氏骗局，分析了一些新的反垄断案例。令人遗憾的是，近五年来危害人类和环境的各种白领犯罪并不少见，因此，我们在第六章介绍了关于环境犯罪案件的新资料，对致命的石油钻井平台“深水地平线”爆炸进行了重点讨论，从新兴的被称为保护犯罪学的理论视角来加深对这一案例的理解。通过回顾近年来的矿井灾难，第六章讨论了各国似乎都很棘手的工作场所安全问题。最后，我们增加了一个关于制造业犯罪的章节，重点是危险产品的制造和分销，例如通用汽车上安装的有故障的点火开关。

第四部分介绍了白领犯罪机会的象征性和结构性问题。第七章对中立化运用的性别差异的最新研究进行了评论和分析。通过分析发现，每当有新的公司丑闻曝光时，必然会出现矛盾性叙述，由此，我们讨论了白领犯罪机会的象征性问题。例如，对于通用汽车上安装的有故障的点火开关的曝光，一种说法将所涉及的个人描述为不道德的算计者，他们无情地将自身利益置于他人利益之上；而另一种说法则来自强大的公司等力量，认为公司高管是善意之人，但遗憾的是他们有时也会犯错误。这些相互矛盾的说法揭示了无知的泛化、越轨行为的中立化和正常化等过程的重要性。在获取机会的结构性问题上，第八章介绍了关于白领犯罪与受害情况中性别差距的最新的深入研究，就白领犯罪而言，这些最新研究证实了白领犯罪学者长期以来的猜测，即公司高管诈骗中存在非常大的性别差异，女性在企业等级制度中有上升的可能，但在涉及大规模诈骗的案件中，担任领导职务的并不是女性。

最后在第五部分，我们探讨了白领犯罪的控制和未来。无论是从刑事司法还是从监管制度出发，有效控制白领犯罪和公司不正当行为都仍然是一个严峻的问题，因此，第九章增加了对某些白领犯罪刑法适用难题的讨论，而且更加专注于刑事司法和监管制度作为控制手段的优点和缺点的探讨。在第十章中，我们大幅增加了作为白领犯罪控制方式的犯罪情境预防理论的思考和讨论。我们还研究了计算机硬件和软件的发展如何为提高监督的可信性创造了可能，如果这些发展能够得到利用，那将是白领犯罪和公司犯罪控制方面的重大进步。因为我们在第一版中所确定的引发白领犯罪的因素依然存在，所以第十一章关于白领犯罪未来的讨论基本保持不变。但是，我们也注意到，有证据表明人们正在慢慢地了解和掌握全球化对犯罪所带来的内生性影响，各国越来越多地通过跨国监管的合作协议来加以应对，这种趋势会走多远以及效果如何还有待观察。

第一版前言

大多数人都能意识到我们可能成为犯罪的受害人，并尽量采取合理的预防措施来防止这种情况的发生。我们锁门、避开危险的社区、在外将财物放在身边，这些简单的预防措施之所以有效，主要是因为它们让犯罪分子难以接触到我们或我们的财产，它们可能确实有助于降低我们成为某些类型犯罪的受害人的概率，如入室盗窃、抢劫、袭击和盗窃等犯罪。

不幸的是，这些措施对预防本书所讨论的犯罪和犯罪人类型——白领犯罪——可能不会有任何效果。预防白领犯罪的实施比较困难，实际上一般不可能通过简单阻止犯罪人接触其目标来加以防范。白领犯罪人使用各种技术手段并利用普通街头犯罪人无法获得的机会来实现自己的犯罪意图。白领犯罪甚至可以在受害人不知道的情况下直接或间接地伤害受害人，与普通的街头犯罪相比，它们给个人、政府和整个社会带来的风险和威胁明显不同。

本书旨在帮助学生更好地了解白领犯罪的实施方式。我们采取所谓的“机会视角”，这种视角在普通街头犯罪的研究中越来越被普遍运用，本书第一次尝试将其系统地运用于白领犯罪研究。我们假定所有犯罪都依赖于犯罪人有某种实施犯罪的机会，并且不同类型的犯罪具有不同的“机会结构”。犯罪的发生需要机会，这一看法如此简单，以至于在犯罪讨论中经常被忽视。比如说，抢劫银行的犯罪很明显取决于是否有银行可供抢劫。因此，当人们思考犯罪的原因及最佳控制方式时，往往会关注犯罪人以及他们为何这样做。动机问题很重要，我们在本书中也论述了这一点。但正如我们将要说明的，看似简单的机会理论仔细分析起来要比我们想象的更复杂，并且对我们理解白领犯罪的原因以及控制方式有很重要的意义。

虽然近年来关于白领犯罪的专著和教科书数量不断增长，但本书有几个与众不同的特点，我们认为这些特点也是本书对学生的价值所在。首先，我们明确地聚焦于机会结构和白领犯罪。虽然市面上也有涉及这个主题的书籍，但它们很少像本书这样系统地加以论述。通过分析机会结构，我们帮助学生了解白领犯罪是如何实施的，包括那些无论在身体上还是经济上都产生了影响的犯罪。了解犯罪实施方式是制定预防犯罪措施的第一步。我们对机会结构的分析包括主观和客观两个方面，因此我们不仅仅是简单地描述白领犯罪人所做的许多可怕的事情，更是试图为学生提供理解犯罪行为的方法，这样他们就不只是义愤，还可以有更多的作为。

其次，实施白领犯罪的机会并不是随机地分布于整个社会。有些人比其他人更容易获取白领犯罪的机会。因此，我们详细讨论了性别、种族和社会阶层这些主要人口结构变量与白领犯罪和受害情况的关系。这样一来，我们将白领犯罪的分析建立在更广阔的社会学视角基础上。

最后，从机会视角出发，我们提出了一种关于白领犯罪控制的新思路。关于白领犯罪和其他类型犯罪的控制的讨论往往过于狭隘地聚焦于犯罪人。我们怎样才能更好地抓住他们？他们被逮捕后，应该受到怎样的严惩？机会的视角提醒我们有时不必直接对犯罪人采取任何行动就能预防或至少减少特定形式的犯罪，我们可以合理地通过改变机会结构的某些方面来预防犯罪。这种基于犯罪情景预防理论的犯罪控制思维方式越来越受到学者和执法者的欢迎。结果表明，该方法同样适用于白领犯罪。

与其他几乎所有关于白领犯罪的教科书一样，本书第一章首先讨论了如何定义白领犯罪这一棘手的问题。我们对基于犯罪人和犯罪行为的定义方法都进行了探讨，并建议对两种观点进行部分综合。第二章详细分析了目前已知的白领犯罪人的人口结构、社会和心理特征。在第三章，我们回顾了关于白领犯罪的几种传统理论或解释。第四章更详细地介绍了机会视角，探讨了白领犯罪的特殊性及其对特定技术手段的依赖，讨论了欺骗、滥用信任、隐瞒和共谋等犯罪技术手段。在第五章和第六章，我们将机会视角应用于所选取的白领犯罪类型。尽管未能涵盖所有可能的白领犯罪，但我们专注于从普通白领犯罪中挑选出的广泛而多样化的类型，包括财产犯罪以及那些对身体有影响的犯罪。第七章讨论了机会的主观或象征方面，探讨了白领犯罪人是如何善于以道德上有利的方式来定义他们的罪行，以及这种定义方式又如何助长了他们的犯罪。在第八章，我们从性别、种族、社会阶层等方面对白领犯罪与受害情况的分布进行了数据分析。在第九章，我们讨论了如何通过法律以及法律以外的手段来更好地控制白领犯罪。最后，在第十章，我们总结了我们对白领犯罪的特点和特殊的犯罪技术手段所持的观点，然后对白领犯罪的未来进行了推测，并就本研究的政策意义进行了思考。

致 谢

在本书第二版和第三版相间隔的短时间内，美国联邦政府和州层面都采取了一些积极和重要的措施来提高我们对白领犯罪的理解和认识。在约翰·劳布（John Laub）以及后来的南希·罗德里格斯（Nancy Rodriguez）的领导下，国家司法研究所为白领犯罪学者提供了新的资助。司法统计局在局长吉姆·林奇（Jim Lynch）和副局长比尔·萨博尔（Bill Sabol）的领导下投入资源研究了建立白领犯罪联邦综合数据库的可行性，并推出了州和地方白领犯罪项目（SLWCCP）。该项目将推动未来的资料收集，旨在提供州和地方政府所处理的具有全国代表性的刑事、民事和监管领域白领犯罪的案例数据。此外，国家刑法和司法学术委员会（与宾夕法尼亚大学的Zicklin中心一起）主办了为期一天的公司刑事司法会议，国家研究委员会小组对美国犯罪的现代测量技术及最佳获取方式的研发情况进行了评估并提出了建议，其中就包括白领犯罪。在目前政府放松监管的体制背景下，所有这些积极的发展趋势都有可能发生变化，但仍然有来自全球的力量在发挥作用，世界各地会涌现出更多的有着独特的经历和视角的研究白领犯罪的学者和学生。我对此仍充满希望！

莎莉·S. 辛普森

2017年7月21日

和这本书的早期版本一样，我对第三版的贡献得到了改进，这得益于我与同事们，特别是与弗兰克·卡伦（Frank Cullen）、约翰·埃克（John Eck）、亨利·庞特尔（Henry Pontell）和戴维·弗里德里克斯（David Friedrichs）进行的交流。参与我的白领犯罪课题研讨的学生提出的问题以及他们愿意聆听这些并非深思熟虑、有待进一步完善的讲座都对我有所帮助。我还从我的学生那里了解到，对于第二版的有些章节，虽然我认为理论模型很清晰，但实际上并不是。希望这些模糊之处在此新版中得到清晰的说明。莎莉和我都要感谢内布拉斯加州大学奥马哈分校的埃米莉·赖特（Emily Wright）教授为本版所做的出色工作。最后，我要感谢我的妻子谢莉（Shelley）和我的儿子克里斯托弗（Christopher）所给予的支持和耐心，在过去的一年里我独自占用了地下室的电脑。

迈克尔·L. 本森

2017 年 7 月 24 日

目 录

第一部分 白领犯罪概论

第二部分　犯罪理论与机会视角

第三部分　机会视角在白领犯罪中的运用

第五部分 白领犯罪的控制、预防和未来

第一部分

白领犯罪概论

每一个国家所面临的最大风险，与其说是来自不满的士兵，不如说是来自不满的千万富翁。

——美国《民族报》1845年

1939年12月27日，美国宾夕法尼亚州费城一位56岁的名为埃德温·萨瑟兰（Edwin H. Sutherland）的社会学家发表了一篇永远改变了犯罪研究的演讲，此篇题为《白领犯罪》的演讲是萨瑟兰教授作为即将上任的美国社会学会主席在该学会年会上的致辞。在致辞中，萨瑟兰将矛头指向他所认为的当时犯罪学理论的一个根本缺陷，即未能认识和认真讨论大量的掌握权力的人所实施的违法行为（Geis and Goff，1983，p. ix），他将这些违法行为称为白领犯罪。在此篇演讲发表之前，权力阶层的违法行为在很大程度上被理论犯罪学者所忽略，相反，他们几乎完全专注于贫困和弱势者所实施的普通街头犯罪。而在此篇演讲发表的75年之后，白领犯罪的概念虽然经受了很多批判和争议，但已然成为犯罪学思考和公众议题的既定部分，学者和普通民众现在都已认识到有权者的不法行为会给所有人带来巨大风险。

本书的第一部分阐述了白领犯罪的概念及围绕其展开的争论。我们首先回顾了这一概念的历史演变，然后介绍两种不同的定义方法：一种是基于犯罪人，另一种是基于犯罪行为。接下来，我们对已知的有关白领犯罪人的人口结构、社会和心理特征进行述评。虽然萨瑟兰想要引起人们对权力阶层违法行为的关注，但你会发现，许多实施了所谓白领犯罪的人，与特权阶层的后代相比，相对来说是无权的。虽然许多白领犯罪人并不富裕，也无权势，但他们也不同于普通的街头犯罪人，相反，他们来自美国人口中明显不同的部分。

第一章　什么是白领犯罪

白领犯罪作为一个技术术语，已跨越科学和学术领域而成为公共话题的一部分，现在有关白领犯罪的故事经常出现在新闻中，如果你去街上询问，肯定会发现绝大多数人都曾听闻之。然而，当被追问什么是白领犯罪时，普通人给出的回答并没有多少信息量。大多数人可能会提到一些穿着西装的男人偷了钱却没有被抓去坐牢，但也就仅此而已。白领犯罪问题非常复杂，它提出了一个难解的社会、法律和科学议题，对社会学和犯罪学领域具有重要影响。本书旨在帮助读者更好地理解白领犯罪的复杂性，使其能够批判和分析性地思考这一重要社会问题。对那些正在寻找更令人信服的理由而去阅读的人而言，我们希望你在这里学到的东西能够帮助你避免遭受白领犯罪的伤害。

不幸的是，白领犯罪人隐藏于各行各业，要避开这些犯罪人并不容易。每当你与任何一类专业人士进行商业交易时，都有成为所谓的“白领受害人”的潜在可能。这里“专业人士”一词的意义非常宽泛，包括任何有偿提供专门化服务的人，除法律、医学和会计等传统职业外，也包括蓝领和其他服务业“专业人士”，如家庭装修工、汽车修理工、水管工、电工和房地产经纪人等。通常情况下，你之所以聘请某类专业人士为你做事，是因为专业人士比你知道得更多，或者可以做得比你更好，或者只是比你有更多的时间。换句话说，你需要这些专业人士做一些出于某种原因你不能或不想自己做的事情。但是，你如何知晓专业人士是以正确的方式（即最专业和最具成本效益的方式）做了正确的事情（即对你而言是必要而合适的）呢？专业人士总是有可能利用你在专业知识上的匮乏进行某种诈骗或欺骗。

提出以正确的方式做正确的事情显然是含糊不清的，因此，这里将几乎每个人迟早都会经历的买房和看医生这两种需要专业人士提供帮助的情形作为例证。买房可能是一种令人生畏的经历，不仅因为房屋对我们大多数人来说是所购之物中最昂贵的，而且因为购房是一个非常复杂的过程，涉及大量的表格、文书工作（表单、报价、贷款申请、产权、保险等）和许多不同身份的人（房地产代理、评估师、抵押贷款经纪人、测量员、权益人、信贷员、贷款人等）。事实上，这个过程如此复杂，以至于许多购房者只信任那些在房屋抵押贷款行业工作的专业人士，请他们来指导购房，并且在自己没有阅读或理解的情况下签署了大量与交易有关的文件。不幸的是，从 2005 年到 2008 年，这种对住房抵押贷款行业诚信的盲目信任经常被错置，数以千万计的美国人成为欺骗性和诈骗性贷款的受害人，他们被抵押贷款经纪人欺骗而办理了并不符合他们最大利益的贷款。除营销欺骗性贷款外，抵押贷款和银行业还从事了许多其他诈骗和阴谋，对此我们将在第五章予以更全面的解释。

再看医疗保健行业的情况。假设你连续几天感觉不舒服，决定去看医生。医生给你做检查，询问你的症状，然后为了确诊建议进一步检测，而你实际上并不知道是否需要更多的检测。当然，你可以离开再去看另一个医生，但这会花费更多时间。同时，医生应该是专家，所以你可能会接受医生的建议并同意接受检测。然而，你并不知道自己究竟有什么问题，而医生知道，但出于经济原因，他会开列不必要的检测项目。也许他就是检测公司的股东之一，因此有意以这种方式指导业务，或与实验室达成协议分享其所提供业务的获利。无论动机如何，他都进行了诈骗，而你（他的患者）则是直接的受害人。但必须指出，你并不是这次交易中唯一的受害人，因为检测费用的很大部分可能由保险公司承担，你的保险公司也是受害人，同时，医疗诈骗导致医疗费用上升，因此整个社会都遭受了损害。

这两个例子说明了诈骗的不同形式，例子里的专业人员都会运用其优越的知识和技能来利用某些人。诈骗不限于医药和房地产行业，它可以发生在任何行业中，是最常见的白领犯罪类型之一。本书还将讨论许多其他类型的白领犯罪，如违反环境法规、做假账、剥削工人、违反证券法和反垄断法等。与此处给出的诈骗案例不同，许多其他的案例都不涉及违法者和受害人之间离散的互动，但都是白领犯罪的类型。

虽然我们有充分的理由认为，对于前面讨论的两种诈骗以及许多其他类型的白领犯罪，现在比以往任何时候都更常见（Weisburd et al.，1991），但认为白领犯罪是犯罪分子的一种发明则是错误的。很不幸，犯罪分子从事白领犯罪实际上已有几千年的历史了。

白领犯罪的历史考察

我们今天所说的白领犯罪并不是新事物，它由来已久。例如，公元前4世纪，古希腊哲学家亚里士多德（Aristotle）就曾写过道路专员和其他官员盗用公款的事情。政府官员盗用公款是雅典宪法里规定的一种犯罪，陪审团可判处此类犯罪人支付所盗窃金额十倍的罚金（Von Fritz & Kapp，1950）。《圣经》和其他古代宗教文献谴责一些剥削性商业活动是有害的，与公共利益背道而驰。这些活动可能没有在法律上被定义为犯罪，但必定被视为不道德的（Geis，1988）。例如，对于市场中不道德的欺骗行为的警告可以在箴言中找到："屯粮不卖的，民必诅咒他；情愿出卖的，人必为他祝福。"同样，《申命记》宣称："凡行不义的，为耶和华，你的神所憎恶。"根据犹太法典学者的说法，"《塔木德经》谴责那些为高价转售而囤积食物、篡改重量和计量以及不公平抬高价格的人（Friedman，1980，p. 47）。《塔木德经》谴责那些囤积食物高价倒卖、短斤少两……恶意哄抬物价之人"。

如果我们追溯到几个世纪前，即中世纪后期的英国，就会发现普通法禁止以下三种与商业有关的活动：囤积、独占和垄断市场（Geis，1988）。这三种活动代表了试图控制重要商品，特别是食品市场，以不同方式来抬高价格并牟取暴利的行为。例如，独占就是为了以垄断价格转售而购买某些商品（如玉米或小麦）的全部库存，这种行为是我们今天所称反垄断犯罪的前兆（Geis，1988）。国王的骑士和其他官员的贪污也是中世纪常见的违法犯罪（Pike，1873），在但丁的地狱中，第八圈层就是为那些诈骗的顾问和背叛信任者而保留的（Chevigny，2001）。

我们继续顺着时间进行考察，到了 20 世纪初，著名的美国社会学家爱德华·阿尔斯沃思·罗斯（Edward Alsworth Ross）指责那些有权势的企业主和高管为"有犯罪倾向者"。罗斯指出，他们出于不加节制的欲望，利用人们并操纵市场赚取最大化利润，却又始终假装虔诚和可敬。对这些附上了体面外表的经济诈骗，罗斯举例评论说：

> 投机买卖自家公司证券的董事，用不同的公司化名把储户的钱借给自己的银行家，为私人贪污提供秘密回扣的铁路官员，雇用步行的代表进行无理罢工来骚扰竞争对手的建筑商，为获得报酬而唆使和取消罢工的劳工领袖，通过贿赂使教材被学校采用的出版商，从这些人的脸上看不到任何狼性或贪婪的影子。（Ross，1907，p. 50）

罗斯指责这些人道德上麻木，要求他们对工人和消费者的死亡负责。因此，早在"白领犯罪"这个词被提出的很久以前，富人和权势者为追逐利润和财富而进行的掠夺就已经被人们认识到并受到谴责。

贯穿本书和白领犯罪研究中的许多主题都可以在历史记录中找到，例如，独占就是变相利用合法的商业活动服务于非法目的和剥削他人。正如本书后面将要讨论的，白领犯罪的一个典型特征是它与合法的商业或经济活动相联系。另一个重要问题是，实施这些违法行为的是那些本来值得尊敬的人，在其他人眼中，这些人并不是普通的犯罪分子，当然他们自己也这样认为。亚里士多德控诉的是贪污公款的公路专员和公职人员，而不是普通的暴徒。同样突出的是，这些罪行是出于贪婪和对权力的贪欲，而不是绝望或任何心理上的异常。正如罗斯所言，犯罪分子对利益的痴迷使其在道德上麻木不仁，但并不疯狂。

但究竟什么是白领犯罪呢？

白领犯罪的定义

提出这一概念的埃德温·萨瑟兰在其整个职业生涯中使用了几个不同的“白领犯罪”定义。在最著名的《白领犯罪》一书中，他将其定义为：“由受人尊敬并有较高社会地位的人在其职业活动中实施的犯罪。”（Sutherland，1983，p. 7）。他接着指出，这一定义“排除了上层阶级的许多罪行，例如绝大多数的谋杀、通奸和中毒案件，因为这些犯罪通常不是其职业活动的一部分”。在某个脚注中，他补充说明“白领”一词在这里主要指企业经理和高管。五十多年来这个定义得到一些人的赞赏，也招致另一些人的批评，目前仍然是人们讨论和争议的一个话题，我们稍后也将讨论这一问题。

萨瑟兰在《犯罪学百科全书》第 1949 条中进一步扩展和澄清了白领犯罪的概念（Branham and Kutash，1949，p. 511）。在书中，他写道：“白领犯罪人被定义为违反了旨在规范其职业活动的法律的具有较高社会经济地位的人。”萨瑟兰说：

> 白领犯罪人一方面应与社会经济地位较低的、违反普通刑法或特别适用的贸易规则的人区分开来，另一方面也应当与社会经济地位较高的、违反普通刑法且该违法行为与其职业无关的人区别开来。（Branham and Kutash，1949，p. 511）

请注意，根据这一定义，我们之前描述的一些参与抵押贷款诈骗的人可能并不会被萨瑟兰视为白领犯罪人。对于哪些主体是白领犯罪人、哪些主体不是白领犯罪人的问题，我们将在后面进行更加详细的讨论，现在让我们回到对萨瑟兰的定义的考察。

作为定义特定犯罪类型的方法，上述两种定义的不寻常之处在于它们涉及行为人的特征。法律注释学的学者对其他类型的犯罪进行定义时通常会力求清晰地确定必须发生的行为以及个体为了实施这一犯罪行为而必须具备的心理状态，几乎不会提到行为人的特征。而萨瑟兰的定义方法提示我们，只有某些类型，即“受人尊敬和社会地位较高”的人才能实施白领犯罪，还明确这种行为必须发生在行为人的职业活动过程中。对于萨瑟兰来说，行为人的地位和行为的职业定位决定了违法行为是否属于白领犯罪。

萨瑟兰方法之争议

萨瑟兰对白领犯罪的定义从一开始就引发了批评和争议，其中之一是关于白领犯罪的法律地位。萨瑟兰的方法有一个显著的特点，即他想把受到民事或行政法律程序处罚的行为也纳入白领犯罪，这点引起了法律学者的广泛议论和批评。他们争论说，只有受到刑罚处罚的行为才能被准确地称为犯罪（Tappan，1947）。然而，萨瑟兰认为将其他类型的违法行为纳入白领犯罪是有正当理由的，因为许多民事法所涉及的行为从根本上看与刑事犯罪基本相似。此外，许多非法商业行为既可以根据刑法处罚，也可根据民事法处罚，或两者兼而有之。将受民事法所追究的违法行为排除在外，武断地限制了白领违法的范围。就白领犯罪来说，这种限制尤为重要，因为实施了这些违法行为的组织和个人经常利用其政治权力和经济资源来避免刑事起诉。正如许多白领犯罪学者所指出的，重要的是要研究如何以及在何种情况下可以将商业活动犯罪化（Cullen et al.，2006）。

萨瑟兰的方法引起的另一个争议是犯罪人的社会地位是否应该成为白领犯罪的决定性特征。萨瑟兰将“受人尊敬”和“社会地位较高”列入定义的确切原因是他想提醒人们注意商业团体的犯罪。他认为他那个时代的犯罪学理论是有阶级偏见和不完整的，因为这些理论将犯罪与下层社会的人相对应，忽视了上层社会的人所实施的犯罪。此外，他认为商业违法在刑事审判系统中受到了宽大处理和优待，对此他感到义愤。

萨瑟兰对他那个时代犯罪学理论的狭隘性以及刑事司法制度不公的批判无疑是正确的。然而，将“受人尊敬”和“社会地位较高”纳入白领犯罪的定义却给研究和分析带来了问题。如果把社会地位作为定义犯罪的一个要素，就会产生一个问题，即它不能用于解释或预测犯罪的发生。换句话说，社会地位不能被用作解释变量，因为它不允许独立于犯罪而变化。因此，白领犯罪研究者就会被定义强令所限制而无法去调查个人的社会地位如何影响白领犯罪的类型或罪行的严重性。企业高管和企业层级中最底层的员工都可能有类似的违法行为，但只有前者符合萨瑟兰对白领犯罪的定义。

假设一位企业高管参加了与公司有关的会议并了解到公司的某项研发，这项研发将在未来几周内推动公司股票价值上涨。该高管企图利用这些内部信息，在该公司股票价格仍然便宜时大量购进。我们再假设，会议中有一个级别较低的抄录会议记录的打字员注意到同样的信息，她也决定像那位高管一样购买公司股票。高管和打字员都实施了所谓的内幕交易，而这一交易是非法的。根据萨瑟兰的观点，这位高管显然是白领犯罪人，但打字员是不是呢？与其他白领犯罪学者一样，我们认为仅仅关注企业高管而忽略打字员是说不通的。调查社会地位与白领犯罪的关系很重要，就如同我们要调查社会地位与普通街头犯罪的关系一样。社会地位与白领犯罪的关系问题不应该被定义强令所武断确定，事实上，本书的一个重要主题就是，社会地位之所以重要，恰恰是因为它影响了白领犯罪机会的获取，并且很可能影响犯罪人的动机。具有较高社会地位的人还可能有能力影响对其行为进行规制的法律内容以及刑事司法和监管机构实施法律的方式。

我们需要对地位进行关注，不仅要考虑它如何影响机会的获取，还要考虑哪些人有地位、哪些人没有地位。那些没有较高社会地位的人实施白领犯罪的机会更少。在前面给出的例子中，高管是一位男子。而尽管在过去的几十年中，女性在企业界的地位取得了长足的进步，但在大公司的领导岗位中，她们仍然被忽视。Catalyst 是一家致力于扩大女性机会的非营利性研究和咨询机构，根据 Catalyst 的一项调查，2005 年女性高管在龙头企业中仅占16.4%（Catalyst，2006）。在标准普尔500强企业的领导岗位中，女性更为罕见，只占首席执行官的4%和首席财务官的10%（Davidoff，2013）。正如我们后面所提到的，由于劳动力中的性别分层，女性的白领犯罪数量低于男性，其罪行的严重程度也低于男性（Daly，1989；Steffensmeier，Schwartz & Roche，2013）。这种情况同样存在于非裔美国人、西班牙裔美国人和其他有色人种中。此外，女性在领导岗位上任职人数也有不足，她们获取白领犯罪的机会也同样有限。白领犯罪机会因性别、种族、民族和地位差异而有不同分布。

将社会地位纳入白领犯罪定义也排除了探讨犯罪人地位差异如何影响社会对其犯罪行为所做反应的可能性。例如，对于内幕交易行为而言，调查公司高管和办事员是否受到当局的同等或区别对待很重要。欺骗消费者的小企业与欺骗公众的跨国公司是否在法庭上受到了同样的对待呢？要调查这些问题，必须抛开社会地位来定义白领犯罪。

以行为人为基础的白领犯罪定义方法

萨瑟兰的定义是所谓以行为人为基础的白领犯罪定义方法中最著名和最有影响力的。以行为人为基础的定义强调把行为人有较高的社会地位、有权力和受尊敬作为白领犯罪的本质特征。尽管有缺陷，但萨瑟兰基于行为人的定义方法仍然很受欢迎。有许多学者试着在遵循萨瑟兰意图的情况下来定义这个概念，但也只是对他的定义进行了澄清或扩展。艾伯特·J. 雷斯（Albert J. Reiss）和艾伯特·D. 比德曼（Albert D. Biderman）就提出：

> 白领违法行为是指行为人利用其职位上的权力、影响或者人们对合法经济或政治机构秩序的信任，为获取非法利益而实施的违反法律并应受处罚的行为，或者是为个人或组织利益而实施的违法行为。（Reiss and Biderman，1981，p. 4）

白领犯罪的另一种视角：以行为为基础的定义方法

萨瑟兰对白领犯罪的定义方法最接近人们对白领犯罪的普遍看法，但在萨瑟兰演讲之后，该领域很快就出现了另一种与此相冲突的定义方法（Benson，Van Slyke，and Cullen，2016）。这种方法被称为以行为为基础的定义方法，因为它基于非法行为本身的性质来定义白领犯罪。1970 年，时任美国司法部官员的赫伯特·埃德尔赫兹（Herbert Edelhertz）提出了一个很有影响的基于行为的白领犯罪定义："以非体力的和隐瞒或欺骗手段获取钱财、逃避支付或者钱财损失，或者获取企业或个人利益的任何或系列违法行为。"（Edelhertz，1970，p. 3）该定义是根据行为实施的方式——特别是非体力的和隐瞒或欺骗的方式来定义白领犯罪的，任何人实施的符合这些形式要件的某项或系列违法行为都被视为白领犯罪。

埃德尔赫兹（Edelhertz，1970，pp. 19 – 20）接着划分了白领犯罪的四种基本类型：

> 1. 个人犯罪：个人在非商业环境下为了获取个人利益而实施的犯罪，例如违反个人所得税法和信用卡诈骗；
>
> 2. 滥用信任：在企业、政府或其他机构中或以专业身份从事工作的人员违反对雇主或客户的忠诚义务而实施的犯罪，例如贪污、商业贿赂和收受回扣；
>
> 3. 商业犯罪：与商业活动有关或发生在商业活动推广中的犯罪，但不是该商业活动的中心目的，例如违反反托拉斯法和违反有关食品和毒品法律的行为；
>
> 4. 诈骗：实施白领犯罪就是商业活动的目的或商业活动的核心，例如预付费诈骗和家庭改善阴谋。

对于以行为为基础来定义白领犯罪的思考，苏珊·夏皮罗（Susan

Shapiro）于1990年提供了另一个例子。她认为通常被称为白领犯罪的行为的基本特征是它们违背或滥用了信任，建议“将行为人的身份标识与其罪行相脱离”来定义白领犯罪的概念（Shapiro，1990，p. 346）。在夏皮罗看来，基于行为人的定义带来了框架限制，这会导致学者们对白领犯罪的结构来源、白领犯罪给社会控制机构带来的问题以及司法系统中阶级偏见的本质产生误解。另一位著名的白领犯罪学者提出，白领犯罪可以被定义为“一个人或一群人在某个受尊敬的合法职业或金融活动中违反法律的行为”（Coleman，1989，p. 5）。这个定义并未提及行为人的地位或名望，它扩大了白领犯罪的定义范围，以至于那些非职业但可能是合法的金融活动也被包括进来。杰伊·阿尔巴内塞（Albanese，1995，p. 3）也提出了类似的定义，他给出了这样的概括：白领犯罪是“由个人或公司法人通常在合法的职业活动中实施的有计划或有组织的非法欺骗或诈骗行为”。

基于行为的定义受到了研究者的欢迎，原因有几个：第一，因为不提行为人的社会地位或行为的社会定位，那么该行为人的社会地位或该行为的社会定位就可以不受犯罪定义的限制而自由变化，从而可以被用作解释变量；第二，使用基于行为的定义可以自由探讨行为人社会地位的变化如何影响其所实施的白领犯罪的特征，以及如何影响社会对其行为的反应；第三，研究人员还能够调查职业环境中实施的白领犯罪是否不同于职业环境之外实施的白领犯罪；第四，基于行为的定义也使研究者更容易从诸如法院判决记录的官方数据来源中抽取白领犯罪的样本，研究人员只需要确定一套符合某种形式标准的法定行为，例如非体力的和基于欺骗的行为，接下来就只是对被判有罪的人进行抽样调查的问题。许多20世纪八九十年代出版的备受推崇的研究书籍都运用了这种策略来识别和调查美国联邦司法系统中的白领犯罪人（Benson and Walker，1988；Hagan and Nagel，1982；Wheeler，Weisburd，and Bode，1982）。

尽管受到一些研究者的欢迎，但基于行为的白领犯罪定义方法也给许多其他白领犯罪学者带来了困扰（Geis，1996，2016；Pontell，2016）。基于行为的定义方便了样本的抽取，但这一便易也成为调查人员容易落入的一个陷阱，导致他们错过或忽视白领犯罪现象中最重要的方面，使用这种定义的调查人员最终研究的往往是经济条件非常有限的普通人的相对较轻的犯罪行为，这些普通人不知何故被抓，进入了刑事司法系统。事实上，如果不严谨地适用埃德尔赫兹的定义，那么一位失业的单身母亲在为申请福利而撒谎时也具备了白领犯罪人的身份地位。此外，如果基于犯罪特征来界定白领犯罪，那么刑事司法官员可以吹嘘自己打击了白领犯罪，但实际上他们所做的打击只是骚扰电话营销诈骗犯和员工窃贼（Geis，2016；Shover and Cullen，2011）。基于行为的定义简化了白领犯罪的整体概念，导致研究者、政治家和法律执行者忽视了那些最严重的精英犯罪类型（Pontell，2016）。

更为重要的是，埃德尔赫兹的定义聚焦于金钱和财产，忽视了那些对人们造成有形伤害的白领犯罪类型（Braithwaite，1985）。例如，最严重的白领犯罪是非法将危险废物排放到环境中、危险产品的生产以及由不安全的工作环境造成的工人死亡、受伤或患病，这些罪行都很少出现在根据埃德尔赫兹所定义的白领犯罪的研究中。

从联邦司法系统中抽取的基于行为的犯罪样本，其白领犯罪人所占比例应该大于州法院，往往主要由中产阶级人士组成（Wheeler et al.，1988a)，他们实施的罪行庸常而又简单。同样，对来自荷兰的案件的分析也证实了这一总体描述，这表明了基于行为的分类标准——即使是那些过滤掉了不太严重案件的标准——往往涵盖的也主要是中产阶级个人（e. g.，Van Onna，Van Der Gueest，Huisman and Denkers，2014）。

依据埃德尔赫兹对白领犯罪的定义，最初引起萨瑟兰关注的并不包括有权势的企业和企业高管。以行为为基础的方法还必然会吸引研究人员去研究那些已被官方界定为非法的行为。因此，那些在一开始就有能力避免被官方定罪的有权势的个人和企业行为人从未出现在最终的样本中。实际上，研究大型跨国公司的犯罪也几乎不可能使用基于行为的方法，因为它们几乎从未真正地受到犯罪指控，更不用说被定罪了。所以，基于行为的方法受到的主要批评是它忽视了实践中那些有权势者的犯罪，使这些有权势者躲过了定罪处理。萨瑟兰最初想引起犯罪学家注意的那些人被忽视了，取而代之的是那些无关紧要的骗子和骗取福利的中年妇女（Daly，1989）。

两种方法的再思考

对埃德尔赫兹以行为为基础来定义白领犯罪的方法进行批评的学者们提出了重要的一点，也就是这种方法在实践中的运用经常（但并不总是）会导致将萨瑟兰最初所关注的犯罪和行为人排除在研究之外。正如约翰·布雷思韦特所言，或许有点过于激烈，“实证研究的实际结果是大多数白领犯罪人最终是蓝领。”（Braithwaite，1985，p. 18）此外，使用埃德尔赫兹方法的学者也往往忽视了那些对受害人造成了人身伤害和暴力侵犯的白领犯罪。危险产品的制造和不安全工作环境的持续都是白领犯罪的重要类型。

我们认为，避免将白领犯罪的研究降格为对家庭修理工小打小闹的诈骗和零售店的雇员盗窃的研究是很重要的，使用基于行为的方法意味着实践中有较高社会地位的犯罪人被忽略，那么目前的犯罪学就仍然只是如萨瑟兰时代那样，还存在着阶级偏见，是不完整的（Benson et al.，2016）。但我们注意到，这种“实际后果”，正如布雷思韦特所说的，只是一种实际后果，它并不是基于行为方法的合乎逻辑的结果，相反，它取决于一些研究者如何使用这种方法［Hagan，Nagel（Bernstein），and Albonetti，1980；Weisburd et al.，1991；Wheeler，Weisburd，and Bode，1982］。因为基于行为的定义方法依赖于法规来识别白领犯罪人，它只是更容易发现某些类型的犯罪而忽视其他类型的犯罪。

但是，基于行为定义白领犯罪的方法并不会阻碍学者去研究具有较高社会地位、受尊重的人或者拥有“重要权力、影响力或信任”职位的人的犯罪。如果研究者的目的明确恰当，就能够运用以行为为基础的定义方法来聚焦于拥有权力、影响力和信任的社会地位较高者的白领犯罪，同样，他们也可以研究欺骗和诈骗如何被用于制造危险产品、持续不安全的工作场所以获得商业利益，或违反民事法规和监管法规。这些研究不常见，反映的是研究人员的失职，而不是基于行为定义方法的根本缺陷。我们要记住的关键问题在于无论参与者的个人特征如何，白领犯罪都是运用特殊的手段实施的，也就是说，它们依赖于某种犯罪手段。实施这些罪行的个人的特征是重要的，因为这些特征影响获取使用这些犯罪手段的机会，正如我们在本书中所主张的，构成行为人定义的许多特征（例如较高社会地位、受尊重性、精英职业地位）确实很重要，恰恰是这些特征给行为人提供了实施白领犯罪的机会。

萨瑟兰十分清楚白领犯罪涉及特殊的手段，在关于白领犯罪的主要著作中，他描述了用于具体犯罪的手段，正如以下他在第一次介绍这个术语的演讲中的这段话：

> 这些商业和专业领域中不同类型的白领犯罪主要由违反授权或隐含的信任所构成，其中许多可以归结为以下两类：（1）资产价值虚假陈述；（2）权力运作表里不一。第一类与欺骗或诈骗大致相同，第二类类似于叛卖。（Sutherland，1940，p. 3；see also，1941，p. 112，1949，pp. 152 – 158）

萨瑟兰当然清楚，通过占据特定的职业地位可以极便利地实施这些犯罪手段。在讨论金融犯罪时，他指出“许多企业高管都付出艰辛努力来确保那些使他们可以有机会去违背其法律上所负信任的职位”（Sutherland，1949，pp. 153 – 154）。在萨瑟兰观察评论的基础上，我们还要额外告诫，种族和性别会影响这些有利职位的获取。在所有其他条件相同的情况下，白人男性比女性以及其他种族或民族更有可能获得这些职位。

以行为人和行为为基础来界定白领犯罪的两种方法并不矛盾或者相互排斥，相反，两者只是强调了一般经验规律的不同方面，包括个人的特征或社会地位以及他们倾向于实施的犯罪类型。具有较高社会地位和处在某些职业岗位的人往往比那些没有这些特征的人更多地使用白领犯罪手段，这并不是说从事卑微工作或失业、社会地位低的人就不能利用虚假陈述和欺骗来占他人便宜。他们当然可以，但是与那些社会地位较高的人相比，他们这样做的机会要少得多。同样，中上社会阶层人士也可能实施诸如入室盗窃和抢劫之类的传统财产犯罪，但因为他们有其他更容易、风险更小的盗窃方式，所以一般不会实施传统的财产犯罪。

白领犯罪人的社会和职业特征在其他方面也同样重要，即这些特征与犯罪人所实施罪行的严重性有关。就刑事犯罪而言，严重性有两个主要方面：犯罪的危害性和犯罪行为人的可责难性（Wheeler et al.，1982；Wheeler，Mann，and Sarat，1988b）。在大型组织中职位高的掌权者所实施的白领犯罪往往比其他类型的个人所实施的白领犯罪更严重。以非法处置危险废弃物犯罪为例，确实有许多小型企业会产生危险废弃物，然后通过午夜倾倒进行非法处置（Epstein and Hammett，1995；Rebovich，1992）。午夜倾倒，顾名思义，是在夜色的掩护下将危险废弃物非法处置到不应该的去处，如废弃的建筑物或空地。这些企业通常为那些不着西装、不打领带的人所有，经营利润非常微薄，如电镀、地毯清洁、干洗和家具修补企业等。小企业的非法行为对环境造成的潜在危害是一个严重的问题，实际上，美国环境保护署（U. S. Environment Protection Agency，EPA）的一些证据表明，因为小企业太多，而且很难跟踪，所以所有小企业加在一起带来的环境危害甚至可能超过大型企业带来的危害。小企业难以跟踪的部分原因在于联邦政府对小企业的监管很多都是委托给各州的。一个典型的例子是2013年发生的10000加仑煤加工有毒化合物泄漏事件，这些有毒物质从一个位于埃尔克河（Elk）沿岸的储存点泄漏到数十万西弗吉尼亚人（West Virginians）的饮用水中，该储存点为自由工业公司（Freedom Industries）所有，维护不善且很少被检查。这一泄漏结果导致30多人入院，数百多人需要治疗，州监管机构最后“被鸡蛋砸脸”（Barrett，2014）。

虽然监管已经减少了大公司的工业点源污染（Vandenbergh，2001），但与大型组织非法处置危险废弃物所带来的危险相比，各个地方干洗店造成的危险还是相形见绌。这里有很多案例，比如胡克化学公司（Hooker Chemical Corporation）（Tallmer，1987），它是臭名昭著的拉夫运河（Love Canal）悲剧的制造者；或罗克韦尔国际公司（Rockwell International Company），其核废料污染了科罗拉多州的岩石公寓（Rosoff，Pontell，and Tillman，2013）。这样的案例还可以列举很多。

我们必须认识到，环境犯罪（显然还有许多其他类型的白领犯罪）是由强大的跨国公司的高管和经理以及经济困难的小企业主（Barlow，1993）所实施的，当然，我们也不应该忽略这两端之间的所有企业，它们也参与其中。如果我们采用的研究策略最终只关注到小企业主，那么就是错误的。但仅仅聚焦于跨国公司也是错误的，各层次的商业活动都可能会发生类似的违法行为。

不过，我们必须小心，不要过分强调相似性。因为类似的犯罪可能发生在广泛的不同层次的经济组织中，但这并不意味着这些类似的犯罪必然具有相同的原因和后果，也不意味着它们能够以相同的方式得到控制。"一刀切"的思维方式不可避免地会遗漏白领犯罪现象的重要方面，白领犯罪的原因和后果必须通过实证调查予以确定。同样，确定白领犯罪的最佳对策需要仔细分析不同类型的控制策略的成本和有效性。

白领犯罪的测量

量化犯罪行为并不容易，在白领犯罪案件中对行为进行量化的困难尤其明显（Benson，Kennedy，and Logan，2016）。白领犯罪的测量既有概念上的挑战，也有实践上的挑战。从概念上讲，挑战在于白领犯罪的认定取决于是使用基于行为的方法还是基于行为人的方法来定义这一术语。与基于行为人的定义相比，基于行为的定义所产生的案例数量要大得多。如果使用基于行为的定义，所有以诈骗或欺骗为基础的犯罪都会被计算在内，无论是谁实施这些罪行，也无论他们是多么微不足道。正如我们前面提到的，根据埃德尔赫兹的定义，在福利申请中撒谎的人也可以是白领犯罪人。但是，如果使用基于行为人的定义，就像萨瑟兰所提出的，那么犯罪的数量要少得多，因为只有处在与职业相关的较高社会地位的人所实施的犯罪才会被计算在内。同样必须认识到，不仅个人，还有组织，都可能受到白领犯罪的指控并被定罪。就特定犯罪而言，公司和高管个人都受到指控的情况并不少见，当个人和组织以这种方式联系起来时，确定“犯罪行为人”和“犯罪行为”的数量就会有问题。

在实践层面上，白领犯罪测量者面临的主要挑战是没有一个单独的机构负责记录白领犯罪案件。例如，美国白领犯罪的大部分执法都被委托给证券交易委员会、环境保护署、职业安全与健康管理局、露天采矿管理局、联邦贸易委员会、美国司法部的反垄断局，以及其他许多机构和委员会。白领犯罪和白领犯罪人的官方数据不仅分散在令人困惑的庞大的监管和执法机构中（Benson et al.，2016），将这些不同的指标和测量合并为单一数据所需的机制也相当复杂（Simpson and Yeager，2015）。

要测量单位组织或公司环境中实施的白领犯罪还会遇到其他实际问题。对白领犯罪案件，特别是涉及公司或其他企业实体的案件，可以进行三种不同类型的控制，包括刑事、民事和行政司法系统的控制。正如萨瑟兰所建议的，是否应将违反监管法规和民事法规的行为包括在内？或者说公司犯罪的范围是否应当限于刑事违法？克林纳德和耶格尔在其著名的公司犯罪研究（Clinard and Yeager，2006，p. 113）中提出，他们的样本中大约有60%的财富500强公司在1975年至1976年至少被提起过一起“联邦诉讼”，这一比例似乎从表面上显示了公司犯罪率是相当高的，但联邦诉讼包括民事诉讼、监管诉讼和刑事诉讼，其中只有30起涉及刑事罚金。实际上，刑事罚金仅占所有针对公司采取的联邦诉讼的3.4%。自20世纪70年代以来，对单位组织的刑事定罪一直非常罕见，例如根据美国量刑委员会的数据，2015年只有181个组织在美国联邦法院被定罪。出于各种原因，我们赞同将民事和监管违规行为列为白领犯罪和公司犯罪的一部分，但我们也注意到，这使白领犯罪和街头犯罪之间的比较即使不是完全不合适，也会变得非常困难。

对白领犯罪定义的总结性思考

白领犯罪的定义仍然是一个有争议的问题，虽然我们希望本书提出的对两种定义方法进行调和的建议会得到合理化认同，但并不会认为我们已经一劳永逸地解决了这个问题。犯罪学家永远不该忘记萨瑟兰的基本洞见，即上层社会阶层并非没有犯罪，受尊敬和有较高社会地位的人在其职业活动中每天都可能犯下严重罪行。尽管他们可能很少被抓捕、被定罪，但他们撒谎、欺骗、偷窃和伤害他人的频率是惊人的，忽视这一现实就是对现代社会犯罪问题的误解。我们也相信，在忠实于萨瑟兰洞见的同时，对现代世界的犯罪问题采取更广阔的视角是可能的。在接下来的章节中，我们多次讨论那些不符合萨瑟兰基于行为人定义标准的犯罪人，这并不是因为我们将萨瑟兰的定义视为错误。相反，正如我们前面提出的，正是因为中等和较低社会地位的人能够并且确实会运用萨瑟兰自己所确认的技术和手段——虚报和欺骗——像较高社会地位的人那样实施非法行为。小企业也可以像国有和跨国公司那样从事非法活动。在后面的章节中，我们将花费大量的篇幅来描述和分析大型组织和有权势的高管的罪行。然而，我们最重要的目标是探讨社会地位和组织规模的变化如何对白领犯罪的类型、模式和严重性产生影响。

第二章　谁是白领犯罪人

在关于白领犯罪的定义这一主题的许多著作中，萨瑟兰将白领犯罪人描述为受人尊敬、具有较高社会地位并在其职业活动中实施犯罪的人。如果我们遵循萨瑟兰的方法，那么本章标题提出的问题已经得到了部分回答，即白领犯罪人是受人尊敬、有较高社会地位并利用自己的职业岗位机会来从事违法行为的人。当然，萨瑟兰所说的“受人尊敬”和“较高的社会地位”究竟指什么我们并不完全清楚，但他确实表明想用“白领”来意指“业务经理和高管”（Sutherland，1983）。正如第一章所讨论的，萨瑟兰显然对入室盗窃或殴打等任何人都可能实施的传统或常规犯罪并不感兴趣。准确地说，经理和高管们所拥有的职业角色令他们受人尊敬，并获得了较高的社会地位以及独特的犯罪机会。

如果稍加思考，我们就能为“受人尊敬”和“较高的社会地位”这两个词提出定义，使其具有概念的意义。为了回答谁是白领犯罪人的问题，我们必须识别那些符合我们的定义并从事了与职业相关的犯罪活动的个人，我们要知道是什么将那些受人尊敬和有较高社会地位但不诚实的人与那些诚实的人区别开来。萨瑟兰对这个问题的答案有过思考，其他学者也提出了一些理论，对此，我们将在下一章进行讨论，现在我们要考虑的是如果不使用萨瑟兰的定义，将会怎样。

假设我们不用萨瑟兰的定义，而是用埃德尔赫兹的方法来定义白领犯罪，即将白领犯罪看成运用非体力手段和隐瞒或欺骗的方式实施的财产犯罪，那么这种定义方法会对我们回答“谁是白领犯罪人”这一问题带来怎样的影响呢？如果我们遵循埃德尔赫兹的方法，我们的问题就可归结为：我们对通过非体力手段，运用隐藏或欺骗的方式来实施财产犯罪的人了解多少？

通过耶鲁大学的一系列研究，我们对这些人有了相当多的了解。20 世纪 70 年代中期，耶鲁大学斯坦顿·惠勒（Stanton Wheeler）领导的一个团队对美国联邦司法系统中的白领犯罪进行了研究，一幅诈骗犯罪人的有趣画像从这些调查中显现出来。正如我们将要展示的那样，根据萨瑟兰所使用的这一术语含义，他们中的一些人很显然是白领犯罪人，但也有许多人并不是。

耶鲁大学的白领犯罪研究

耶鲁大学的研究人员首先确定了联邦刑法中的八项罪行，大多数学者和非专业人士都认可这些罪行属于白领犯罪类型。就我们的目的而言，重要的是这些犯罪都是通过隐瞒和欺骗而不是野蛮的身体暴力来实施的。这八项罪行是：

违反证券法规；

违反反垄断法；

贿赂；

银行贪污；

邮政和电汇诈骗；

税务诈骗；

虚假索赔；

信贷机构诈骗。

所有这些罪行都符合埃德尔赫兹的定义，我们相信在很多情况下，萨瑟兰也不会反对。

这份清单显然未包括联邦法规中所有的白领犯罪，还有其他许多犯罪可以适用。尽管如此，我们仍认为研究人员声称这组犯罪代表了“对在联邦法院中被提起诉讼的白领犯罪活动的广泛而多样的观察”是正确的

（Weisburd et al.，1991，p. 11）。

研究人员确定了所有在七个美国联邦地区法院中被判定犯有上述八项罪行之一的人，从现在起，我们将这些犯罪称为标准犯罪。研究人员接着从这群人中抽取了七个地区的标准犯罪类型的犯罪人样本，总样本共包括1094名犯罪人。

除白领犯罪人外，研究人员还抽取了一个由210名因非暴力普通经济犯罪而被定罪的人组成的样本。这个用于比较的普通犯罪人样本包括被判犯有邮政盗窃罪或邮政伪造罪的个人[1]，这些联邦犯罪类似于人们熟知的普通入室盗窃和偷窃等财产犯罪。然而，入室盗窃和偷盗是由州法律而非联邦法律管辖的犯罪行为，因此研究人员无法将其用来进行比较。

研究人员从量刑前调查报告（Presentence Investigation Report，PSI）中收集了数据。PSI是罪犯在美国联邦法院被定罪时由联邦缓刑官准备的文件，联邦法官在量刑时会使用到它。由于联邦制体系下大多数案件都是通过诉讼来解决的，因此法官通常没有机会在量刑之前了解有关犯罪人或罪行的更多信息，而PSI旨在帮助法官弥补这种信息短缺，有助于法官详细了解罪行和犯罪人。

就罪行来说，PSI会告知法官被告已认罪的正式指控［例如，某项违反《美国法典》第18篇第287条（18USC 287）有关虚假声明或陈述的联邦法规条款的指控］。除正式指控外，PSI还包括犯罪行为的“被告版本”和“官方版本”。被告版本是被告对所发生事件的阐述或解释，有些被告会自己写这些陈述，但许多人依靠他们的律师来起草一份不会冒犯法官的声明，这可能会帮助他们获得更宽大的判决（Rothman and Gandossy，1982）。被告及其律师经常会竭尽全力对行为进行有利的解释，这并不奇怪，所以真正发生的事情和被告所说的事情之间的联系总是值得怀疑的。

而就我们的目的而言，犯罪行为的官方版本更为重要和有帮助，它对导致被告遭受刑事指控的行为作出了公正和客观的描述。它通常会对犯罪行为进行详细的描述，包括所做的事情、涉及的人员、受害人、金钱损失、犯罪的复杂程度及持续时间等信息，这些有关犯罪的描述性信息比正式指控更能告诉我们真正发生了什么。除犯罪的信息外，PSI还包含被告的信息，大部分集中在被告先前的犯罪记录上，包括以前的逮捕、定罪和判刑记录，被告的社会、经济和人口结构的背景信息也被包含在内。通常情况下，缓刑官会被告知被告的年龄、种族、性别、出生地、婚姻史、受教育程度、就业历史、医疗和心理状况、财务状况、居住地、宗教偏好、酗酒和吸毒以及居住社区等信息。PSI 是一个很好的数据来源，可以被用来查找实施了白领犯罪的人，并将这些人与普通的街头犯罪人进行比较。简而言之，我们可以用它来研究有关白领犯罪人和白领犯罪的许多重要问题：是谁实施了那些最严重的犯罪——社会地位高还是社会地位低的人？实施白领犯罪的人与那些普通犯罪人真的不同吗？如果是，他们有什么不同？

然而，同所有研究方法一样，耶鲁大学研究人员使用的方法并不完美，他们很清楚这一点（Weisburd et al.，1991，pp. 17 –21）。研究人员承认他们的研究设计存在四点不足：

首先，他们仅仅研究了八项犯罪，还有许多其他的犯罪也可以被认为是白领犯罪。如果研究人员把不同的犯罪都包括进来，结果可能会有所不同。例如，研究中既没有违反环境保护法的犯罪，也没有违反工作场所安全法的犯罪，但这些都是非常重要和常见的白领犯罪形式。

其次，研究人员只研究了七个联邦地区法院，它们之所以被选中，是因为其所在区域大，研究人员认为大的区域内会有很多白领犯罪案件。如果将各种犯罪都考虑进来，则有可能选择不同的地区组合，结果也可能发生变化。

总的来说，前两点不足产生了这样一种可能性：如果我们面对一个不同的样本，就可能会看到一幅不同的白领犯罪图景。例如，在纽约市进行银行贪污的人当然有可能不同于在得克萨斯州阿马里洛（Amarillo，Texas）贪污的人。抽取的样本是否能代表所有可能的案例，是社会科学研究中的一个共同问题，解决这一缺陷的最好方法是对多个样本进行考察。如果来自不同样本的结果是趋同的，那么对比单个观察的结果，我们对这些结果更有信心。幸运的是，在耶鲁大学研究人员进行研究的同时，对联邦系统中白领犯罪人的其他几项调查也在进行（Benson and Moore，1992；Benson and Walker，1988；Hagan et al.，1980)。我们现在不详述这些研究，但稍后将运用它们来检验耶鲁大学项目的研究结果。

最后两点不足可能更严重。如果我们的抽样策略是仅限于被定罪的犯罪人，那么这两点不足就都涉及我们最终所考察的犯罪人和犯罪行为的类型。这项研究只包括那些被告最终在美国联邦刑事法庭被定罪的案件，遗漏了以其他方式处理的所有白领犯罪案件，例如通过民事法庭或监管程序解决的案件；同时遗漏了所有本来可能在刑事法庭处理，但出于某种原因并没有实现的案件的当事人。这并不是一个无关紧要的问题，我们对白领犯罪的了解和画像完全取决于谁进入了刑事司法系统。如果人们对进入该系统的过程存在某种程度的偏见，那么我们对白领犯罪人的画像也同样会以这种偏见的方式呈现。

例如，设想一下在耶鲁大学的研究中，两名银行员工因贪污被雇主抓到，其中一个是年长的白人银行副总裁，而另一个是年轻的黑人女性出纳。进一步假设，白人雇主出于某种原因决定解雇该男子而不是提出控告，雇主所表现的这种明显的慷慨并不是如一开始看起来的那样不可能或者怪异。银行的所有人可能都希望避免银行官员姓名出现在报纸上的尴尬，这对银行的影响可不好。再看另一个，黑人女性的雇主向当地的美国地方检察官报告，该检察官在联邦法院对该女子提起诉讼，该女子最终被判犯有银行贪污罪。这里的问题很明显，两个银行贪污犯的社会人口特征不同，但只有一个可能出现在耶鲁大学的研究中。如果这样的事情经常发生，那么使用定罪记录作为我们的资料来源就会扭曲我们对白领犯罪人的特征的认识。

使用法院判决来识别白领犯罪人的最终缺陷还与最初谁进入了刑事司法系统有关，所有那些最初没有被发现的罪行都会被遗漏。换句话说，定罪记录只会向我们提供那些因不走运或粗心而被抓获的犯罪人。例如，再回到我们前面提到的两个银行贪污犯，假设银行副总裁因为他的职务能掩盖自己的罪行，以致永远不被发现。如果他经常贪污并逃脱侦查，而银行出纳则很少成功，那么定罪记录给出的银行贪污犯描述就是有偏差的。正如我们将在本书的许多地方看到的那样，侦查是研究和控制白领犯罪的一个大问题，我们发现的罪行和犯罪人与逃脱侦查的罪行和犯罪人是否一致，这始终有待商榷。

另外，我们确实也不清楚那些未被发现或未被法院定罪的罪行是否真的与那些被发现的罪行有很大不同。一些白领犯罪学者认为，具有较高社会地位和经济实力的犯罪人利用这些优势来避免被起诉（Coleman，1989；Reiman，1979）。与这一观点相反的研究表明，检察官实际上喜欢追查“重大案件”，也就是说，他们渴望接手有知名被告的案件（Benson，Cullen，and Maakestad，1990；Katz，1980）。例如，艾略特·斯皮策（Elliot Spitzer）在担任纽约市总检察长时就因代理备受瞩目的白领案件而颇有建树（Cullen et al.，2006，pp. 329－330）。

综合来看，耶鲁大学研究的四点不足归结起来就是：不能完全肯定该项研究中的犯罪人和罪行代表了所有白领犯罪。我们不确定的原因在于：（1）罪行的不同组合可能会产生不同的结果；（2）地区的不同组合可能会产生不同的结果；（3）原本可能被纳入研究的某些犯罪人因其案件被以其他方式处理而未被纳入；（4）那些被定罪的人可能和那些一开始就避免被发现的人不一样。这些缺陷并非微不足道，但我们也不应夸大其重要性。我们可以通过考察使用了不同罪行和不同地区的其他犯罪人的研究来解决前两个问题。关于最后两个问题，也许我们能做的最好的就是承认我们所看到的可能并非全部，尽管如此，耶鲁大学有关白领犯罪的研究至少能够向我们展示被定罪的白领犯罪人的画像。

白领犯罪人的社会和人口结构特征

安德鲁·法斯托（Andrew Fastow）、肯尼思·莱（Kenneth Lay）、伯纳德·埃伯斯（Bernard Ebbers）、丹尼斯·科兹洛夫斯基（Dennis Kozlowski）、玛莎·斯图尔特（Martha Stewart）、伯纳德·麦道夫（Bernard Madoff）——这些名字在20世纪90年代和21世纪初曾连续数月被刊登在《纽约时报》（*New York Times*）和《华尔街日报》（*Wall Street Journal*）上。这

些都是知名人士，并被判实施了重大白领犯罪，致数千人受害。安德鲁·法斯托是安然公司（Enron）的前首席财务官，在2004年因承认财务造假而被判入狱。他的老板肯·莱（Ken Lay）在2006年被判犯有诈骗罪，但在被审判前死亡。伯纳德·埃伯斯是世通公司（WorldCom）的前负责人，被判犯有财务造假罪。丹尼斯·科兹洛夫斯基曾是大型企业泰科国际（Tyco International）的负责人，因从公司盗窃数十亿美元而被定罪。玛莎·斯图尔特因涉股票交易对联邦当局撒谎而被定罪，被判在联邦惩教所服刑5个月。最后，伯尼·麦道夫，历史上最大的庞氏骗局的背后主谋，因从客户那里盗走了数十亿美元而被定罪（Henriques，2011）。这些是白领犯罪人的典型代表：富有、白人、有权力。他们在实施犯罪时担任大公司领导职务，尽管他们并不是天生的有钱人，但他们当中没有一个来自所谓的处境不利或陷入困境的家庭。

就白领犯罪人的普遍观念或刻板印象来说，没有人比这些人更适合作为白领犯罪代表的群体，你永远不会把他们误认为是普通犯罪人。问题是，这是大多数因白领犯罪而被定罪的人的样子吗？答案是一半肯定，一半否定。

答案肯定的一半与白领犯罪人的年龄、种族、性别特征以及他们的就业状况和受教育程度有关。表2.1的数据来自耶鲁大学的研究（Wheeler et al.，1988a），该研究在白领犯罪人、普通犯罪人和研究所涉及的七个地区的总人口之间作了比较。

表2.1 白领犯罪人、普通犯罪人和普通民众的人口结构、教育和就业特征

	普通犯罪人	白领犯罪人	普通民众
性别（男性占比）	68.6%	85.5%	48.6%
种族（白人占比）	34.3%	81.7%	76.8%
平均年龄（岁）	30	40	30
教育			
高中毕业（占比）	45.5%	79.3%	69.0%
大学毕业（占比）	3.9%	27.1%	19.0%
就业状况			
失业（占比）	56.7%	5.7%	5.9%
稳定就业（占比）	12.7%	58.4%	无数据

数据来源：惠勒等人的《白领犯罪和犯罪人》表3、表4（Wheeler et al.，1988a）。

首先让我们看看那些被判白领犯罪的人在性别、种族和年龄方面的特征，并将其与普通民众进行比较。最突出和明显的事实是，绝大多数白领犯罪人是男性。普通民众约一半是男性，但十个白领犯罪人中有近九个是男性。白领犯罪人中白人所占的比例（81.7%）高于普通民众中白人的比例（76.8%），虽然样本中白人的比例过高，但意外的是仅比我们所预料的多一点点。最后，被判白领犯罪的人的平均年龄为40岁，比这些地区普通民众的平均年龄30岁高不少。因此，与普通民众相比，被判白领犯罪的人年龄较大，白人的比例高一些，男性的比例高许多。

白领犯罪人与那些实施非暴力普通犯罪的人相比如何呢？研究显示两者存在很大的差异，特别是在种族方面。白领犯罪人中白人的比例是81.7%，而普通犯罪人中白人的比例大约是1/3（34.3%）。社会科学家这样描述：普通犯罪人中非白人所占比例过高，而白领犯罪人中非白人比例却很低；相反，白人在普通犯罪人中所占比例很低，而在白领犯罪人中所占比例则很高。

还有其他差异存在。被判非暴力普通犯罪的人平均比白领犯罪人年轻10岁，同样明显的是，与白领犯罪相比，普通犯罪中犯罪人的男女性别比例差别不大。超过30.0%的普通犯罪人是女性，而白领犯罪人中女性占比不到15.0%。不过总的来说，所有犯罪类型的女性占比都比男性低得多。

现在，我们转向问题答案中“否定”的部分，也即有关伯纳德·麦道夫、肯尼思·莱和玛莎·斯图尔特这些人在总体上是如何代表白领犯罪人的。高等教育和稳定的就业是我们社会上有关成功的普遍标志的其中两项，它们也是白领犯罪人通常具有的两个特征。毫无疑问，白领犯罪人确实比普通犯罪人更有可能受到良好的教育。将近80%的白领犯罪人至少是高中毕业，而普通犯罪人中高中毕业的人数不到一半；白领犯罪人中有1/4以上是大学毕业生（27.1%），而普通犯罪人中大学毕业的只有不到4.0%（3.9%）。

从某种意义上说，这些结果正是我们所预料到的，白领犯罪人比普通犯罪人的受教育程度更高。但是在另一种意义上，这些结果并不符合人们对白领犯罪人的普遍看法，大多数白领犯罪人其实没有高学历，70.0%以上不是大学毕业生。白领犯罪人与普通民众相比的确更有可能是大学毕业生（分别为27.1%和19.0%），但这一差异并不大。白领犯罪人在受教育方面总体上比普通民众要好，但说他们都受过高等教育则是不正确的。

就人们对白领犯罪人的普遍看法而言，大多数白领犯罪人没有大学学位这一调查结果非常重要。高等教育是体现社会地位较高的一项指标，萨瑟兰和采用其方法的那些人经常用社会地位高来确定白领犯罪人，而未完成大学教育的犯罪人则不具备社会地位高这一特征。

就业状况的调查结果也对白领犯罪人的标准形象提出了质疑。就像受教育程度一样，白领犯罪人和普通犯罪人的就业状况也大不相同，超过一半（56.7%）的普通犯罪人在实施导致其被诉至联邦法院的标准罪行时处于失业状态；相反，只有5.7%的白领犯罪人在犯罪时是失业的，这一比例几乎与一般公众的失业率（5.9%）相同。到目前为止情况仍然是这样，这也是我们所预料到的。大多数普通犯罪人没有工作，这并不奇怪，但是当我们考察白领犯罪人“稳定就业”的比例时，情况就变得更令人费解了。在耶鲁大学的研究中，稳定的工作意味着个人在定罪前的五年就业是没有中断过的，只有不到60.0%的白领犯罪人在定罪之前一直在稳定地工作（58.4%）。诚然，与普通犯罪人相比，这看起来不错，普通犯罪人的稳定就业率仅为12.7%，但这也意味着超过40.0%的白领犯罪人在定罪之前并没有稳定的工作。

沉迷于数字和表格容易让我们只见树木不见森林，所以我们退一步，尝试概括一下从表2.1中得出的主要结论。第一，正如预料的那样，典型的白领犯罪人是中年白人。第二，也如预料的那样，白领犯罪人的受教育程度平均来说比普通犯罪人更高，也比普通犯罪人更容易被雇用。第三，和预料的有所不同，大多数白领犯罪人只有高中文凭，而且其中很大一部分在犯罪之前并不算是稳定就业。因此，被联邦法院判定白领犯罪的人的确与普通犯罪人有所不同，但平均而言，他们看起来并不像是社会精英，似乎没有很高的社会地位。

表2.1提供的数据是作为一个整体应用于耶鲁大学研究中的所有白领

犯罪人的，但是请回想一下，耶鲁大学的研究人员选择了因八种不同类型的白领犯罪而被定罪的个人，如反垄断法违反者、银行贪污犯等。显然，违反反垄断法的人可能与实施银行贪污的人并不一样，白领犯罪人的社会特征可能存在重大差异，这些差异也许与他们所实施的犯罪类型有关。

在表 2.2 中，我们再次揭示了白领犯罪人的社会和人口结构特征，但是这一次我们没有将犯罪人作为一个整体，而是根据犯罪人实施的犯罪类型进行了分类。这种交叉分类使得数据非常复杂，看起来可能难以分析，但是如果我们进行系统的处理，应该能够搞清楚其中的意义。

表 2.2 白领犯罪人（按法定罪行）的社会和人口结构特征

	违反反垄断法	证券诈骗	税收违法	贿赂	信贷诈骗	虚假索赔	邮政诈骗	银行贪污
种族（白人占比）	99.1%	99.6%	87.1%	83.3%	71.5%	61.8%	76.8%	74.1%
性别（男性占比）	99.1%	97.8%	94.1%	95.2%	84.8%	84.7%	82.1%	54.8%
平均年龄（岁）	53	44	47	45	38	39	38	31
财务状况								
资产中位数（美元）	650000	59000	49500	45000	7000	4000	2000	2000
负债中位数（美元）	81000	55000	23500	19000	7000	5000	3500	3000
教育程度								
大学毕业（占比）	40.0%	43.0%	27.0%	27.0%	18.0%	29.0%	23.0%	13.0%
有房产（占比）	87.8%	62.1%	57.7%	57.0%	44.8%	42.1%	33.5%	31.0%

数据来源：惠勒等人的《白领犯罪和犯罪人》表 7（Wheeler et al.，1988a）。

我们首先从表格第一行的种族来看白领犯罪人的人口结构特征。毫不夸张地说，在 20 世纪 70 年代的十年中，要找到非白人违反反垄断法或证券法的可能性微乎其微，违反反垄断法和证券法的超过 99% 是白人。耶鲁大学的研究中有 117 人违反了反垄断法，其中 116 名是白人，令人惊讶的是，225 名违反证券法的人中有 224 名是白人。在这个范围的另一端，只有61.8%的虚假索赔者是白人，这显然意味着近40%的虚假索赔者是非白人，而进行信贷诈骗的只有71.5%是白人。其他四种犯罪类型的白人比例则在这两端之间。因此，在耶鲁大学的研究中，违反反垄断法和证券法的几乎全是白人，不同犯罪类型的种族构成存在如此大的差异，可以说这一调查结果非常惊人。

当我们考察性别时，情况是相似的。与种族一样，我们发现不同犯罪类型之间也存在显著的性别差异。除了极少数例外，违反反垄断法、证券法、税收法和贿赂犯罪的都是男性。相反，银行贪污犯中几乎一半是女性。最后是年龄方面，有两个数字比较突出，违反反垄断法的平均年龄为53岁，银行贪污犯的平均年龄为31岁。进行银行贪污的都是相对年轻的人，而那些操纵价格和串通投标的则几乎都是有资格提前退休的人。

我们这里发现的诸如种族、性别和年龄等系统差异非常重要，它们是理解白领犯罪的线索。根据定义，系统差异并不是随机出现的，它们是某种系统的因果关系演变的结果。如果我们能够识别并理解这些差异，那么就可以很好地理解产生这些差异的潜在的因果关系。在我们的案例中，这意味着可以理解特定类型的人如何以及为什么倾向于实施特定类型的白领犯罪。特定类型的人在这里是指具有特定的人口结构特征的人。正如我们在第一章中所论述的，白领犯罪机会的获取会因种族、性别、年龄以及其他变量的不同而有所不同，而正是机会的获取可以解释白领犯罪人的社会和人口结构特征模式。在表2.2中，我们可以看到支持这种解释的第一个初步证据。

为了实施某些类型的白领犯罪，实施人必须实际上拥有特定的职业岗位。例如，从事证券行业工作的人，如股票经纪人或股票分析师，实施证券犯罪就比较容易。由于从事证券业的大多数是白人，因此，发现大多数证券犯罪人是白人也就不足为奇了。对于大多数违反反垄断法的人是白人的事实，我们也不应该感到惊讶。要违反反垄断法，你必须在相当大的公司中拥有高管级别的职位，正如我们稍后在第八章论证的那样，这些职位大多数由白人男性担任。

表2.2中还有其他指标显示社会特征会影响白领犯罪机会的获取。表

格的后半部分显示了每种犯罪类型中白领犯罪人的财务状况、教育程度和有无房产等信息，将违反反垄断法的犯罪人与银行贪污犯进行比较可以让我们获得有益的启示。违反反垄断法的犯罪人的资产中位数高达 65 万美元，而银行贪污犯的资产中位数仅为 2000 美元，且负债的中位数为 3000 美元，因此其中许多人实际上处于亏空状况。违反反垄断法的犯罪人的财务状况看起来坚如磐石，而银行贪污犯似乎只够勉强度日。

我们还可以看到违反反垄断法的犯罪人与银行贪污犯之间在教育和房产方面存在类似的极端差别。10 个违反反垄断法的犯罪人中有 4 个（40.0%）为大学毕业生，而 10 个银行贪污犯中只有约一个（13.0%）大学毕业。将近 90.0%（87.8%）的违反反垄断法的犯罪人拥有房产，而只有不到 1/3 的银行贪污犯拥有房产，其余的犯罪类型处在这两个极端数值之间。证券犯罪人在财务状况或房产等所有方面似乎都不如反垄断法犯罪人那么富裕，然而，他们肯定比那些被判犯有邮政诈骗罪的人要好，后者与银行贪污犯的情形更相似。邮政诈骗犯罪人中不到 1/4 的人具有大学学历，只有约 1/3 的人拥有自己的房产，他们的平均负债超过了他们的平均资产。事实上，银行贪污犯和邮政诈骗犯罪人之间唯一的显著区别在于性别。银行贪污犯中近一半是女性，而 10 名邮政诈骗犯罪人中有 8 名是男性。同其他学者一样，我们也发现了犯罪中与种族和性别相关的差异（Daly，1989），我们将其解释为犯罪机会中存在的与种族和性别相关的差异。

有效性验证

正如我们前面提出的，耶鲁大学研究中使用的犯罪人样本一直可能存在某种程度的异常，或者说总体上并不能代表白领犯罪人。但对我们来说幸运的是，大约在耶鲁大学进行研究的同一时间，另一项美国联邦资助的与白领犯罪人有关的调查也在进行。布赖恩·福斯特（Brian Forst）和威廉·罗兹（William Rhodes）进行的这项研究运用类似的方法，对 8 个联邦地区法院判决的6种表面上是白领犯罪的2643人进行了抽样调查，这些白领犯罪包括银行贪污、贿赂、虚假索赔、邮政诈骗、税收违法和邮政贪污。

就我们的目的而言，福斯特和罗兹研究的重要之处在于犯罪人来自不同的联邦地区，这一组犯罪尽管并不完全相同但存在相似性，福斯特和罗兹研究样本中的邮政贪污没有被纳入耶鲁大学的研究中，而福斯特和罗兹的研究则缺少了违反反垄断法和证券法的犯罪人。我们可以看到被判类似罪行但处于不同联邦地区的白领犯罪人在社会和人口结构特征方面的比较情况，那么结果是相似还是不同呢？

答案是非常相似（见表2.3）。为简单起见，我们只讨论税收违法者和银行贪污犯的比较结果，其他犯罪的比较结果与之类似。关于年龄、种族和性别，耶鲁大学研究中的税收犯罪人与福斯特和罗兹研究中的税收犯罪人的结果几乎相同，两项研究中的银行贪污犯也是如此。耶鲁大学研究中税收违法者的平均年龄为47岁，而福斯特和罗兹研究中的为48岁；耶鲁大学研究中银行贪污犯的平均年龄为31岁，福斯特和罗兹研究中的为30岁。种族和性别的差异同样很小。最突出的是总体特征模式的相似性，在两项研究中，绝大多数税收违法者都是45岁至49岁的白人男性，这一结果可能归因于绝大多数家庭户主和小企业主都是男性，他们在20世纪70年代是主要的报税员。我们在这两项研究中还发现，与税收违法者相比，银行贪污犯年龄更小，更有可能是女性或非白人。这些构成模式上的相似性可以扩展到诸如是否大学毕业和拥有房产情况等其他特征，在两项研究中我们都发现，税收违法者比银行贪污犯更有可能获得这两种社会成功的标志。总体而言，两项研究中的犯罪人特点很相似。

表2.3　两个白领犯罪人样本的描述性统计❶

样本	税收违法		贿赂		虚假索赔		邮政诈骗		银行贪污		邮政贪污
	Y	F&R	Y	F&R	Y	F&R	Y	F&R	Y	F&R	F&R
人口结构											
平均年龄（岁）	47	48	45	47	39	38	38	37	31	30	34

❶ 表2.3中Y列个别数据与表2.2不一致，为忠于原文，译者未作改动。

续表

样本	税收违法		贿赂		虚假索赔		邮政诈骗		银行贪污		邮政贪污
	Y	F&R	Y	F&R	Y	F&R	Y	F&R	Y	F&R	F&R
白人（%）	87.1	89.3	83.3	77.5	61.8	56.9	76.8	78.7	74.1	75.5	65.0
男性（%）	94.1	91.8	95.2	89.4	84.8	72.8	82.1	85.5	54.8	52.6	89.5
个人历史											
大学毕业（%）	27.4	23.5	28.9	24.3	29.2	18.4	21.7	13.1	12.9	9.3	1.4
有房产（%）	57.7	70.6	57.0	63.2	42.1	40.0	33.5	31.3	28.4	41.8	49.3

注：Y 代表耶鲁大学的研究，摘自韦斯伯德（Weisburd）等人《中产阶级犯罪：联邦法院中的白领犯罪人》（Weisburd et al.，1991）表3.1；F&R 代表福斯特和罗兹的研究。耶鲁大学的研究样本中不包含邮政贪污。

这两项研究中犯罪人之间的相似性，意味着我们可以合理地确定他们总体上代表了那些在联邦法院被判实施了特定白领犯罪的人的类型，换句话说，就迄今为止我们所了解的有关白领犯罪人的信息，至少是那些在20世纪70年代被联邦地区法院定罪的人的信息，我们对其有效性和普遍性有一定的信心。

我们可以从所有这些数字和比较中得出什么结论呢？比较突出的有两点。首先，作为一个整体，白领犯罪人与普通犯罪人不同，这两类人来自不同的群体；其次，并非所有的白领犯罪人都是相似的，他们并非都受过高等教育或是富人。实施白领犯罪的人的社会和人口结构特征的确存在明显差异，有些确实符合受过良好教育、富有、有稳定工作的白人男性这些白领犯罪人的刻板印象，但也有白领犯罪人并不具备这些特征。因此，白领犯罪人的社会和人口结构其实比那些常规看法更富于变化。

当代的白领犯罪人

耶鲁大学与福斯特和罗兹的研究为我们理解白领犯罪人的社会和人口

特征作出了重要贡献。但是，这两项研究都是以20世纪70年代被联邦地区法院定罪的犯罪人的数据为基础的。几十年过去了，美国发生了许多变化。例如，我们可以想想职场中涉及女性的微妙改变。女性劳动力参与率在1970年刚刚超过40%，到了2000年，已上升至60%，此后一直保持在这一相对稳定的水平（U. S. Bureau of Labor Statistics，2017）。有关职业女性还有其他方面的变化。1970年，25岁至64岁的从业女性中约有11%拥有大学学历，但是到了2014年，从业女性拥有大学学历的比例几乎翻了两番，达到40%（U. S. Bureau of Labor Statistics，2017）。20世纪末至21世纪初，并非只有女性经历了工作和教育方面的变化，从20世纪70年代中期至2014年，年轻人上大学的比例也有所增加（Ingels et al.，2012），现在各个种族和族群的年轻人中大学毕业的比例比20世纪70年代要高（Kena et al.，2015）。因此，与20世纪70年代相比，现在有更多的女性在工作，而且她们拥有大学学历，这让女性能够从事比以往更多不同的工作。同样，非白人与过去相比也受到更多的教育，可以推测他们现在也比过去有更多机会从事白领工作。简而言之，自20世纪70年代以来，美国人口的教育和职业构成已经发生许多变化。

由于获得白领类的工作是许多白领犯罪的前提，在过去的几十年中，美国人口的职业和教育特征的变化很可能就反映在白领犯罪人的社会和人口结构特征中。换句话说，年长的白人男性在白领犯罪中所占的优势比例可能不再像过去那样高，从美国量刑委员会（USSC）和其他来源获得的数据使我们能够在当下被定罪的白领犯罪人与20世纪70年代被定罪的白领犯罪人之间进行一些比较。由于可能还存在其他可以解释变化的重要因素，所以要在一段时间内对涉及广泛的犯罪类型进行比较总是比较棘手的，但我们仍然可以观察到一些趋势。量刑委员会收集了被判定违反反垄断法、违反税收法、贿赂和贪污等白领犯罪的人的年龄、种族、性别和教育特征的数据（见表2.4）。为了进行比较，表2.4还包括其他三种类型的白领犯罪——诈骗、环境犯罪以及食品和毒品犯罪。

表 2.4　2009—2015 年美国白领犯罪人的描述性统计

	违反反垄断法	违反税收法	贿赂	银行贪污	诈骗	环境犯罪	食品和药品犯罪
人口结构							
平均年龄（岁）	53	50	47	44	41	46	47
白人占比（%）	55	63	43	60	45	71	65
男性占比（%）	100	76	81	44	69	94	76
大学毕业占比（%）	64	34	31	17	22	16	39
2009—2015 年的定罪数（件）	117	4398	1557	2623	5525	1220	457

注：尽管耶鲁大学的研究将“诈骗”作为白领犯罪类别之一，但我们认为将耶鲁大学的诈骗相关数据与量刑委员会的诈骗相关数据进行比较是不合适的。量刑委员会对“诈骗”的定义所涵盖的法规和行为比耶鲁大学研究中所使用的更为广泛。定罪数量数据根据人口结构特征不同而略有不同。此处的数据摘自“性别”资料表。

数据来源：美国量刑委员会，互动数据源，2009—2015 年。

如表 2.4 所示，白领犯罪人的种族和族群特征发生了变化，某些案例中年龄和性别也有变化。例如，白人违反反垄断法的优势比例已发生变化，20 世纪 70 年代违反反垄断法的有 99.1% 是白人，而当下这一比例只有 55%。白人违反反垄断法的比例急剧下降的主要原因在于大量的反垄断诉讼集中于以日本和中国台湾地区为基地的公司，这些诉讼涉及汽车零部件和 LCD 面板行业的定价，主要发生在 2012 年至 2013 年。尽管如此，即使排除这两年，其余几年白人违反反垄断法的人数仍然仅占违反反垄断法总人数的 65%，这表明，现在获得违反反垄断法机会的途径与几十年前相比限制程度有所降低。税收和贿赂犯罪的种族构成也发生了巨大变化，白人犯罪人数在早些时候占税收和贿赂犯罪的 80% 以上，而现在他们占税收犯罪的 2/3（63%），贿赂犯罪的占比则不到一半（43%）。但是，白领犯罪人的平均年龄或性别方面几乎没有变化，当下违反反垄断法的白领犯罪人平均年龄为 53 岁，与 20 世纪 70 年代相同。当下违反反垄断法的白领犯罪人全部是男性。对于税收违法和贿赂犯罪，当代犯罪人的平均年龄大致在 47 岁至 50 岁，与 20 世纪 70 年代相比差别不大。最后是贪污犯罪，白人（耶鲁大学研究中为 74.1%）和男性（耶鲁大学研究中为 54.8%）在量刑委员会的数据中所占比例分别下降到 60% 和 44%。对于这四类犯罪，犯罪人拥有大学学历的比例都有所增加，尽管增加得不太明显。考虑到整个美国人口中大学入读率都有所增长，那么具有大学学历的白领犯罪人比例增加就并不令人意外。

综上所述，表2.3和表2.4的对比结果表明，白领犯罪的机会在过去几十年愈加均等地向社会成员开放，不再是中年白人男性的专属。目前，女性和非白人都更多地涉入其中，这也许反映了20世纪末期这些群体在美国社会中取得了一些地位上的进步。但是我们并不是想说明种族和性别对于白领犯罪不再重要，在大多数类型的犯罪中，白人男性仍然占主导地位，违反反垄断法犯罪（我们分析中的最高水平的犯罪）人口结构的变化小于其他类型犯罪这一点就很能说明问题。

白领犯罪生涯

白领犯罪生涯这个短语似乎是一种矛盾体，因为人们对白领犯罪人的普遍看法之一是他们是主流的，是守法的个体。白领犯罪人被认为是一次性的犯罪人，而不是经常犯罪的人。不同于和刑事司法制度反复打交道的普通街头犯罪人，白领犯罪人不会被认为有犯罪前科。思考一下本章前面提到的犯罪人，如玛莎·斯图尔特和伯纳德·麦道夫，确实没有长期被逮捕的记录，他们在出庭时可以得体地宣称自己是初犯。但是，玛莎·斯图亚特和伯纳德·麦道夫并不是那些被判白领犯罪的人的典型，大多数被判白领犯罪的人并不像他们那样富有、受过高等教育、善于社交。所以，就其对犯罪活动的参与而言，可能大多数白领犯罪人也不像这些精英人士。

耶鲁大学的研究以及福斯特和罗兹的研究中一个更引人注目的发现就是有关白领犯罪人先前的犯罪记录，令人惊讶的是，很大一部分白领犯罪人在实施白领犯罪之前就已经有案底了，表2.5列出了两项研究中所有白领犯罪类别和普通犯罪类别的先前逮捕信息。在两项研究中，我们发现约有40%的白领犯罪人曾被逮捕过一次。因此，有很大比例的白领犯罪人对警察工作的业务目标有所熟悉，但是他们可能不如普通犯罪人那样熟悉警察局。如表2.5所示，普通犯罪人有被逮捕前科的比例更大。显然，白领犯罪人在刑事司法系统方面的经验不及普通犯罪人。

表2.5 白领犯罪人和普通犯罪人有被捕记录的比例 单位:%

罪行	耶鲁大学研究*	福斯特和罗兹研究**
白领犯罪	43	39
违反反垄断法	3	n. a.
违反证券法	32	n. a.
违反个人所得税法	47	42
贿赂	23	24
信贷诈骗	55	n. a.
虚假索赔	56	49
邮政诈骗	54	66
银行贪污	29	18
普通犯罪	90	83

注：n. a. 表示无数据。

* 摘自韦斯伯德（Weisburd）等人《中产阶级犯罪：联邦法院中的白领犯罪人》（Weisburd et al. 1991）表2。

** 摘自本森（Benson）和穆尔（Moore）等人《白领犯罪人和普通犯罪人一样吗？对最近提出的一般犯罪理论的经验和理论批判》（Benson and Moore，1992）。

白领犯罪人中有40%曾与司法系统打过交道，这可能令人惊讶，但他们真的那么不寻常吗？这也许对普通大众来说大概是平均水平，但这很难确定，因为关于普通人群的犯罪史的研究很少。尽管有项研究估计，美国所有男性中整整有一半的人在其一生中的某个时候会被逮捕（Christensen，1967），但总体逮捕率估计在10%到25%范围之间（Singh and Adams，1979；Tillman，1987）。

总体来说，白领犯罪人先前有过一次逮捕记录并不罕见，但对那些特定类型的白领犯罪人来说并非如此。我们在调查白领犯罪人的社会和人口结构特征时还发现，他们的犯罪历史有相当大的差异。如根据耶鲁大学的研究，只有3%的违反反垄断法的犯罪人先前有过一次被逮捕记录，大大低于普通人的正常值；而有超过一半的因信贷诈骗、虚假索赔或邮政诈骗被定罪的人先前有过一次被逮捕记录，大大超过了正常值；被判税收违法、证券诈骗、贿赂或银行贪污罪的人则介于这两个极端之间。福斯特和罗兹的研究也发现了一种非常相似的分布，与那些被判虚假索赔或邮政诈骗罪的人相比，被判贿赂和银行贪污罪的人仅占少数。

由此看来，贿赂和银行贪污犯中有犯罪史的要比虚假索赔或邮政诈骗的人少，即使后一组白领犯罪人中有犯罪史的比例要低于普通犯罪人中有被逮捕史的比例（耶鲁大学的研究与福斯特和罗兹研究中分别为90%和83%）。有证据表明，这种表面情况并没有给人以误导，表2.6显示了福斯特和罗兹研究中每类白领犯罪有被逮捕史的平均次数。平均而言，贿赂和银行贪污犯中有被逮捕史的人数要比虚假索赔者或邮政诈骗犯少得多。

表2.6　白领犯罪人和普通犯罪人先前被逮捕的平均次数*

罪行	平均次数	至少被逮捕一次占比（%）
白领犯罪	1.79	39.0
银行贪污	0.52	18.4
贿赂	0.65	23.6
违反个人所得税法	1.91	42.1
虚假索赔	2.29	49.0
邮政诈骗	3.90	65.9
普通犯罪	5.63	81.1
毒品犯罪	3.55	72.2
造假	6.49	82.6
银行抢劫	6.85	88.4
所有犯罪人	3.41	57.8

数据来源：本森（Benson）和穆尔（Moore）等人《白领犯罪人和普通犯罪人一样吗？对最近提出的一般犯罪理论的经验和理论批判》表1（Benson and Moore，1992）。

我们从这些数字中可以得出什么样的一般性结论呢？有两个结论与我们先前在社会和人口结构特征方面得出的论断是一致的：首先，许多白领犯罪人并不符合人们对白领犯罪人的刻板印象，白领犯罪人中有不小的比例是屡犯，这一发现在其他国家的跨国调查中也得到了证实（Van Onna et al.，2014）；其次，实施某些白领犯罪类型的人比实施其他白领犯罪类型的人有更多的犯罪经验，特别是违反反垄断法的犯罪人、银行贪污犯和行贿受贿人与那些虚假索赔、借贷诈骗或者利用美国邮政系统进行诈骗的人相比，似乎在犯罪生涯中被逮捕的概率要小得多。由此可见，不同类型的人具有不同的犯罪背景，会实施不同类型的白领犯罪。

如表2.5和表2.6所示，白领犯罪人拥有所谓的犯罪生涯并不罕见，但这些犯罪生涯的具体情况如何呢？从对普通街头犯罪人的研究中我们可以知道，大多数犯罪人在15岁至17岁开始犯罪，他们通常在20岁出头时结束犯罪活动（Blumstein et al.，1986；Piquero，2008）。我们还知道，大多数罪犯都是"通才"，他们会实施不同类型的犯罪，而不是专注于某一种特定类型的犯罪，例如入室盗窃或偷盗汽车（Piquero and Weisburd，2009；Tracy，Wolfgang，and Figlio，1990）。已经有些研究试图考察白领犯罪人的犯罪生涯（Benson and Moore，1992；Piquero and Weisburd，2009；Weisburd and Waring，2001），这些研究清楚地表明，白领犯罪人和普通犯罪人的犯罪生涯之间"差异大于相似"（Piquero and Weisburd，2009，p.156）。通过分析耶鲁大学的数据，韦斯伯德和韦林（Weisburd and Waring，2001）发现，白领犯罪人犯罪生涯的起步年龄通常比普通犯罪人要晚得多，白领犯罪人的平均初犯年龄为35岁，他们的犯罪生涯往往持续更长的时间，犯罪生涯平均时长为14年（Weisburd and Waring，2001），但是白领犯罪人在其犯罪生涯中犯罪的次数相对较少。

除了考察犯罪生涯的长短和犯罪次数，韦斯伯德和韦林（Weisburd and Waring，2001）还探究了白领犯罪人的总体犯罪轨迹。他们的分析表明白领犯罪人有三种突出的犯罪模式：低犯罪率、中等犯罪率和高犯罪率。低犯罪率的犯罪人在耶鲁大学的研究样本中约占70%，他们的犯罪次数非常少，只是偶尔在一定条件下才犯罪（Piquero and Weisburd，2009）。韦斯伯德和韦林认为这些人不是为了"应对危机"，就是为了"抓住机会"。应对危机的人是出于绝望而实施了白领犯罪（Engdahl，2011）；抓住机会的人发现自己所处的职业岗位能使自己非法致富。

中等犯罪率组大约占样本的25%（Piquero and Weisburd，2009），他

们虽然相对来说仍是偶尔犯罪，但还是比低犯罪率组更持久一些。中等犯罪率组似乎是由“机会寻找者”组成的，也就是说，是那些积极寻找机会和时机来利用他人赚一笔的人。

高犯罪率组群体很小，仅占样本的5%（Piquero and Weisburd，2009），但他们随着时间的推移会比其他两个群体更频繁、更持续地犯罪。高犯罪率组实施的犯罪类型也更加广泛，包含白领犯罪和非白领犯罪的混合，这就提出了一个很重要的问题，即识别白领犯罪人是有困难的。实际上，相当数量的非白领犯罪人（5%～30%）曾经被逮捕过，换句话说，这些人不一定专注于白领犯罪，相反，他们看来是偶尔实施了白领犯罪的老套犯罪分子。从中可汲取的教训是，一次逮捕可能并不是辨识白领犯罪人的最佳方法，最近荷兰的一项针对644名受到起诉的白领犯罪人的研究证实了这一点。分析显示，白领犯罪人有两种宽泛的类型：低频犯罪人（两组），占犯罪人总数的78%；而高频犯罪人（也是两组）人数少得多，占所有白领犯罪人的22%。除了犯罪频率上的显著差异，这两类犯罪人在首次涉入犯罪的时间上也有所不同。低频犯罪人从成年开始他们的犯罪生涯，而后者在青春期时就开始犯罪了（Van Onna et al.，2014）。

总之，有关白领犯罪人犯罪生涯的现有数据表明，大多数白领犯罪人往往来自中产阶级，而不是上层阶级，他们开始和终止犯罪生涯的时间常常比普通犯罪人迟，并且他们比普通犯罪人更有可能专注于某一特定类型的犯罪。从这些差异来看，白领犯罪的原因似乎涉及白领犯罪人特有的诱因和风险因素，包括职业提供的机会、与业务相关的压力以及成人问题（Piquero and Piquero，2016）。

单位组织与较高社会阶层犯罪人

到目前为止，我们已经关注联邦司法系统中被判白领犯罪的人的社会、人口结构和犯罪特征，但是目前的调查中，我们对白领犯罪采取的是基于犯罪行为的方法，如上面所讨论的，这有可能导致各种犯罪人的混淆。相反，如果我们跟随萨瑟兰的研究去关注于那些受尊敬和社会地位很高，并且在合法的公共或私人组织中有重要影响力或拥有权力的人，情况会有怎样的变化呢？

不幸的是，没有什么定量研究可以为我们提供指导，我们对较高社会阶层白领犯罪人的了解大部分来自针对特别恶劣的犯罪人或罪行的案例研究。尽管案例研究可以提供非常丰富的信息，但要从中进行归纳总是有风险的。定量研究如此少也不足为奇，使用诸如调查或访谈类的标准研究方法来考察地位较高的个人是很困难的，他们通常不愿意进行研究合作，当研究的焦点是犯罪或不法行为时，让他们进行合作就更加困难。因此，有时候专注于单位组织而不是个人会更有意义。

正如萨瑟兰（1949）所证实的那样，许多真正令人发指的、上了晚间新闻和报纸头条的白领犯罪毕竟都发生在单位组织中，并且常常是大型、复杂的组织。在大型单位组织中，人们通常通过分组工作来完成错综复杂的任务和目标。例如，让我们看看 2015 年爆发的涉及德国汽车制造商大众汽车及其所谓的“清洁柴油”发动机的丑闻（Smith and Parloff，2016）。清洁柴油在危险污染物的氮氧化物排放方面曾被吹捧为符合美国标准，车辆的氮氧化物排放受到美国环境保护署的管制，因为它们会对城市环境中的空气质量和人体健康构成严重威胁。2008 年至 2015 年，大众汽车及其子公司奥迪和保时捷在全球范围内销售了 15 种配备了所谓清洁柴油机的不同车型，并吹捧它们是其他汽车制造商生产的冒着烟雾的汽车的环保“绿色”替代品。但这是一个骗局，这些汽车根本不是真正的“绿色”汽车，其发动机排放的氮氧化物量实际高达许可水平的 40 倍。大众汽车之所以能够侥幸成功地进行这种诈骗，是因为该公司在引擎的计算机中安装了可以检测到汽车何时在实验室进行测试的软件。当环境保护署或其他监管机构对汽车进行测试时，该软件会启动发动机的减排设备以满足环境保护署的标准，而汽车在实际道路上行驶时会关闭减排设备。这项复杂的技术任务涉及工程师、软件程序员、中级主管和高层管理人员，但究竟应该由谁承担责任呢？毫不奇怪，当骗局被揭露时，该公司首席执行官马丁·温特科恩（Martin Winterkorn）否认知晓任何信息，并将整个事件归咎于少数“流氓工程师”。但联邦检察官不同意这一说法，并出人意料地对大众汽车包括品牌开发主管和发动机研发主管在内的6名高管提出了刑事指控（Tabuchi，Ewing and Apuzzo，2017），是否会有其他人遭到起诉以及是否会有人实际被定罪还有待观察。德国、法国、意大利、瑞典和韩国的检察官也开启了刑事调查（Smith and Parloff，2016），调查范围已扩展到其他汽车制造商，例如菲亚特·克莱斯勒（Fiat Chrysler，Isidore，2017；Tabuchi，2017；Sorokonish，2017）。

这是一个很普遍的问题，早在犯罪学家和检察官开始了解和控制单位组织环境中的犯罪时就已经认识到这一问题。在大型、复杂的单位组织中，项目的责任通常扩散或分布在许多人身上，当出了问题时，责任的分散使得我们难以挑出一个应该承担责任的特定个人或群体。联邦检察官在大众汽车案中决定对高管个人提起刑事诉讼的确非同一般。在该案之前，联邦检察官通常不会对公司高管个人进行刑事指控，而是更倾向于关注该单位组织本身，并达成所谓的不起诉或延迟起诉协议，公司通过在协议中同意实行改革以防止今后犯罪来免于刑事指控（Garrett，2014）。在本书的最后部分，我们将对延迟起诉协议进行更多的探讨，现在我们还是在回到单位组织犯罪的讨论中。

单位组织犯罪人及单位组织犯罪的特征

假设公司可以犯罪（一种假设，如下文所述，这种假设受到一些学者的质疑），那么我们对单位组织犯罪人及其犯罪类型了解多少呢？美国量刑委员会对在联邦法院被判刑的单位组织的案件和违法者信息进行跟踪，这些数据有助于我们了解被判刑的犯罪人的某些属性。例如，美国量刑委员会的数据显示大多数被判刑的单位组织规模很小，从图2.1可以看出，在2016财政年度，有约74%的单位组织雇员少于50名，而只有约7%的单位组织雇员超过 1000 名。

使用 2016 财政年度的 USSC 数据，可以看到以下公司犯罪人画像：

1. 2016 年单位组织案件 132 起，其中近 1/4 涉及环境犯罪，其次是诈骗罪（24%），接下来是食品和药品/农产品及消费品犯罪、反垄断犯罪和进出口犯罪。2016 年，洗钱、移民和腐败犯罪（与其他犯罪一起）也有出现。

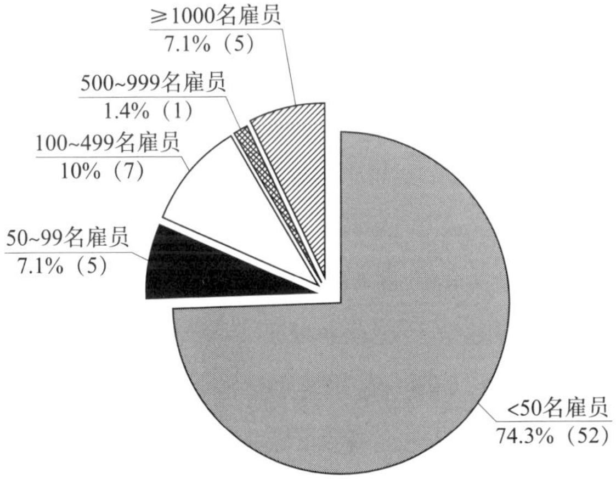

图 2.1　单位组织犯罪人的员工数量

资料来源：美国量刑委员会互动数据源（isb. ussc. gov）2016 财政年度数据文件（USSCFY16）。

2. 在根据《美国量刑指南》第 8 章罚金规定被判刑的 132 个单位组织被告中（N =48），只有 2 个在过去五年内有过刑事或行政违法记录，大多数（至少从官方记录来看）不是累犯。

3. 相当一部分被定罪的单位组织似乎没有大量金融资产，实际上有 22% 的单位组织被认为无法支付罚金，因此获准减少罚金。

4. 主动报警的要么很少，要么就没有。《美国量刑指南》的核心在于鼓励商业企业与法律当局之间进行合作（这被认为是减轻处罚的情形）；然而，2016 年没有任何被判刑的单位组织对当局报告其违法行为。

5. 在该财政年度，根据第 8 章判刑的案件只有 132 起（相比之下，美国所有巡回法院和地方法院处理的案件总数为 671742 起），公司的犯罪行为似乎相对较少。

这一公司犯罪和典型的单位组织犯罪人画像与我们从其他研究中所了解到的内容相符吗？指南数据对评估公司犯罪的范围和性质有多大帮助？由于具体案件的数据缺失以及数据库中某些案件整个被遗漏，美国量刑委员会早期的数据是有问题的（Alexander，Arlen and Cohen，2001）。但在2005年之后，案件信息变得更加一致和可靠。大多数公司犯罪都被提起民事或行政诉讼，并不会受到刑事追诉。由于美国量刑委员会的数据包含了刑事案件，因此从这一数据来源推算出的公司犯罪黑数或犯罪人特征并不能说明在刑事司法制度之外处理的公司犯罪案件和犯罪人的可能特征。阿伦（Arlen）（2012，p. 349）认为，《美国量刑指南》的主动报警条款通过减轻处罚来奖励那些最容易被当局发现、最不麻烦的犯罪人，因此主动报警的规定容易吸引不太老练的犯罪人，他们可能涉及不太危险、后果不严重的犯罪。目前尚不清楚公司犯罪中严重案件和轻微案件在普通人群中真实的分布情况，但是阿伦的观点意味着使用这些数据来预测公司犯罪黑数将会低估真实的数字。《美国量刑指南》的数据还包括刑事司法程序最后阶段的犯罪人，它衡量的是定罪的情况，而不是当局所知的指控或犯罪。我们对被发现但未被调查的案件，或者是“逮捕”以后转移到其他方式处理的案件知之甚少。对传统犯罪人的研究表明，那些仅仅是启动了司法程序的人与那些经历所有程序直到定罪和量刑阶段的人是完全不同的。在公司犯罪案件中，一路经过刑事司法制度所有程序的单位组织可能与中途被转移或分流出系统的单位组织有所不同，但在目前情况下，我们对犯罪人从某个程序阶段到下个程序阶段的异同之处以及不同司法系统（刑事、行政或民事）中这些异同有何变化还知之甚少。

美国量刑委员会的数据似乎可以让我们估测一下小企业的犯罪黑数，但也仅适用于某些类型的犯罪。考虑到刑事司法制度对公司犯罪进行监管和起诉都非常困难，如果将累犯定义为参与新的犯罪而不是因为新的犯罪而“被逮捕”，则累犯的数据并不可靠（Simpson，2013a）。

最后，许多针对白领犯罪个人刑事数据所提出的批评同样适用于单位组织，甚至更有意义。美国司法统计局最近签署了一份论证建立有关白领犯罪联邦系列数据库的可行性报告，这份报告显示此项艰巨任务面临巨大的挑战（Simpson and Yeager，2015）。如前所述，绝大多数公司违法行为是通过行政或民事法律程序而非刑事司法制度进行处理和制裁的，因此，我们需要整合这三个主要来源的所有信息来掌握犯罪的总体情况以及联邦政府对犯罪的反应程度。但是，即使这些数据都可以被提取，计量单位（案件或被告）以及每个机构内获取信息的时间/类型也有很大差异。而且，我们对司法流程知之甚少（也就是说，哪些案例进入了司法系统，以及它们如何在司法系统内部以及不同系统之间转移），以致无法清楚地了解数据的缺陷和偏差。因此，重要的是要认识到任何有关公司犯罪人的测量系统都存在让人痛苦的不完整性。

将公司视为犯罪人是否有意义

公司是由政府授权作为一个单元来行动的一群人。从法律上看，公司被视为能够对其行为承担法律责任的“个体”，但对于犯罪学家而言，将公司视为犯罪行为人的看法会产生一个学者并不认同的棘手的本体论问题。例如，唐纳德·克雷西（Donald Cressey，1989）就反对出于犯罪学理论和研究目的将公司视为犯罪行为人。克雷西承认公司在法律上被视为拟制的人，但他认为犯罪学分析不同于法律分析，犯罪学应该关注真实的人，而不是法律拟制。公司不能实施行为，是人在实施行为，像对待一个人一样对待公司是错位的拟人化，试图对照个人行为来解释公司会导致概念上的混乱。因此，根据克雷西的看法，区分公司犯罪和职员犯罪是不必要的。但其他学者并不认同，他们争辩认为公司确实可以实施行为，而且公司行为不仅仅是单个组织成员的行为之和。约翰·布雷斯韦特（John Braithwaite）和布伦特·菲斯（Brent Fisse）（1990）提供了一个例证，他们指出，在一家公司里，董事会的每个成员都可以投票通告分红，但只有作为一个集体的董事会才有权实际通告分红，董事会的集体行为在性质上与组成董事会的个人行为有所不同。此外，董事会的集体决策可能来自诸如“集体思考”或集体风险转移等过程，这些过程在个人彼此孤立地做决策时并不适用。因此，在布雷斯韦特和菲斯看来，将公司视为独特的解释对象是有意义的。

不管这一哲理性辩论中哪一方是正确的，都有大量的研究关注和探讨了与公司犯罪有关的单位组织和行业的特征（Clinard and Yeager，2006；Ermann and Lundman，1978；Gross，1978，1980；Simpson，1986，2002；Simpson，Garner，and Gibbs，2007）。我们将在后面的章节中更详细地讨论这一研究，现在我们要注意的是，一定要记住许多白领犯罪都具有单位组织的层面，不能仅仅被简化为个人层面的倾向或特征。为了理解为什么会发生这些犯罪以及如何预防这些犯罪，我们必须要认识到组织行为的动力机制，并通过对个人和组织层面的分析进行汇集和整合来促进理论的发展（Vaughan，2007）。因此，应谨慎使用“白领犯罪人”这一术语，因为有时候关注作为整体的组织，而不是单个的不法行为人可能更有意义。

小结

本章的主要目的是描述人们对白领犯罪人的已有认识，更准确地说，是对实施各种白领犯罪类型的人的了解。两项针对犯罪人的大型实证研究认为，在联邦司法系统中被判白领类犯罪的人不同于当地被判普通街头犯罪的人（Benson and Kerley，2000；Weisburd et al.，1991），被判白领类犯罪的人与普通街头犯罪人相比，有着不同的社会和人口背景。白领犯罪人比普通街头犯罪人年龄更大，更有可能是男性，白人的比例也更高，他们还更有可能已婚、拥有自己的房产、经济有保障、犯罪时处于就业状况。尽管来自美国量刑委员会的数据表明，自20世纪70年代以来，白领犯罪的社会和人口结构特征已经发生了变化，但目前实施白领犯罪的人“看起来”还是不同于普通街头犯罪人。这些调查结果对任何人来说都不应该感到太意外，但令人惊讶的是，这些研究中的白领犯罪人有许多似乎并不符合萨瑟兰对白领犯罪人的定义，即受人尊敬和社会地位较高的人。正如戴维·韦斯伯德（David Weisburd）和他的同事（1991）所言，这些犯罪人主要是中产阶级。然而，这里的白领犯罪人画像必然受到其所依据的数据资料的限制，从联邦司法系统中抽取的样本缺失了所有那些无论出于何种原因，在一开始就没有被引入该系统的犯罪人。如果有人要逃避该系统，那很有可能就是萨瑟兰所定义的这类具有较高社会地位的犯罪人。

最后，与普通的街头犯罪不同，白领犯罪通常具有组织方面的因素，即它处于组织的环境中，并且涉及承担组织角色或从事组织活动的人。因此，个人和组织都可以被视为白领犯罪人。

注 释

1 邮政伪造罪可能看起来与白领犯罪相似，相似点在于它似乎涉及欺骗。但在大多数情况下，邮政伪造只是简单的盗窃。通常，违法者从邮箱窃取政府签发的福利支票或社会保障福利支票，在尝试伪造收件人的背书去兑现支票时被抓，违法者是被控邮政盗窃罪还是邮政伪造罪主要取决于其被抓时是在盗窃还是在试图通兑支票（Weisburd et al.，1991，p. 17）。

2 这些地区是美国新泽西州、纽约州东区、康涅狄格州、俄亥俄州北区、佛罗里达州中区、俄克拉何马州西区、新墨西哥州北区和加利福尼亚州北区。

3 阿伦（2012，p. 325）解释，对一些其违法犯罪明显不容易被政府发现的大型公司来说，主动报警往往得不偿失。此外，延迟起诉协议——司法部越来越常用的工具，用于“与雇用数千名员工并对行业和市场健康有重大影响的大公司交易”（Lydon，2012，p. 1），只要公司承认存在不当行为、配合调查、支付罚款并改善内部合规性——更进一步强化了美国量刑委员会的数据偏向于规模较小且实力较弱的企业的局面。

第二部分

犯罪理论与机会视角

如果可以用一种包罗万象的一般理论来预测和解释其研究的主题——犯罪，那么大多数犯罪学家会既惊讶又高兴。但要提出所谓的关于犯罪的一般理论，首先要问的问题之一便是“那么这种理论关于白领犯罪是怎样的呢”。的确，有时这个问题会首先被提出，然后由一般理论的提出者自己以一种先发制人的方式作出回答（Hirschi and Gottfredson，1987a，1987b）。对于那些自封的普遍犯罪理论，为什么白领犯罪总是作为相反事实被提出，其原因很明显，因为白领犯罪和白领犯罪人都不符合犯罪和犯罪人常见的刻板印象，所以我们有理由追问关于苹果的理论是否也可以是关于橘子的理论。

理论家做了许多尝试，试图将白领犯罪纳入主流犯罪学理论的阐释中，我们将在第三章对此进行评论。尽管这些理论研究存在重要差异，但它们有一点是相同的，都将焦点放在犯罪人身上，试图阐明犯罪人犯罪的原因。本质上，这些理论是犯罪性理论，而不是犯罪理论。而犯罪和犯罪性不是一回事（Gottfredson and Hirschi，1990），它们在概念上是有区别的。犯罪是指事件，是发生在特定的时间和地点的事情；而犯罪性是个人或组织的特征，是指个人或实体参与犯罪的可能性。大多数犯罪学理论都将重点放在犯罪性上，但是理论上可以将犯罪本身作为研究对象，与犯罪分子分开思考，这是我们第四章所要探讨的。在第四章，我们将阐述白领犯罪与其他类型犯罪有何不同，并从机会的视角透视白领犯罪。

第三章　白领犯罪的解释：传统犯罪学理论

萨瑟兰在撰写有关白领犯罪的著作时，自称其目标之一是改革犯罪学理论。20 世纪 30 年代，当萨瑟兰开始这一领域的研究时，犯罪学理论中占主导地位的观点认为犯罪集中于较低的社会阶层，并且是由伴随贫困而来的个人和社会病态引起的。萨瑟兰认为这种犯罪研究存在两个方面的错误。第一，它“甚至没有解释下层阶级的犯罪”（Sutherland，1940，p. 10）。正如他正确指出的那样，许多贫困的人——实际上是大多数——并不是犯罪分子，所以贫困及其相关的病态不能构成犯罪行为的普遍或充分原因。第二，使用来自贫困阶层数据的理论是建立在一个有偏见的样本的基础上的，“有偏见的样本几乎完全忽略了白领犯罪人的行为”（Sutherland，1940，p. 9）。具体来说，他们忽视了上层社会的人在其职业生涯中犯下的许多严重罪行，也即白领犯罪。一个真正充分的犯罪学理论应说明或解释各种形式的犯罪（Sutherland，1940）。因此，萨瑟兰在其著名的差异交往理论基础上提出了白领犯罪理论。

萨瑟兰并不是唯一一个试图发展白领犯罪理论的人，正像传统犯罪一样，为了寻求对这种犯罪形式的更好理解，人们已经尝试了许多理论方法。将标准犯罪学理论应用于白领犯罪的过程通常涉及辛普森（Simpson，2013b）所说的“概念技巧”，最初为适用于传统犯罪形式而研发出的概念和思想必须加以调整，才能解释和说明白领犯罪的独特性及白领犯罪人的显著特征。尽管存在这些概念上的挑战，但已经有学者提出通过改造差异交往、失范、控制、理性选择理论以及综合理论来解释白领犯罪。

然而，出于种种原因，这些努力都没有获得广泛接受，关于如何最好地解释白领犯罪，人们还没达成什么共识。这一领域的经验研究很难进行，研究人员很少能够得到联邦政府资助的研究项目基金，这些项目基金都给了传统街头犯罪的研究者。白领犯罪研究缺乏确凿的事实去利用，没有任何一个白领犯罪理论经受过广泛的实证调查检验。此外，很难为一些白领犯罪理论的构建方式设计检验标准，例如某些理论使用的变量适用于不同层次的分析，个人、单位组织、结构和文化层面的变量都可以作为白领犯罪总体解释的必要部分（Coleman，1987），这种方法虽然全面，但也容易引起争议，实际上也是无法检验的，因为要测量或控制解释中引用的所有因素几乎是不可能的。因此，白领犯罪理论的经验效度仍然有限。由于尚不清楚哪种理论方法能够提供最佳或最有前景的解释，因此我们选择对已有的各种方法进行综述。尽管犯罪学家在检验白领犯罪理论上并没有取得大的进步，但他们仍然继续追求萨瑟兰改革犯罪理论的目标，探索了普通犯罪学理论是否可以用于解释白领犯罪。对这些努力我们将在下面进行描述。

差异交往理论

萨瑟兰推论，导致其他犯罪类型产生的普遍过程同样也是白领犯罪的原因。他认为个人参与白领犯罪是作为一种所谓的“差异交往”过程的结果。差异交往理论假设：

> 犯罪行为是在与那些赞同犯罪行为的人相交往、与不赞同犯罪行为的人相隔离的过程中习得的，当且仅当“赞同犯罪行为的观念压倒了不赞同的观念”时，处于特定环境中的人才会从事白领犯罪。(Sutherland，1983，p. 240)

萨瑟兰认为，对非法的商业行为持赞许的态度和文化取向在整个商业界中普遍存在，进入商业界的新手在社会化的过程中接受了这些态度和取向。他们学习如何实施某些类型的违法行为，以及如何将这些违法行为合理化，以至于在违法者心目中这些违法行为都是可接受的、普通的且必要的商业活动。因此，白领犯罪文化渗透到整个商业领域，在高管和雇员中代代相传。

萨瑟兰提出了许多例子来说明刚进入商业界的年轻人如何被其老板教化为市场自私自利的道德个体。例如，一家鞋店的经理通过以下这种方式向新员工解释游戏规则（Sutherland，1983，p. 243）：

> 我的工作是卖出鞋子，我雇用你来帮助我做这些。如果我们有某人的尺码，我会很乐意为他找一双合适的鞋，但为了卖给他一双鞋，必要时我也愿意找一双并不适合他的鞋。我希望你也这样，如果你不喜欢，其他人可以做你这份工作。在你为我工作时，我希望你对如何卖鞋毫无顾忌。

零售业可能是一项竞争激烈的行业，但并不是唯一一个不诚实盛行的行业。思考一下萨瑟兰（1983，pp. 244－245）给出的另一个例子，是关于某位在一家受人尊敬的公共会计师事务所工作的注册会计师的。这个会计工作了几年后，对于自己的职业道德这样说（Sutherland，1983，p. 244）：

> 我在商学院做学生时学习了会计原理，而在一家会计公司工作了一段时间后，我发现自己并没有学到许多有关会计的重要知识。会计师事务所从商业公司那里获得业务，并且必须有限度地向这些商业公司提供它们所希望的报告。我工作的会计师事务所受人尊敬，在这个城市里算是最好的。在我的第一个工作任务中，我发现该公司账簿中存在一些违规行为，这会引起人们对该公司财务政策的质疑。当我向我的会计师事务所主任出示报告时，他说这并不是我的分内事，不用管它。尽管我确信该公司存在欺骗行为，但我不得不隐瞒此信息。我一次又一次地被迫在其他工作中做同样的事，我对此类事情感到非常厌恶，希望能离开这个行业。但我想我又必须坚持做下去，因为这是我唯一受过训练的职业。

萨瑟兰在其研究中所发现的这些态度和做法仍然一直存在，例如，一家公共建筑公司的所有人因串通投标而被判违反了反垄断法，关于其公司的业务是如何开展的，他这样说：

> 在我们涉足之前，这个行业开展业务的方式就是这样。所以，就像为什么早上要刷牙一样，这是每天生活的一部分……这是生存下去的一个方法。（Benson，1985，p. 591）

这个例子以及许多其他可以找到的例子表明，萨瑟兰的观点是对的。商业文化不会促进道德的提升或对法律的服从。相反，它为所有与商业界打交道的人提供了在该业界违反法律的赞许态度（Hochstetler and Copes，2001）。

但是，仅仅存在这些对违反法律的赞许本身不足以引起白领犯罪，除非对违反法律的赞许有足够的强度或“有分量”，以压倒那些竞争的、对违反法律的否定性评价。根据萨瑟兰的说法，商业世界中这种状态的出现是由于孤立和社会混乱。因为政府、娱乐界和新闻媒体传统上都将犯罪与较低的社会经济阶层相等同，商业人士被隔离于那些不赞同违反法律的世界之外，所以，他们很少面临行为被否定的情形，不太可能被贴上犯罪的标签。

由于社会在白领犯罪方面的混乱和无序，商业人士避免其行为被否定的能力也有所提高。萨瑟兰确定了两种类型的社会混乱：失范，是指在特定的社会行动领域中有关行为标准的缺乏；标准冲突，是指社会群体之间有关特定做法的冲突。萨瑟兰认为，有害和非法商业行为的失范之所以广泛存在，有两个原因：首先，商业行为是复杂的、技术性的并且难以观察的；其次，由于美国建立在竞争和自由企业的理想之上，因此公众对于政府控制商业活动是矛盾的。这些因素综合起来阻碍了公众对暗箱交易的不法性和危害性形成强大的共识，公众没有发出明确的关注信号，执法人员对不端商业行为的追捕也没有力度。

商业界与社会其他利益集团之间标准的持久冲突也减轻了对不正当商业行为的控制。萨瑟兰认为，商业界为应对监管而组织严密，他们强烈反对政府、消费者团体、工会和环境组织为扩大监管以及将有害商业行为犯罪化的任何努力。商业界与那些要控制它的社会群体之间的持续冲突也削弱了公众对不正当商业行为的愤怒程度。在整个美国历史上，“规制不利于企业和经济”一直是商业领袖及其捍卫者的口头禅，它被巧妙地总结在《资本主义》杂志2002年刊登的一篇文章的标题中：“美国的生产商瘫痪：政府对美国商人的镇压正在摧毁我们的经济”，作者亚龙·布鲁克（Yaron Brook）和亚历克斯·爱普斯坦（Alex Epstein）表示：“美国的企业摇晃欲倒，所以美国的经济令人惶惑不安，原因（以及为振兴经济必须去除的因素）是政府对企业的持续监管打压。”（Brook and Epstein，2002，p. 1）。这篇文章是在安然公司（Enron）和世通公司（WorldCom）涉及数十亿美元的丑闻爆发后不久写的。时任美国总统唐纳德·特朗普（Donald Trump）曾将放宽企业管制作为他新任政府的主要措施之一（Corkery，2016）。

失范/紧张理论

失范的概念在社会学和犯罪学中有着悠久的历史，法国著名的社会学家埃米尔·涂尔干（Emile Durkheim）认为它是自杀的一个重要因素。在涂尔干（1951）看来，失范是指社会崩溃或缺乏监管，致使个人缺乏道德引导和产生无规范感。从犯罪学来说，失范理论最初是由罗伯特·默顿（Robert Merton）提出的，在默顿（1938）看来，失范不仅是指一种无规范感，而且是美国社会的一种独特特征——文化上对物质成功和个人成就愿望的强烈重视。这些被提升为每个人都应该追求的有价值的甚至是至关重要的目标，构成了美国梦的基础支撑（Messner and Rosenfeld，2013）。但是，并非所有人都能平等地获得实现这些目标的合法机会，而且美国文化很少说明应如何实现这些目标。综上所述，对个人物质成功的重视，加上机会获取的有限性以及对合法实现手段的关注受到限制，造成了社会压力，这是促成犯罪行为的条件。人们需要追求物质目标，但是追求目标的行为没有得到良好的规制或引导，因此，无法通过合法手段实现目标的人们就会寻求其他方式来获取成功，有时甚至诉诸犯罪手段。默顿用他的失范理论来解释为什么某些社会的犯罪率比其他社会高，以及为什么犯罪集中在较低的社会阶层中（Merton，1938）。

默顿的理论在最初的表述中忽略了有钱有势者的罪行，因而有时被批评为有阶级偏见。然而，认为美国社会中文化价值观和结构性机会的特殊构造影响到犯罪问题的观点并不一定局限于街头犯罪，甚至连默顿（1964）都因观察到“几乎无人相信顶层人士有休息的空间”而承认失范和紧张可能是上层阶级生活的特征。正如失范和紧张可能助长普通街头犯罪一样，它们也可能刺激白领和公司企业犯罪（Messner and Rosenfeld，2013；Vaughan，1983）。

为了将默顿的失范理论扩展到企业越轨行为（1990），尼克斯·帕萨斯（Nikos Passas）经过了一番深思熟虑的努力，他认为建立在资本主义经济原理基础上的社会具有文化和结构上的矛盾，这些矛盾促发了广泛的企业越轨行为。帕萨斯认为，文化上对财富和物质成功的重视弥漫于阶级结构的各个层面，并塑造了个人和企业的行为。尽管商业公司可以有多重目标，但在资本主义经济中，主要目标始终是利润最大化（Vaughan，1983）。企业在永无止境的相互竞争中争取最大化利润，看不到适可而止的那一刻。弱小的竞争者可能会被淘汰，新的竞争者会取代他们。因此，即使是在自己的行业中处于领先地位的企业，也必须始终为潜在的竞争而担忧。由于资本主义经济的竞争结构，企业一直承受着要做得更好的压力。

与成功和不断竞争的文化主题相伴随的是不确定性，以及对商业行为可接受和不可接受之间的界限在哪里的困惑，在这种失范的环境中，迫使企业越轨以实现利润目标的压力持续存在，而企业通常会屈服于这种压力。在帕萨斯看来，企业犯罪和越轨是资本主义经济不可避免的副产品，这一视角中的美国梦有一个非常明显的负面影响（Messner and Rosenfeld，2013）。

爱德华·格罗斯（Edward Gross）对企业越轨也有类似的看法，但他更关注单位组织的文化和结构，而不是社会整体的文化和结构（Gross，

1978)。格罗斯认为，单位组织具有内在的犯罪基因，因为它们是目标导向的实体，其业绩是根据实现目标的有效性进行评估的，因此它们一直处于实现目标的压力之下。此外，组织在朝着目标努力时还总是面临竞争和不确定性。对绩效的强调与竞争及不确定性相结合造成了压力，迫使其破坏规则，为实现目标不惜一切代价。

格罗斯推断单位组织犯罪的变化有多种原因。第一，单位组织或其子部门的被问责程度与违反规则的可能性直接相关。与对目标实现没有严格评判的单位组织相比，那些对目标实现的具体评判标准负有责任的单位组织承受着更大的绩效压力，如判断私营公司是否盈利要比判断慈善组织是否实现利他的目标要容易得多。

第二，从事单位组织犯罪的压力直接与绩效评估的客观性有关。商业公司可以根据其盈利能力进行判断和相互比较，它们的相对盈利水平很容易通过其他公司予以确定。例如，衡量一家公司相对成功的一个非常简单且客观的方法是它的“每股收益”。顾名思义，每股收益可以粗略地解释为公司在特定报告期内的总收益除以公司已发行股票总数，如果一家公司赚了 100 万美元，已发行股票为 1000 万股，那么该公司每股收益为 10 美分。通常公司的每股收益越高，对股东来说就越好，所以这一数字对投资者和华尔街分析师而言非常重要。毫不奇怪，公司会非常努力地达到其预期的每股收益数，未能实现每股显著收益可能就会导致投资者将资金转移到其他地方，从公司的角度来看，这不是好事。因此，公司高管承受着巨大压力，竭尽所能，包括使用财务造假的做法来满足华尔街对每股收益的期望。

与营利性公司相反，许多其他类型的单位组织，如医院、大学和政府机构，不会受制于如此残酷、简单和客观的标准来衡量成功。像所有单位组织一样，它们都是目标驱动的，但是相对于其目标和其他各个单位组织，要准确说出它们做得有多好则更加困难。因此我们期望减轻这些单位组织领导者的压力，以免其通过违法来实现组织目标。

第三，在公司内部，子部门与组织环境的互动越多，它就越有可能因环境所产生的不确定性而通过越轨来实现目标。组织的环境至少包括竞争对手、供应商、政府监管机构和客户。因此在制造商中，我们应该预料到销售部门比工程部门有更多的非法或诈骗活动。销售人员必须经常与竞争对手、供应商、监管机构和客户打交道，这些环境实体是不确定性的来源，它们会阻碍目标的实现，因此必须加以管理。工程师相对来说不受环境突发事件的影响，因此不太需要采用诈骗或犯罪手段来减少环境的不确定性。

第四，也是最后一点，从事单位组织犯罪的压力与目标转换成反比。如果一个单位组织在无法成功实现其明确目标而受到威胁的情况下可以转向其他更容易实现的目标，那么其做出越轨行为的压力就会减轻。与非营利组织和政府机构相比，私人营利性组织目标转换的能力可能更为欠缺。举个例子，假设一所大学标榜自己是该地区发展最快、最受欢迎的大学之一，但是出于某种原因，入学人数下降了，学校的领导可能就会承认他们入学人数未能达到目标，但是他们更有可能开始宣布新的目标，例如更高的毕业率或毕业生就业安置上的成功。换句话说，大学可以根据不断变化的条件来改变目标，而对于营利性的商业组织来说，这种目标转换虽然不是不可能，但更加困难，它们要么必须盈利，要么破产，没有其他选择。

总的来说，问责程度、绩效评估的客观性、环境的不确定性和目标转换的灵活性都影响单位组织从事越轨的压力程度。这种压力虽然可能会有起伏，但从未完全消失，它总是存在着，总是要求单位组织超越它们的绩效目标。

社会与自我控制理论

适用于白领犯罪的另一种流行的犯罪学理论是社会控制理论。犯罪学中的社会控制理论有很多版本，特拉维斯·赫希（Travis Hirschi）（1969）的著作也许是最广为人知的。赫希认为，当个人与社会的联系或纽带很脆弱时，犯罪就会发生。从这个观点出发，拉斯利（Lasley）提出，高管在公司内部的行政关系或纽带也可以解释公司/白领的犯罪行为（1988）。赫希讨论了青少年之间的情感纽带以及其他重要因素在降低违法犯罪风险中的重要性，而拉斯利则强调高管、同事和公司之间的情感纽带会降低白领犯罪的风险。赫希认为，对常规行动的承诺（合理的约束）代表了对这些活动的投入，因此可以降低个人犯罪的可能性。拉斯利就高管对组织行动的承诺也提出了类似的观点。就赫希的理论来说，另外两个纽带是其核心——对常规活动的参与和对法的道德性的信仰，拉斯利将这些要素转化为高管人员对组织活动的参与和对公司规则的信仰。像赫希一样，拉斯利预测，当这四个方面都很强大时，犯罪的风险就会降低，而且实际上，他就这一理论所做的实证检验显示这四个命题都得到了验证。尽管有这种正面的支持，但社会控制理论却很少应用于公司企业和白领犯罪。

到目前为止，在白领犯罪领域，人们最经常评估和评价的控制理论是自我控制理论。20 世纪 80 年代末 90 年代初，特拉维斯·赫希和迈克尔·戈特弗雷德森（Michael Gottfredson）提出了自我控制理论（Hirschi and Gottfredson，1987a，1987b；Gottfredson and Hirschi，1990）。自我控制理论的基本前提是犯罪和其他形式的越轨是自我控制能力低和犯罪机会相结合的产物。自我控制能力低被认为是一种行为倾向，它使个人追求短期的自我利益，而很少考虑其行为的长期后果或他人的权利和感情。一个人的自我控制水平被认为是在生命的早期确立的，并在此后保持相对稳定。自我控制能力低的人更有可能利用犯罪机会，而且由于缺乏自我控制力，与自我控制水平较高的人相比，他们也更容易从事其他危险（类似的）行为。赫希和戈特弗雷德森认为，自我控制理论是犯罪的一般理论，可以适用于白领犯罪。事实上他们认为，追求白领犯罪的独特理论的观念是被误导了。基于他们的自我控制理论，他们认为白领犯罪与街头犯罪相比应该相对稀少，因为自我控制能力低的人不太可能拥有白领类型的职业。所以，自我控制能力低的人实施白领犯罪的机会有限，相反，在白领职业中成功的人具有较高水平的自我控制能力，因此不太可能利用其职业提供的犯罪机会。从事白领犯罪的少数人尽管比普通街头犯罪分子有更高的自我控制能力，但他们的自控力还是要弱于和他们处于类似位置的其他同行。

认为白领犯罪很罕见并且可以用与其他犯罪相同的基于控制的因素进行解释的观点已经受到许多白领犯罪学者的强烈质疑（Benson and Moore，1992；Geis，1996；Reed and Yeager，1996；Steffensmeier，1989；Yeager and Reed，1998；Simpson and Piquero，2002）。将自我控制理论适用于白领犯罪存在三个问题：

第一是白领犯罪是否罕见这一问题，无论是从经验上还是从理论上看都存在争议。萨瑟兰本人记录了美国主要公司的大量违法行为，而在萨瑟兰做出这些开创性工作的几十年后，克利纳德（Clinard）和耶格尔（Yeager）（1980）也发现了美国公司普遍违法的证据。正如过去所展示的那样，涉及大小企业的丑闻不断被揭露。例如，就在2014年至2016年，我们就看到了通用汽车对其点火开关缺陷的掩盖（Ivory，2014）、大众清洁柴油丑闻（Smith and Parloff，2016）以及富国银行（Wells FargoBank）中普遍的诈骗（Krantz，2016）。简而言之，商业违法似乎并不罕见。作为公司企业越轨程度的另一个指标，我们可以看一下20世纪90年代末和21世纪早期公司盈利重述浪潮。卷入安然、世通和其他许多大公司财务造假的高管受到曝光和刑事起诉之后，公司盈利重述激增。根据美国会计总署（GAO）提供的一份报告，1997年1月至2002年6月年度盈利重述率增长了145%。在这五年期间，由于会计违规，纽约证券交易所、美国证券交易所和纳斯达克证券交易所上市公司中，约有10%申请了盈利重述（U. S. General Accounting Office，2002）。尽管会计总署没有直接说明所有这些重述都涉及犯罪活动，但该报告强烈暗示，有相当比例的美国公司领袖们是不怕欺骗投资者的——至少在他们认为自己可能被抓到之前。如果我们细想一下，财务造假仅仅只是公司能够实施的白领犯罪中的一种，那么10%的数字就更加引人注目了。

其他研究表明，美国会计总署估计1997年至2002年有1/10的公司从事过财务造假，这可能并不离谱。经济学家戴克（Dyck）、莫尔斯（Morse）和津盖尔斯（Zingales）（2013）利用了随着2002年安达信会计师事务所（Arthur Andersen）倒闭而产生的自然实验。回想一下，安达信负责安然公司的审计工作，并因其在安然公司的计划中扮演的角色而被判财务造假罪。作为全球五大会计师事务所之一，安达信拥有许多大型企业客户，而安达信倒闭时，这些客户公司不得不寻找新的审计人员。戴克、莫尔斯和津盖尔斯推论，新的审计人员会特别警惕地查找公司诈骗行为，并希望清理干净以避免重蹈安达信的覆辙。研究人员运用复杂的统计技术考察了新的审计人员在接手之前和之后诈骗行为的发现率，估算出“在任何给定年份，一个公司从事诈骗活动的概率为 13.8%”（Dyck，Morse，and Zingales，2013，p. 1）。研究人员是通过比较安达信倒闭前发现的诈骗率和新的更加警惕的审计人员在安达信前客户中发现的诈骗率得出了这一估算值的，他们假定新的审计人员发现了安达信前客户中发生的所有诈骗行为。新的更高的发现率可用于估算所有上市公司的总体诈骗发生率。而且与美国会计总署一样，这种对公司诈骗和不法行为普遍性的估算仅适用于财务造假，如果我们能以某种方式计算出公司能够实施的所有犯罪，那么这一比例将有多高还不得而知。但显然，它并不在我们通常谓之“稀有”的范围内。

此外，我们在理论上有理由相信，尽管实证记录如此广泛，但白领违法行为的数量仍可能被大大低估了，这是因为白领犯罪与其他形式的犯罪之间存在根本性的差异，这些差异会影响发现的概率。在下一章中，我们将更全面地展开这一主题，这里只作简要介绍。当普通街头犯罪发生时，例如抢劫、入室盗窃、汽车盗窃或殴打，很明显就是犯罪。可能犯罪人不为人知，但发生过一起犯罪的事实是显而易见的，存在某种有形的证据。然而许多白领犯罪在这方面并不明显，没有留下明显的如失踪的汽车、破损的窗户或流血的身体之类的有形证据。白领罪犯使用欺骗手段来实施犯罪，如果成功，那么发生的罪行可能永远不被知晓，甚至受害人也永远不会知道。例如，我们可以回想第一章里提到的医生，如果案例中的受害人接受了医生关于进一步检查的建议，那么谁能发现医生故意安排医学上不必要的检查，从而发现医生进行了诈骗呢？这里的根本问题是，对于那些非自我显示的犯罪，即使不是不可能，也很难弄清其真实的数量。

自我控制理论的第二个问题涉及自我控制的概念。该理论假设，人们为了达到顺从或社会认可的目的总是要进行自我控制，换句话说，该理论假设自我控制能力强的人总是做正确的事情。然而，没有逻辑上的理由可以解释为什么自我控制和与之相关的能力（智力、远见和毅力）不能被用来计划和执行复杂的犯罪阴谋，尤其是在潜在的收益很大而被发现的风险很小的情况下（Tittle，1991）。认为自律的人总是好人这一观点似乎有点盲目乐观，当然，将该理论应用于潜在白领犯罪人的实证检验也确实表明，相当比例的管理人员和正在培训的管理人员愿意在合适的情况下实施犯罪（Simpson and Piquero，2002）。

最后，即第三个问题，这一理论存在一个如何将犯罪机会概念化的问题。犯罪机会被认为是简单明了的事物，比如无人看管的钱包或车内有钥匙未锁的汽车，其基本观点是，只要有犯罪倾向的人能够接触到他或她希望拥有的某种物品，犯罪机会就会出现。从技术上讲，犯罪机会包括合适的目标和有效监护的空缺（Cohen and Felson，1979）。在自我控制理论中，假设钱包或汽车等目标具有内在的吸引力或可取性，唯一能阻止我们去得到它们的是我们的自控能力。但事实真的是这样吗？我们更愿意认为目标的吸引力至少部分取决于潜在犯罪人的处境（例如，他或她生活中与其自我控制水平无关的因素）。认识到犯罪机会的这一特征对于分析白领犯罪尤为重要，因为情境因素可以是白领犯罪动机的重要来源。例如，如果安然公司真的赚了很多钱，那公司的高管是否愿意去冒财务造假的风险？

白领犯罪人被认为是贪婪和自私的，但最近的研究显示白领犯罪还有其他的驱动路径（Benson and Kerley，2000；Benson and Moore，1992；Weisburd and Waring，2001；Wheeler，1992）。白领犯罪可能不仅源于对物质成功的渴望，也源于害怕对已经拥有事物的失去。有些人可能会担心如果他们不这样做，就有可能失去生活中的地位，因此涉入白领犯罪。对于习惯了中产阶级生活方式和物质享受的人来说，由于经济衰退或商业交易中的误判而失去一切的前景，可能会产生巨大的压力，迫使他们越轨来避免失去体面。例如，细想一下某个小企业主，他非常愿意遵守法律，以换取舒适但不奢侈的生活水准，然而如果企业受到竞争或经济衰退的威胁，同样是这个人，可能会觉得唯一的选择是为了生存而违法。如一个经营一家小型建筑公司的商人因为害怕失去生意而参与了一个用空头支票骗取钱财的阴谋，他辩称违法动机是因为他害怕失去一直以来努力工作想得到的东西（Benson，1985，p. 598）：

> 我突然面临着这样的选择，我的意思是，现在要么关门，要么做些别的事情来保持营业状态……我不会告诉你，如果我有时间考虑，这件事就不会发生，因为我认为它可能会发生。你和一个垂死的病人坐在一起，你要设法让他活下去。

因此，对失败的恐惧可能会驱使个人进行白领犯罪。对失败的恐惧的确可能是白领犯罪独特的动机原因，因为与许多街头犯罪人不同，白领犯罪人经常会失去一些东西，但我们并不清楚自我控制在这些条件下如何影响潜在的犯罪人。

理性选择理论

应用于白领犯罪的另一种理论视角是理性选择理论（Paternoster and Simpson，1993；Shover and Hochstetler，2006）。理性选择理论假定所有行为人都是自私的，并根据与每种行为相关的成本和收益的评估来决定是否实施犯罪或常规行为。简而言之，该理论认为当理性行为者感到犯罪的净收益（净收益 = 收益 - 成本）大于非犯罪的净收益时，他们将更愿意选择犯罪。收益和成本都有主观和客观方面，犯罪的主观成本可能是主体会感到内疚或害怕被捕，而犯罪的主观收益是违法得逞的刺激和兴奋。犯罪的客观成本是刑事司法制度的正式惩罚，而客观收益来自非法行为所得。

像其他犯罪学理论一样，理性选择理论最常被应用于普通的街头犯罪人，但佩特诺斯特（Paternoster）和辛普森（Simpson）（1993）阐述了适用于公司犯罪决策的理性选择理论。他们将其方法称为“犯罪的主观效用理论”，它聚焦于个人主观感知的个人和组织的收益与成本。因此，他们的理性选择理论针对的是个人决策者，而不是整个公司。根据他们的理论，个人作出实施公司犯罪或违反规章制度的决定涉及一系列因素。为了计算公司犯罪的潜在成本，行为人主观上会评估正式法律制裁的确定性和严重性、非正式制裁（如被家庭成员或商业伙伴发现和随后的被抛弃）的确定性和严重性以及失去自尊的确定性和重要性。行为人还会考虑公司犯罪的收益，其中包括不遵守规则的可知收益（即更高的利润、更大的市场份额或其他与组织相关的目标）和遵守规则的可知成本（即因遵守监管标准而产生的费用）。佩特诺斯特和辛普森认为，除这些标准的理性选择变量之外，行为人道德信念的强弱，其是否认为规则执行者合法和公正，潜在犯罪事件的特征以及此人先前的犯罪行为，也会影响犯罪的可能性。

尼尔·肖维尔（Neal Shover）和安德鲁·霍奇斯特勒（Andrew Hochstetler）（2006）还尝试将选择理论应用于白领犯罪，但是肖维尔和霍奇斯特勒建立的理论较少关注个体决策者，更多地关注影响白领犯罪和公司犯罪机会的经济和政治条件。他们表示，为了了解白领犯罪为何如此猖獗，我们需要注意“诱惑”的供给和“可靠监督”的缺乏。

肖维尔和霍奇斯特勒并未给出“诱惑”概念的正式定义，而将其简单描述为“引人注目的安排或情况”（Shover and Hochstetler，2006，p. 27），并特别提到它与“犯罪机会”不一样（Shover and Hochstetler，2006，p. 68）。然而他们在讨论诱惑时认为，应该将诱惑视为人们可以致富的任何情形，可以是（1）通过获得特权和不正当的财务资源渠道，或是（2）获取通过剥削他人来提高自己经济利益的某些手段。

作为诱惑的第一种形式，可以想想诸如医疗照顾（Medicare）和医疗援助（Medicaid）这类美国联邦医疗保健项目。这些项目涉及数十亿美元，会对人们产生极大的吸引力。医生以及许多其他与医疗保健系统有关的人凭借他们在医疗保健行业中的地位都有通过诈骗赚钱的机会。简而言之，这些政府项目在医疗保健上花费的大量资金，诱惑或吸引了企业家犯罪。

第二种类型的诱惑可以通过企业对那些来美国寻求更好生活的非法移民的剥削来加以说明。由于无证移民无法向当局投诉极其不安全的工作环境或低得离谱的工资，他们在某些行业可以成为非常有吸引力的雇员，雇主可以盘剥他们而几乎不用担心法律后果。

诱惑的另一个例子是每次自然灾害［如卡特里娜（Katrina）飓风、桑迪（Sandy）飓风或海地（Haitian）地震］之后出现的赚钱机会。为努力帮助受灾人，政府机构和非政府组织经常向救灾项目投入数百万美元，由于需求的紧迫性，这些项目重在迅速地向人们提供帮助，而不会提出很多问题，也不会仔细审查救济要求的合法性，发放资金时很少有人过问。对于无耻之徒来说，这是一个理想的情形。救灾诈骗现已成为一种众所周知且常年存在的白领犯罪形式（National White－Collar Crime Center，2009）。

根据肖维尔和霍奇斯特勒（2006，p. 76）的说法，“在缺乏可靠监督的情况下，诱惑就变成了犯罪机会”。监督是指其他人（如客户、执法人员或监管者）对个人或组织活动的关注以及在观察到不当行为时施加某种否定性后果的能力。监督既可以来自私人，也可以通过国家产生。私人监督是通过诸如民事诉讼或举报人等机制产生的，如客户可以对公司提起集体诉讼，诉讼威胁可以对民营企业的不端行为起到一种制衡的作用。同样，举报人也会揭露违法行为或不道德行为，并给企业不法分子带来其不想得到的关注。尽管私人监督可以在白领犯罪控制和白领犯罪人的算计方面发挥重要作用，但它有局限性，并不是完美的，因此现代工业社会和后工业社会要求国家提供额外的监督。国家监督通过刑事定罪、政府提起诉讼和监管来实现。正如我们要在第九章更详细讨论的那样，国家试图通过对其认为有害的活动进行刑事定罪、规制或提起民事诉讼，对白领犯罪进行监督和控制，但这样做的效果有限，而且往往只是暂时的。

综上所述，无论是私人监督还是国家监督，都让潜在的白领犯罪人面临这样一种可能性，即他们的非法活动将被曝光并受到惩罚。从理性选择理论的角度看，如果潜在犯罪人认为这种可能性很低，那么监督的公信力就很低，从事白领犯罪相应就会变得更有吸引力。与许多白领犯罪学者一样，肖维尔和霍奇斯特勒（2006）认为，现下美国乃至整个世界都缺乏可靠的监督，这为白领犯罪的猖獗创造了条件。

这里介绍的理论中，理性选择，或者简单地被称为“选择理论”，是最符合我们机会视角的理论，它明确把机会视为犯罪的重要原因和必要因素。这表明，为掌握白领犯罪的模式，我们需要关注合法企业在组织和运行上的变化是如何为白领犯罪创造机会的（Shover and Hochstetler，2006）。事实上，白领犯罪的未来在某种程度上看起来相当“光明”，因为在过去几十年，由于政府项目的扩张、金融服务的革命、通信技术的增长以及全球经济的崛起，出现了新的诈骗机会（Shover and Hochstetler，2006）。

整合理论

上述所有理论似乎多少都有些道理，但它们也似乎如谚语“盲人摸象”一般，就犯罪原因的全部事实来说，每一个都只包含了其中一个要点。因此，一些犯罪学家开始探索如何整合常规犯罪学理论，诸如差异交往理论、失范/紧张理论和控制理论等，以期对街头犯罪提供更全面的解释。约翰·布雷思韦特（John Braithwaite）（1989）将这一思路扩展到白领犯罪和组织犯罪，他认为要理解组织犯罪的原因，需要整合紧张理论、标签理论、亚文化理论和控制理论的见解。从紧张理论出发，他提出了一个假设，即未能实现极为重视的目标，如物质上的成功，会产生越轨的压力或紧张。公司行为人为了缓解压力，可能诉诸犯罪，作为取得成功的替代方法。行为人是否诉诸犯罪在一定程度上取决于能否获得实现被阻目标的非法手段，非法手段通过越轨亚文化获得。关于公司犯罪，商业亚文化可以传播有关组织及其领导人如何成功违法的知识。此外，越轨亚文化可能会试图强迫公司成员遵从亚文化的价值观和期望。因此，紧张、浸润于赞同非法手段的亚文化价值观以及对这些价值观的强制遵守滋长了公司犯罪。

与这些滋生犯罪的力量相对抗的是组织内部的社会控制和更大社群对犯罪人的羞辱。根据控制理论，布雷思韦特认为公司可以通过加强内部控制来减少其成员违法的可能性。当组织的领导人提倡亲社会的价值观，使所有公司成员都认同这些价值观，并建立强有力的内部控制机构来监督公司遵守法律时，就可以实现这一点。

布雷思韦特引入差别羞辱的概念来解释社会羞辱如何促发或阻止公司犯罪。对于商业公司来说，一方面，羞辱主要是由监管机构来执行，可以是贬低性的，也可以是再整合性的。当行为人被贬低后，他们被视为弃儿，他们对越轨的参与被视为一种内在的真实的越轨性格的标志。另一方面，再整合性的羞辱关注的是行为的不法性，而不是行为人的性格。那些实施羞辱的人试图与犯罪人保持尊重的关系，他们试图在羞辱终止后使犯罪人重新融入社会整体。布雷思韦特认为，贬低性的羞辱往往会造成行为人对变化的抵制，并使他们在越轨亚文化中越陷越深。因此，贬低性的羞辱会适得其反，它实际上是促进而不是阻止公司犯罪。再整合性的羞辱清楚地宣告了行为的不法性，但随后又试图让行为人感觉自己是一个受尊重的社会成员，一个在遵守社会规则中有既得利益的成员，因此能够阻止犯罪。

科尔曼提出了另一种整合理论，认为白领犯罪源于“适当动机和机会的巧合”（Coleman，1987，p. 408）。动机指的是将某些目标和活动定义为值得追求的符号结构。在白领犯罪案件中，尤其重要的是犯罪人能够定义自己的行为，使之为社会所接受。因此，白领犯罪人使用中立和合理化来为违法行为辩护或找借口，例如企业高管会抱怨法律和法规不公平或不必要，对自由市场的运作干预过多。违反一项不公平、不必要和适得其反的法律要比违反一项人人都同意且对社会的生存是公正和必要的标准更容易被接受。根据科尔曼（1987，p. 406）的说法，犯罪人用来为自己的罪行辩护的中立植根于他所谓的“竞争文化”。

竞争文化指的是资本主义社会中普遍存在的信仰综合体，认为追求财富和成功是人类努力的中心目标。这一观念将努力赚钱、取得成功并做到最好视为对待生活的最恰当和最有意义的方式。作为独立自主的个体，我们每个人都为自己的成功负责，努力以任何可行的方式取得成功是合理的。换句话说，追求美国梦是我们应该做的事情，这方面的成功是对我们作为人的内在价值的一种衡量（Messner and Rosenfeld，2013）。因此，在科尔曼看来，竞争文化是合理化和中立化的根源，白领犯罪人以此为动机实施违法行为。

科尔曼理论框架的另一个支柱是机会。机会是一种可以通过特定的社会条件来获取并且行动者意识到其可以利用的潜在的行动过程。机会的吸引力取决于四个因素：（1）非法行为所获收益的大小；（2）被发现和惩罚的风险；（3）行为与犯罪人自身信仰和价值观的兼容性；（4）其他机会的可用性。简而言之，当白领犯罪机会蕴含着有价值的收益、被抓住的可能性很小、不违背犯罪人自己的个人行为准则并且看起来比其他行动更有可能实现其目标时，该机会在犯罪人眼中是有吸引力的。

现在我们还很难有把握地说出白领犯罪机会究竟是如何分布的。科尔曼确定了影响机会分布的四个因素：立法和执法、行业、组织、职业。显然，法律决定了什么行为会被定为犯罪，而分配给执法的资源水平决定了侦查和惩罚的相对风险。正如科尔曼和其他人所指出的，商业机构竭尽全力防止其活动被定罪，如果失败，它们会努力去限制执法机构的规模及其可以利用的资源。

影响机会分布的第二个因素是行业的结构。例如，违反反垄断法的行为在高度集中的行业中要比在有许多小型生产商的行业中更常见。组织和控制涉及许多参与者的阴谋要比仅涉及少数参与者的阴谋更困难。然而，关于市场结构和违反反垄断法行为普遍性的研究喜忧参半（Coleman，1987，p. 428），还有其他行业特征会影响该行业的白领犯罪机会的类型。组织本身也影响或提供机会，一个组织的盈利能力是否强大会影响组织成员对潜在违法行为的看法。组织对其成员控制到位，组织的结构（如组织是否由多部门组成）也会影响白领犯罪机会。

最后，职业提供了不同的机会类型。例如，律师、医师、财务顾问和其他独立的专业人士都有机会去利用他们的客户，这是他们职业的一部分。专业人士的工作通常是在没有客户直接监督的情况下进行的（Shapiro，1990），这种情况让那些缺乏职业道德的专业人士可以随意地牺牲客户利益来追求自身利益。职业机会也会因一个人的职位或在组织中的地位而有所不同。以贿赂政府官员为例，许多人为政府工作，但大部分并不是在可能被贿赂或能够索贿受贿的工作岗位。政府工作人员是否可能被行贿取决于该人所掌控的服务的经济价值（Coleman，1987，p. 433）。政府中身居要职的人，如国会代表，以持有标的高昂的政府合同形式控制着巨额资金，因此，他们被那些想获得优惠待遇的企业游说和哄骗，并经常被发现向出价最高的投标者出售服务，也就不足为奇了（Rosoff，Pontell，and Tillman，2013，pp. 427 –435）。

总而言之，科尔曼的理论适用于多个层面——个人、职业、组织、行业、社会和文化。具有适当动机的行为人面对有吸引力的机会时就会发生白领犯罪；白领犯罪动机源于竞争文化，并通过组织和职业亚文化传播；机会的吸引力取决于该行为与其他行动方案相比的经济价值、风险水平以及与潜在犯罪人的信仰和价值观的兼容性；机会在行业、组织和职业之间的分布有差异性。

批判和后现代视角重要性的说明

以上所评析的理论都以法律为既定前提，也就是说，这些理论并不探究法律是如何成为现在这个样子的。为什么某些有害行为经常受到刑事制裁（如酒后驾驶），而其他看似同样有害的行为却很少在刑事法院受到起诉（如制造危险产品）？这不是传统犯罪学理论试图回答的问题，相反，传统犯罪学理论侧重于研究违法，很大程度上忽略了立法和执法。[1]但是，法律是如何被制定和执行的应该是研究白领犯罪的基本问题，因为法律的结构和执行对白领犯罪的机会有很大的影响[2]，从事批判和后现代研究的理论家对这一事实进行了非常深刻的揭露和分析。

“批判”和“后现代”这两个术语很难明确界定，我们在这里也无意尝试，因为它们已成为各种不同理论和观点的统称（Friedrichs，2009）。相反，我们只是希望确定并简要讨论从这些方法中得出的一些观点，为我们后面的机会观点提供信息参考。在有关批判和后现代思想的几乎所有版本中都可以发现两个极其重要的观点：（1）立法是一个政治过程，在这一过程中，经济精英和政治精英具有很大的影响力（Friedrichs，

2009)；(2) 社会危害就是通过这种私人资本与政府利益的交叉而产生的(Kramer and Michalowski，1990)。的确，国家政策既促成了公司的形成，也带来了其从事金融活动的机会——合法的和非法的(Prechel and Morris，2010)。精英们利用他们的经济和政治力量进行游说、施压、劝诱，有时甚至是贿赂立法者，让立法者在制定法律时不把他们的经济和商业活动定性为犯罪，而无论这些活动可能有多么大的危害(Cullen，Agnew and Wilcox，2014)。因此，批判犯罪学家提示我们要注意“犯罪”是一种社会建构这一事实，只有当某些政府宣布某一活动或行为类型为犯罪时，该活动或行为类型才成为法律意义上的犯罪，而商业界人士则极力反对政府官员任何将其特定活动犯罪化的努力。

但有时这些努力会失败，甚至那些取缔精英活动的条款最终会被制定成法律得到实施。发生这种情况时，精英们会将注意力转到执法过程上，并试图削弱执法或用于执法的资源(Barak，2012)。当今执法不力最引人瞩目的例子是大型投资银行(高盛集团、摩根大通和花旗集团等，不一而足)在 2008 年经济危机之前实施的数十亿美元的诈骗。虽然诈骗持续了多年，但没有一家银行及其高管受到刑事犯罪的指控。他们支付了民事罚款并承认误导了投资者，但这些公司都未曾在刑事法院被定罪，也没有人入狱(Barak，2012)。简而言之，监管似乎远没有那么可靠。

批判性视角还可以让我们深入了解白领犯罪模式随时间变化的机制。政治经济学把市场、资本主义国家和公司结构视为动态的共生关系。例如，就环境开发而言，工业发展不受限制就会出现危害和退化。界定、控制和规范这些危害的努力(从 1970 年成立环境保护署开始)又为公司进行有害活动提供了新的和重新配置的机会。公司可以将其业务转移到限制较少的新的生产领域(美国国内或国外)，研发可以实现相同目标的新技术(例如深水钻探)，或者开拓管制较少的新市场(水力压裂)。因此，“国家可能将那些推动经济持续扩张和生态混乱的经济政策合法化，因为这些政策可以强化占主导地位的经济关系和权力结构”(Stretesky，Long，and Lynch，2013，p. 234)。

就我们的目的而言，批判和后现代视角非常重要，因为它们让人们注意到政府的共谋，政府最初容许了白领犯罪机会的产生并随着时间的流逝而持续下去。确实，通过放宽管制，国家有时可以创造之前不存在的犯罪机会（Headworth and Hagan，2016；Calavita and Pontell，1990）。更糟的是，放松管制的压力主要来自那些有能力利用放松管制带来的犯罪机会的人和企业。

白领犯罪人的心理

从历史上看，白领犯罪人的心理并不是研究人员投入大量时间和精力的课题（Meier and Geis，1982）。然而，近来聚焦于白领犯罪心理的研究数量开始增长，已经开始出现了一些有趣的调查结果（Benson and Manchak，2014）。我们后面将对这些调查结果进行评论，这里需要先指出的是，虽然对白领犯罪人个人特征的研究还不多，但是关于精英白领犯罪人的心理与众不同的观点早已有之。大约一个世纪前，社会学家爱德华·阿尔斯沃思·罗斯（Edward Alsworth Ross）在撰写有关他称为“犯罪倾向人”（criminaloids）的文章时就认为，他那个时代的商业领袖——如今我们称为白领犯罪分子的鲜明特征是道德上的麻木。在追求利益的过程中，犯罪倾向人不会为对他人或整个社会造成伤害而困扰，这是一个重要的限定条件。犯罪倾向人（如白领犯罪人）并不是各种严重心理障碍或异常的受害人（Ross，1977），白领犯罪人可能不太寻常，但他们并不疯狂。罗斯（1997，p. 31）以这种方式描述了他们：

> 犯罪倾向人的关键不是邪恶的冲动，而是道德上的麻木……大自然并没有以双倍的欲望、残忍、恶意、贪婪或嫉妒来预先注定他们走向邪恶。他们不是被巨大的欲望折磨的堕落者，他们想要的无非是我们大家都想要的金钱、权力和报酬——简而言之，成功；但他们很着急，对手段并不挑剔。

萨瑟兰也持有类似的观点，认为白领犯罪人的心理基本上是正常的。

事实上，他利用白领犯罪人明显的正常心理来嘲笑他那个时代的犯罪学理论，这些理论通常将犯罪人描述为一个在贫困中长大，并因与贫困伴随而来的各种社会病态而在心理上受到伤害的人。贫困和与贫困相关的压力状况被视为犯罪的根本原因。萨瑟兰在一篇著名的文章中指出，这种方法不可能是正确的。贫穷和精神疾病不能作为犯罪的一般解释，因为就白领犯罪人而言，“除了少数例外，他们并不贫困，不是在贫民窟或严重衰落的家庭中长大，也不是智障者或精神错乱的人”（Sutherland，1940，p. 10）。

大量的轶事证据表明，萨瑟兰对白领犯罪人心理的理解非常有价值。通过对被判白领犯罪的人的访谈发现，除了少数例外，他们都否认有犯罪的故意，他们将自己的罪行描述为正常的商业行为，最坏也只能算是诚实上的错误。例如，有两名男子经营一家公共建筑公司，因串通投标和其他违反反垄断法的行为而被定罪，他们对这些活动的解释是：“这是一种做生意的方式。比如，你为什么要在早上刷牙？早在我们进入这个行业之前，事情就是这样做的。”（Benson，1985，p. 591）

这样的说辞经常重复出现在白领犯罪人身上，特别是那些为拓展合法业务而犯罪的地位显赫的高管。他们否认自己的行为有直接伤害任何人的故意，并且否认有人受到直接伤害。他们不认为自己的行为是不道德的，相反，他们将其视为企业生存所必需的经济手段。如果我们从表面上来理解这些说法，这些高管似乎认为，为了保护他们的业务而违反法律是“两害相权取其轻”。因为他们并不认为自己的行为有害或不道德，在他们看来，为了保护自己的公司而违反法律是可以接受的。的确，对于商人而言，某种做法是否被认定为合乎道德在很大程度上取决于它是不是一种常规，如果某件事是正常的做法，那它就是合乎道德的。它可能不完全合法，但在企业高管看来却是合乎道德的（Chibnall and Saunders，1977）。因此，地位较高的犯罪人的两个心理特征是对其行为的罪恶故意视而不见，并且认为公司经济上的生存比遵守法律更重要。

并非只有企业高管否认有犯罪意图，各种医疗和法律专业人士也经常行骗，一旦被发现，他们就会极力否认自己知法犯法。例如，一名违反医疗补助制度被判诈骗罪的牙医就通过指责该行业的其他人来解释其罪行：

> 我个人从内心觉得我犯下的唯一罪行是没有告发这些家伙。我并不是刻意、有意地违规犯罪。我唯一的罪过是，我本应该有胆量告发这些人，告发他们在做什么，而不是去忍受，然后试图在不伤害他们或不让他们认为我会告发他们的情况下来逐渐摆脱这个系统。（Benson，1985，pp. 597 –598）

被发现违反职业法规的医生们特别不愿承认其行为是出于贪婪，相反，他们认为自己是“替罪羊”，是愚蠢的规章制度或弄虚作假的员工的牺牲品（Jesilow，Geis，and Pontell，1991）。与企业高管一样，医疗专业人士也经常自称要忠于一系列不同的优先事项，正如他们所说的，集中精力对患者进行护理要比遵守某些愚蠢的法律法规重要得多。下面我们来思考一下这个因医疗补助诈骗而被定罪的医生所说的话（Jesilow et al.，1991，p. 3321）：

> 他们（医疗补助项目官员）是那些最终对所有事项进行审查的人，他们会说：“不，那是错的。”他们现在的是非观念与正常人或那些不一定是正常人但至少对是非有自己看法的医生有很大不同。对我们来说，对与错和患者护理之类的事情有关，和我们是否为他们提供正确的治疗有关，而与某些医疗补助规定没有任何关系。

对众所周知和臭名昭著的白领犯罪的案例研究表明，社会地位较高的白领犯罪中可能还包括另外几个心理因素，其中之一就是犯罪人享受一种“凌驾于受害人之上的优越感”（Stotland，1977）。例如，精心策划了有史以来最大的庞氏骗局的伯纳德·麦道夫就曾这样谈论那些因他的骗局而失去毕生积蓄的人：“去他的受害人！我带了他们二十年，现在我要干150年”（Fishman，2010，p. 32）。在安然公司案中，两个加利福尼亚能源交易员之间的电话被录音，电话里他们讨论了如何非法操纵加利福尼亚人必须支付的能源价格。这一交流是从两个交易员谈及加利福尼亚州要求安然公司退还800万美元的超额能源费开始的（Roberts，2004，p. 1）：

> 交易员1：他们（脏话）要把你们所有的钱都拿回去？你们从加州那些可怜的老太太们那里偷来的钱？

交易员2：对，老太太，没错。

交易员1：是的，老太太，正点。那种连如何在选票上画圈投票都搞不清楚的人。

交易员2：对，现在她（脏话）要将你们收的电费连本带利都讨回去，（脏话）每兆瓦时250美元啊。

正如这段对话所显示的，交易者似乎对操纵和愚弄受害人有一种异乎寻常的快感。实际上，受害人对他们来说毫无意义，从犯罪中产生的力量感和优越感对犯罪人来说是一种心理上的奖赏，并可能成为他们继续犯罪的动力来源（Shover，2007；Stotland，1977）。

白领犯罪人的优越感常常伴随着傲慢自大（Shover and Hochstetler，2006，pp. 66－67），精英白领犯罪人似乎相信“他们不必遵守规则，因为他们制定了规则”（Swartz，2003，p. 302）。正如沙福尔（Shover）和霍克斯特勒（Hochstetler）（2006，p. 67）所指出的，傲慢的人习惯于掌控他人，并且以自己的方式行事。他们深信自己的优势，认为只要是自己想做的，就一定是正确的。他们不必在意法律上的琐碎细节，因为在他们看来，他们完善的人格是不容置疑的。就像旧时的加尔文主义者一样，他们似乎相信，他们个人成功晋升到公司最顶层，表明他们已被更高的权力选中，因此他们有权随心所欲、为所欲为（Shover and Hochstetler，2006）。

与傲慢和优越感相关的是掌控复杂情况带来的满足感。斯托特兰德（Stotland）（1977）称这种动机为“自我挑战”，它可能是在大型组织中实施的、需要高度专业技能的长期诈骗行为中特别重要和普遍的一个特征。例如，安然公司丑闻中所实施的许多罪行都涉及非常复杂的阴谋，旨在操纵和滥用会计准则、惯例以及美国证券交易委员会的报告要求（McLean and Elkind，2004）。这些阴谋必须使安然公司的盈利看起来比实际更高，还要确保不会引起美国证券交易委员会（SEC）监管部门、华尔街投资者或行业分析师的怀疑。简而言之，一方面，安然公司的高管们不得不欺骗许多非常聪明的人。而另一方面，也有可能是那些本应把守谷仓大门的人，也就是所谓的“看门人”，工作失职了（Coffee，2002）。尽管如此，要提出安然公司所采用的会计方案，需要具备相当技能的聪明人，成功得手的高管们显然对自己的能力感到骄傲，并乐于运用这些能力（McLean and Elkind，2004）。

有些学者认为，大型组织，特别是大型营利性私人企业，具有内在的犯罪基因，它们的领导者往往具有特殊的有利于犯罪的个性特征（Gross，1978，1980）。根据爱德华·格罗斯（Edward Gross，1978）的观点，最终成为大型组织领导的往往是“组织过滤器”。他们野心勃勃、精明，奉行灵活变通的道德准则。他们之所以野心勃勃，是因为他们有想要出人头地的强烈渴望，想被视为重要的、有权力的和有地位的人。但是，仅有野心是不够的，它必须与精明、发现组织发展机会的能力相结合。他们明白，只有天赋并不能保证成功，成功还包含与有权力的人建立友好关系并给他们留下良好印象的能力。要在大公司特有的政治内斗中获得职业发展，这些掌权的人对他们会有很大帮助。最后，作为“组织过滤器”的人在道德上往往灵活变通，他们并不介意将组织目标置于道德原则和法律要求之上。

某些人格特征可能有助于个人在公司中晋升为领导，而这些特征可能与公司犯罪有关，这一观点正在开始得到一些经验支持。最有趣的研究是关于精神变态方面的（Dutton，2012）。精神变态是一种多方面的人格障碍，其特征包括做表面功夫、虚伪、自我中心、控制欲、自恋和自大（Board and Fritzon，2005；Benson and Manchak，2014），但精神变态的核心特征在于缺乏情感和内疚（Gao and Raine，2010）。精神变态的人很聪明，他们可能非常迷人，很有魅力，但他们在本质上缺乏道德感，也不关心别人（Hare，1993）。

精神变态通常与持续的攻击性和犯罪行为有关，因此，监狱中的精神变态发生率高于普通人群也就不足为奇了（Babiak，Newmann，and Hare，2010）。但令人惊讶的是，在公司担任领导职务的人群中，精神变态的比例也非常高（Dutton，2012）。然而，公司中精神变态的人通常能够避开与刑事司法制度打交道，因此被称为“成功的精神变态者”。成功的精神变态者表现出精神变态的核心人格特征，最明显的是自恋和缺乏同理心，但他们比最终入狱的精神变态者有更好的自我控制能力（Gao and Raine，2010）。有些学者认为，这种特征的结合使精神变态者能够接触并利用弱势群体和企业（Babiak and Hare，2006；Babiak et al.，2010；Boddy，2011）。正如黑尔（Hare）的名言：“不是所有的精神变态者都在监狱里，有些在董事会里。”（quoted in Babiak et al.，2010，p. 174）

巴比亚克和黑尔（2006）认为，许多精神变态者具有出色的沟通能力，善于解读他人和情境。他们口头流利，缺乏社交约束，这使他们能够在会议上自由发言，有助于他们表现出领导能力。从理论上讲，他们可以利用自己的魅力和心理洞察力来操纵他人，从而促成自己的利益，并在公司等级制度中得到晋升。此外，他们的自恋和缺乏同理心使他们能够做出以损害他人利益为代价来促进公司利益的决策，并且不会像大多数人那样感到良心不安（Dutton，2012）。

当然，要确切知道公司领导中精神变态有多普遍比较困难。然而，一项小规模的研究表明，公司中精神变态者的比例尽管比监狱要低，但比一般人群中精神变态者的比例要高（Babiak et al.，2010）。研究人员对3名在几个不同公司中参与管理发展项目的个人进行了研究，按照一份标准精神变态检测表对他们展开调查，发现大约有3%的管理培训生在检测表中得分很高。虽然远低于监狱中15%的精神变态发生率，但3%的发生率显著高于一般人群1%的估计发生率（Babiak et al.，2010）。另一项研究将英国的高级企业管理人员与被诊断出多重人格特征障碍的人进行了比较。与被诊断为有人格障碍的人相比，企业管理人员在自恋方面得分相同，而在表演型人格障碍（包括做表面功夫、虚伪、控制欲和自我中心）方面得分更高。但在所有其他人格障碍方面，如偏执和精神分裂，管理人员的得分均明显低于对照组（Board and Fritzon，2005）。这些企业里的精神变态者似乎具备可以促进职业发展的精神病态特征，而又没有表现出明显的其他精神障碍迹象。换句话说，他们戴着“理智的面具”（Cleckley，1982）。

总之，白领犯罪人心理上几个潜在的重要特征尤为突出，包括对自己行为被定义为犯罪的不甘心、对经济生存重于法律遵守的信奉、相对受害人的优越感、对自我挑战的需求、社会责任感的缺乏、自大等。可能最令人不安的是诸如做表面功夫和缺乏同理心等精神变态特征，尽管大量的轶事证据表明，这些特征中的一部分或全部在许多白领犯罪中发挥了作用，但我们必须谨慎地解释这些证据，重要的是不要夸大这些心理因素的因果重要性。我们不能仅仅因为实施白领犯罪的人似乎比其他人有优越感，就由此断定那些认为自己比别人更优秀的人就是白领犯罪人。同样，即使某些白领犯罪人似乎会在策划复杂的非法阴谋中得到内在的满足，我们也不能得出结论说喜欢解决复杂问题的人无聊时会诉诸白领犯罪。这些告诫甚至适用于全面的心理结构，如精神变态。有些人麻木不仁、控制欲强，但不一定进行犯罪活动（Dutton，2012）。此外，我们必须记住，几乎所有有关白领犯罪人心理的研究包含的都是个案研究或非常小的犯罪人样本。这些研究几乎完全是以地位较高的犯罪人为基础的，我们还不完全清楚能在多大程度上以这些经验为基础进行归纳。例如，它们是否适用于地位较低的犯罪人仍然是一个悬而未决的问题。尽管如此，以某种方式进行推测似乎并不过分。如果具有上述特征的人发现自己处于这样一种情况，即他们有机会通过某种白领犯罪来充实自己或增强自己的力量，那么当他们利用这些机会时，我们不应该感到特别惊讶。在某些情况下，这些同样的特质也可能帮助人们在商业领域取得进步。这并不是说所有的企业领导人都是骗子，但有时一个骗子也能在企业界脱颖而出。

小结

除批判性和后现代视角外，以上所回顾的理论都有一个共同点，它们从某些方面来看都是聚焦于白领犯罪人实施白领犯罪的动机、其个人情况或心理构成的某些方面。萨瑟兰强调了商业领域普遍存在的文化规范和态度，企业高管被灌输了这些规范和态度，开始将非法行为视为业务中某种程度上可以接受的必要组成部分。失范理论关注的是文化上对竞争和物质成功的普遍重视，这些文化上的侧重驱使企业高管个人及其组织不断寻求创新的、通常是非法的方法来取得成功并保持领先地位。理性选择理论将注意力转移到犯罪人对违法行为与合法行为的成本和收益的计算上，假定包括白领犯罪人在内的每个人的行为动机都是按照他们所认为的最符合自己利益的方式去行事的。尽管控制理论并未假定白领犯罪涉及任何特殊动机，但它们确实引起了人们对犯罪人个人情况或心理构成的关注，正是犯罪人缺乏自我控制能力才导致犯罪。整合理论结合了不同理论的特点，但它们的总体目标是一样的，那就是解释人们为什么会违法。因此，所有这些理论的重点都集中在犯罪人以及推动或拉动他们走向犯罪的因素上。

关于白领犯罪人的心理，可以肯定的是，他们中的绝大多数都不认为自己是犯罪分子，也不认为自己的活动是犯罪。除了极少数例外，他们都极力否认有针对任何人的任何犯罪意图（Benson，1985）。同样明显的是，那些非常严重的白领犯罪的犯罪人都具有一种夸张的自信和权利意识，他们可能有一些与精神变态者相同的人格特征。实际上，近来的研究也表明E. A. 罗斯（E. A. Ross）特别有先见之明。回想近一个世纪前他曾断言，白领犯罪人的主要特征是对自己行为的道德含义的漠视，他们也可能有其他特征，例如精明和外向的性格，这使他们能够在竞争高层职位时表现出色，而在高层职位中，白领犯罪的机会很多。

当然，以犯罪人为研究重点完全正确，事实上，它一直是整个犯罪学史上的标准做法。我们需要了解，是什么原因导致某些人违反法律，而另一些人则遵守法律。然而，动机或个人特征本身并不能解释为什么违法者在某一时刻而不是另一时刻违法，或者是在一个地方而不是另一个地方违法。换句话说，犯罪人的动机和个人特征并不能解释为什么他们在特定的时间和地点实施特定的犯罪，因为还有其他因素在起作用，这个因素就是犯罪机会的存在与否。

没有某种犯罪机会，即使是最惯常的职业犯罪人也无法实施犯罪行为。如果没有银行，劫匪就不能抢劫银行；如果没有银行的工作，贪污者就不能盗用银行资金。银行为劫匪和贪污者提供了机会。因此，要了解犯罪，就需要对犯罪人及其机会都进行分析。在下一章，我们将讨论白领犯罪机会的问题。当然，我们并不是第一个认识到机会在白领犯罪中发挥作用的团队，我们在本章中讨论的所有理论方法都有关于机会的内容。但是，与本章所提倡的内容相比，机会的内容具有更广泛的基础，受到的关注也更少。

注　释

1 尽管公平地说，在理性选择视角下进行研究的理论家确实注意到，与法律相关的处罚及其执行程度会影响犯罪人对成本收益的计算。但是，理性选择理论却没有讨论为什么某些有害行为被犯罪化，并且针对这些有害行为的法律被大力实施，而其他有害行为却得不到惩罚。

2 实际上，萨瑟兰关于白领犯罪的一个主要观点是犯罪人在“行政上”被隔离于刑事诉讼之外，在他看来，对犯罪人的区别对待是白领犯罪猖獗的原因之一。

第四章　白领犯罪的解释：机会的视角

犯罪学家们花费大量时间和精力来调查罪犯。他们想知道什么样的人有可能会成为罪犯。他们为什么这样做，他们什么时候开始的，他们什么时候停止，他们犯了多少罪行，他们犯了什么样的罪行，他们的家庭是什么样的，他们住在哪里，他们有什么样的朋友？这份清单还可以列出更多问题。所有这些问题当然都很重要，我们希望通过回答这些问题最终能够理解为什么不同个人参与犯罪有如此大的差异。出于许多原因，我们需要尽可能多地了解影响个人参与犯罪的因素。实际上，在本书中，我们自始至终都在提出并试图回答许多与实施白领犯罪的人有关的问题，但我们一定要清醒地意识到，对犯罪人的了解与对犯罪的了解并不相同。人们常常将解释犯罪的问题与解释犯罪人的问题混为一谈，但对这两个问题应分开讨论（Gottfredson and Hirschi，1990）。犯罪是一个事件，是发生的事情；而犯罪人是以某种被社会界定为不可接受的方式作出某种行为的个人。解释人们为什么以一种或另一种方式作出某种行为，与解释为什么特定事件发生在特定时间和特定地点是不同的。

要理解为什么在特定的时间和地点发生特定的犯罪，不仅要注意实施这一罪行的人，还要注意其所处的环境。显然，了解犯罪人实施某一罪行的动机或原因是很重要的。假设我们知道某个犯罪人有强烈的偷钱的动机，但对金钱的渴望并不能解释为什么他抢劫了一家酒品店，而不是隔壁的一家银行。这两个地方都有犯罪人需要的钱，为什么选择一个而不是另一个？从犯罪人的角度来看，可能有许多原因去选择酒品店，而不是银行。一方面，银行通常有持枪的保安人员，也有抓拍的摄像机，如果恰好是在营业时间以外并且银行关门了，那么闯入和偷取东西的机会将会为零。如今，银行金库几乎坚不可摧；另一方面，酒品店的营业时间比银行更长，可能只有一个人当班，并且最重要的是钱就在收银机里。所以，如果从犯罪人的角度来看，酒品店可能会比银行提供更好的“犯罪机会”，尤其是当犯罪人独自一人并且急于作案时。

理解犯罪机会

犯罪机会目前被认为是所有犯罪的重要原因（Felson，2002），因为没有机会就不可能有犯罪。在过去的几十年中，对犯罪的研究越来越侧重于为街头犯罪创造机会或提供便利的环境和生态因素（Clarke，1983；Cohen and Felson，1979；Felson，2002）。机会也是白领犯罪的重要原因，但正如我们将要说明的，许多白领犯罪的机会结构都与普通街头犯罪的机会结构有很大差异。这些差异是一把双刃剑：一方面，它们给控制白领犯罪带来了特殊困难；另一方面，它们也为遏制白领犯罪提供了新的机会。

犯罪机会究竟是什么？根据日常行为理论，犯罪机会包括两个要素：“合适的目标”（suitable target）和“缺乏有效监护”（lack of capable guardianship）。目标可以是一个人或某种财产。是什么使一个人或财产适合作为犯罪目标呢？这取决于很多因素。我们无法对所有因素进行探讨，但可以确定一些主要的考虑因素。从犯罪人的角度来看，一个人作为目标的吸引力或适宜性取决于该人的脆弱性，在某些情况下取决于该人对犯罪人的象征意义或情感价值。在所有其他条件相同的情况下，我们认为暴力犯罪人宁愿攻击没有足够能力进行反击的人（如脆弱者），就像一位研究人员所说的，“大人物打小人物”（Felson，1996）。此外，我们认为暴力犯罪人更喜欢对让他们怀恨在心的人下手，而不是随便找一个人。换言之，殴打一个让你生气的人是极端情感的表现。因此，决定人们是否适合作为目标的主要因素是脆弱性和情感价值。

还有许多因素可以使某项财产相比其他财产更适合作为目标。如果财产是可携带的、贵重的和可置换的，那么它对犯罪人就具有吸引力。价值对于财产犯罪人的重要性显而易见。可携带性之所以重要是因为如果要偷东西，那么根据定义，必须将其从一个地方转移到另一个地方。既然如此，DVD 播放器就比冰箱更容易盗取。最后，对象是否可置换也很重要，当物品可以换成别的东西时，它就是可置换的。钱就很容易置换，几乎可以用来交换任何东西。财产犯罪人要寻找可置换的东西，因为他们通常对所窃取物品的用处不感兴趣，相反，他们想卖了换钱。因此，聪明的盗贼都试图窃取容易换钱（即容易出售）的东西。例如，假设盗贼需要钱而闯入房屋偷东西，在房子里，他可以偷值钱的画作，也可以偷全新的 DVD 播放器。画实际上可能比 DVD 播放器更值钱，但是哪个更容易卖给别人呢？综上所述，在所有其他条件相同的情况下，小偷会寻找有价值、易于携带、易于出售换钱或换其他东西（如毒品或酒精）的财物。

犯罪机会的另一个要素是有效监护，或者说缺乏有效监护。有人可能会认为有效监护是能够保卫个人或财产的强壮的“大人物”，但是对“监护”一词应该以更广泛的方式来解释。所谓有效监护，是指任何可以从物理上防止犯罪人接触目标或者使犯罪人认为风险太大而放弃追求目标的事物。监护有两种主要形式：阻止接触和监控。

可以从物理上阻止犯罪人接触目标的监护技术包括墙、锁、窗户上的栏杆以及其他任何能达到限制犯罪人接触目标效果的东西。如果财产犯罪人因为砖墙或装有栏杆的窗户而无法接触期望的目标，那么他们实施犯罪的意图就可以被阻止。当然，违法者总是可能试图突破任何阻碍他们进入的障碍，但是一般来说，阻止接触使犯罪人更难以实现其意图，这降低了犯罪机会对犯罪人的吸引力。

除目标接触被阻之外，如果犯罪人觉得攻击特定目标的风险太大，犯罪意图也可以被阻止。风险是指在犯罪行为实施期间或之后，犯罪人被看到或被侦查到的风险。因此，如果某个目标，无论是个人还是财物，处于警务人员、邻居、监控摄像头、警报系统或其他任何东西的监控之下，那么潜在的犯罪人不得不考虑这一点。监控增加了犯罪人行为被注意到的可能性，相应地，犯罪人面临的被捕风险也会增加。因此，监控降低了犯罪机会的吸引力，这当然也是现在零售场所、政府大楼以及越来越多的公共街道上摄像头无处不在的原因。

作为考察犯罪机会的方法，“合适的目标”和“缺乏有效监护”的概念与肖维尔（Shover）和霍克斯特勒（Hochstetler）（2006）提出的“诱惑”（lure）和“缺乏可靠的监督”（lack of credible oversight）概念有明显的相似之处，但是它们并不完全相同。对于街头犯罪来说，“合适的目标”通常是具体的物理对象，如一件珠宝、收银机里的现金或一个人。相比之下，“诱惑”很少用来指实物，更多是指特定的情形，在此情形下一个人可以利用某些经济交易来致富，而不必从他人那里窃取财物或与他人进行互动。同样，“有效监护”和“可靠的监督”相关，但也不是完全相同的概念。“有效监护”通常涉及直接阻止对目标的接触或以某种方式将目标置于直接和持续的监控下。“可靠的监督”应用于白领犯罪时通常不涉及阻止接触或直接监视某些潜在目标，相反，它涉及建立机制来审查商业人士的活动，以确定其行为是否遵守了法律或道德规范。例如，为防止盗窃，我们锁上门并安装报警系统；为了防止内幕交易，我们会审查公司高管的股票交易行为以确定这些交易是不是根据公司内部信息来进行的。就白领犯罪而言，“诱惑”和“可靠的监督”可能是将犯罪机会概念化的最合适的方法，因为白领犯罪几乎总是代表着合法经济活动的失常。

白领犯罪的性质和手段

犯罪机会是通过使用特定手段而得以利用的，也就是说，为了利用犯罪机会，犯罪人通常必须知道如何使用某种特定的手段。有时的确是手段的有效性决定了某种情形是否提供了犯罪机会，例如，知道如何点火发动汽车的偷车贼要比不知道这个点火发动技术的小偷有更多的盗车机会，没有技能的小偷不得不花时间寻找车内有钥匙的汽车，而有技能的小偷则能够以任何无人看管的汽车为目标进行盗窃。所以要理解犯罪机会，我们必须了解犯罪人用于实施特定犯罪类型的手段，对于白领犯罪类型来说尤其如此。白领犯罪的手段与其他犯罪明显不同，因此，我们需要以更系统的方式来对犯罪手段进行思考。

就我们这里的讨论目的而言，关于“手段”的词典释义中最适合的是“实现预期目标的方法”，也即手段是完成某件事的方式。显然，根据要完成的工作，可能有不同的手段可供使用。例如，窃贼闯入房屋的手段就可能包括小心地在门上钻一个洞，然后使用针尖锯把这个洞扩大，再伸入内部以解锁开门，最后偷偷溜进去偷金银珠宝。然而大多数小偷不会这样做，他们会使用一种更简单的手段：用力踢门直到门框或门锁断裂，然后破门而入，把放在外面、看上去贵重、小而便于携带的东西拿走。

关于这个例子，有几个要点须注意。第一，不管使用哪种手段，窃贼都采用了物理方式（在门上打洞或踢门）来实现目标。第二，窃贼去了其不应该去的地方，并且其所做的事情显然是非法的。第三，窃贼与被害人或犯罪目标有直接接触，在这个例子里，即房主的财物。第四，受害人是一个特定的可识别的个体，在这个例子里，受害人就是房主。第五，构成这一罪行的非法活动（踢门、抓取东西、逃离房屋）发生在时间和空间上的离散点，我们可以详细说明犯罪发生的地址、日期，甚至具体时间。

许多传统的街头犯罪就是这样，它们涉及身体动作，犯罪人与非法活动的特定目标或受害人之间存在直接接触。这些活动的发生显然是非法的，并且发生在特定的地点和时间。

与此相对，白领犯罪往往不是这样。首先，它们不涉及身体动作，除了在最微不足道的意义上，即我们在做任何事情时都要移动我们的身体或身体的一部分。白领犯罪人的身体活动是非常简单的普通活动，如书写、打电话或将信息输入计算机。其次，白领犯罪人实施犯罪的方式与窃贼不同。通常来说，对于其所到之地和犯罪发生之地，他们完全有自由进出的权利。犯罪本身可能不包括犯罪人与受害人或犯罪目标之间的任何直接的身体接触。最后，这种犯罪在发生时一般不会明显地违法。简而言之，许多白领犯罪体现出以下三个特征：（1）犯罪人可以合法接触目标；（2）犯罪人与受害人在空间上是分离的；（3）犯罪人的行为具有合法性表象。

合法接触

白领犯罪与普通犯罪之间最重要的区别也许是白领犯罪人可以合法接触其犯罪行为的目标或受害人。所有犯罪人都必须解决如何接触目标以实施犯罪的问题，例如，在上文关于盗窃的案例中，犯罪人必须想出某种方法闯入房屋进行盗窃。但对于白领犯罪人来说，通常不会出现这个问题，因为犯罪人凭借其职业地位有合法接触目标的机会。例如，想要从事非法内幕交易的公司高管不必闯入纽约证券交易所，他只是利用计算机购买或出售公司股票。同样，若一个银行出纳员想要一些额外的钱，他可以试图侵占因他在银行中的职位而合法支配的资金。

与受害人空间上分离

与普通街头犯罪人不同，白领犯罪人通常不需要与受害人直接接触，如从事内幕交易的公司高管不会直接从任何人那里拿钱。内幕交易犯罪有受害人，但内幕交易犯罪人不会与他们有直接联系。因非法的不安全的工作环境引起的山洞塌陷而丧生的矿工，可能从未遇见过在安全设备和安全培训上吝啬的矿主。这种犯罪人与受害人之间的距离存在于本书将要讨论的许多犯罪中，白领犯罪人和受其行为伤害的人们之间很少有面对面的互动。

合法性表象

白领犯罪人的身体行为几乎总是有合法性表象。当盗贼潜入房屋或强盗拔枪对着受害人时，很明显有不法行为在发生，我们可以从犯罪人的举动推断出犯罪人的心理状态和邪恶意图。白领犯罪的情况往往并非如此，从外表看，犯罪人的行为看起来很正常。再想想非法从事内幕交易的公司高管，他们在自己公司中买卖股票是完全合法的，只有当他们基于对其他投资人隐藏或无法获得的信息而故意买卖时，才是违法的。但是局外人怎么知道高管知不知道这些信息呢？这个事实意味着我们不一定能从犯罪人的举动来判断他的心理状态，而且正如我们将在后面解释的那样，这也造成了对白领犯罪人进行起诉和定罪的困难。

为了说明特定白领犯罪案例中这些特点是如何结合在一起的，我们可以思考一下非常有名的伯尼·麦道夫案，他策划的庞氏骗局给数千人造成了数十亿美元的损失（Henriques，2011）。麦道夫是伯纳德·L. 麦道夫投资证券公司（Bernard L. Madoff Investment Securities）的创始人，该公司以投资为目的，从个人、养老基金和其他各种组织那里获得资金。像所有投资顾问一样，麦道夫也承诺为客户进行投资。他声称自己有秘密的、非常复杂的投资策略，可以带来长期稳定的回报。如果你被麦道夫接受为客户（不是每个人都被接受），那么你会看到你的资金会获得比在其他任何地方都更加可靠的增长。多年来，他的客户的确是这样，他们投了钱并收到定期报表，这些报表显示他们账户上的资金数额在市场繁荣时期和萧条时期增长了多少。在他的客户和华尔街看来，麦道夫似乎是一位金融奇才。然而，对他的客户来说，很不幸，麦道夫不是巫师，而是骗子，他在操纵一个非常复杂的庞氏骗局。客户认为的自己正在赚的“利润”实际上仅存于纸上，麦道夫从一个投资者那里拿钱来偿还另一个投资者。这个骗局持续了好几年，直到2008年，有太多的客户同时要求退钱，他没有足够的资金来支付所有赎回。他的计谋破产了，他损失数十亿美元。麦道夫被捕，最终被判投资诈骗罪。他的骗局说明了白领犯罪的特点。首先，他可以合法使用他人的钱，这些人确实愿意把钱交给他来进行投资，之所以愿意是因为他有着合法性表象。毕竟，他是华尔街有名的投资人，经营着用别人的钱投资的生意。其次，关于空间上的分离，麦道夫的大多数客户遍布全国和全球各地，但从未真正见过或遇到过麦道夫。

当然，并非所有的白领犯罪都表现出所有这些特征。例如，有些确实会出现犯罪人和受害人之间的直接接触。白领犯罪种类繁多，令人眼花缭乱。尽管如此，设法找出众多白领犯罪中出现的关键特征仍然很重要。它们之所以重要，是因为它们会影响白领犯罪的实施方式以及我们能否制定出有效的预防策略。

那么，白领犯罪人是如何进行犯罪的呢？他们使用三种主要手段，按重要性排序为：（1）欺骗；（2）滥用信任；（3）隐瞒与共谋。为了分析，我们分别讨论这些手段，但现实中任何特定的白领犯罪可能涉及不止一种手段。

白领犯罪人使用的主要手段是欺骗，这是白领犯罪人的核心作案手段。事实上我们将要讨论的另外两种——滥用信任、隐瞒与共谋——在某种意义上仅仅是实现欺骗的重要方式，或者是特别容易欺骗他人的情形。

欺骗

欺骗是个常用词，我们不需要把它想得太复杂，但正由于它是一个如此熟悉的词，因此很容易在概念上忽略欺骗所涉及的一些微妙之处。对于白领犯罪的研究，重要的是要仔细思考欺骗到底是什么以及它是如何实现的。当一个人使事物呈现出与实际不同的样子而误导另一个人时，欺骗也就发生了。或者我们可以更正式地说，当一个人或一个组织使另一个人或组织经历一种表象与现实之间的差异时，欺骗就发生了（Rue，1994，p. 84）。从实施欺骗的人的角度来看，欺骗是“对认知事实的有利歪曲”（Bowyer，1982，p. 47）；而对于接收的人来说，歪曲事实绝对是不利的。

欺骗总是存在于关系之中，也就是说，它是一种特征，用于描述两个主体——欺骗者和被欺骗者——之间的互动本质（Rue，1994）。欺骗的关系本质使得分析变得复杂。为了确定欺骗的发生，我们必须知道制造欺骗的个人或组织的意图，还必须了解被我们认为是另一方企图欺骗的对象的人或组织的看法。欺骗只有在两个条件都满足时才会发生：首先，一个人必须在事实的本质上故意误导其他人；其次，这个“其他人”必须事实上被误导了，必须对事实产生了错误认知。正如我们将在后面看到的那样，欺骗的关系本质使得使用这种手段的犯罪行为难以控制。

欺骗要求一个人故意误导另一个人去做他或她在掌握所有事实时（即他或她没有被欺骗时）不会做的事情。我们说欺骗需要一个人误导另一个人只是为了修辞上的方便，欺骗显然也可以由一群人一起实施。继续来看一个例子，假设一家企业的所有人向一家银行申请贷款，在申请贷款时故意夸大其金融资产而对金融负债打了折扣。企业主这样做是为了让自己的财务状况看起来比实际情况要好，希望银行贷款员能批准其贷款申请。企业主显然是在欺骗或企图欺骗银行，在贷款申请中作了虚假陈述。

利用虚假陈述或误导性陈述进行欺骗是白领犯罪的常用手段，它构成了所有消费者诈骗案的基础，更不用提大部分广告了。各大制造商为了使消费者相信某一产品比其竞争对手更好而做虚假和误导性广告，这样的例子不胜枚举。尽管虚假和误导性广告的例子几乎在各行各业都能找到，但最知名和广为宣传的案件中有许多都涉及生产或加工食品、药品和汽车的大公司。例如，制药巨头强生公司（Johnson & Johnson）曾因为两种抗精神病药物和一种心脏病药物的虚假营销而不得不支付 22 亿美元的罚款，（Kmietowicz，2013）。2010 年，酸奶制造商达能（Dannon）也被指控在其碧悠酸奶（Activia）和乳酸饮料（DanActive）产品上发布虚假和误导性广告，该公司称这两种产品都被“临床”和“科学”证明可以提高免疫力和调节肠胃消化功能，但在一起集体诉讼中，一名法官不同意这种宣传，并裁定达能支付 4500 万美元的损害赔偿金（McMullen，2010）。

确切地说，究竟什么才算是欺骗很难确定。欺骗是主观的，骗了一个人不一定能骗得了另一个人。欺骗可以很复杂，也可以很简单。它可以是一个大公司精心策划的广告活动，也可以是简单的个人申请银行贷款或政府福利时的虚假陈述。它可以是个人对大型组织的行为、大型组织对个人的行为、个人对个人的行为，也可以是大型组织对其他大型组织的行为。当我们谈到预防白领犯罪时，被欺骗的个人或组织与实施欺骗的个人或组织之间这些关系的性质变化将是我们要考虑的重要方面。然而就我们现在的目的而言，需要重点关注欺骗是白领犯罪的标准手段之一。我们在接下来的章节评析不同类型的白领犯罪时，需要确定这些犯罪是如何以欺骗为基础的，思考这种欺骗形式如何得逞，并探索我们如何降低欺骗成功的可能性。

滥用信任

欺骗与我们接下来要讨论的这种手段——滥用信任密切相关。信任的滥用或侵犯发生在所谓的“代理人 - 客户关系”或简称为“代理关系”中。只要某个个人或组织被授权为另一个人或组织的“代理”或“代表”另一个人或组织行事，就会发生代理关系（Shapiro，1990）。我们将代表他人行为的人或组织称为“代理人”，将此关系的另一方称为“委托人”。通常，代理人为委托人提供某种基于其专业知识或培训的专门服务，他们会做一些我们自己没有能力、专业知识、时间或意愿去做的事情。作为委托人，我们信任代理人并希望他们会为我们的最大利益行事。但是，代理人有时会通过某种欺骗来滥用我们对他们的信任。例如，假设你有些钱要投资于股票市场，但对自己挑选股票没有信心。因此，你联系了一位股票经纪人，请他提供一些选股方面的建议并帮助购买股票。股票经纪人同意接受你为客户，你把钱给他，知道他会帮你把钱投资到市场上。你现在处于一种基于信任的代理关系中，并且希望股票经纪人（你的代理人）会妥善保管你的资金并明智地进行投资。股票经纪人的职责是利用他的专业技能来对你的资金进行投资以帮助你实现财务目标。但是，他可能根本不会这样做，而只是拿走你的钱然后带着钱逃跑。他也可能会愚蠢地买入高风险股票赌一把，结果赔个精光。他还可能会建议你购买一家已对他承诺每带来一个新客户就给他回扣的公司的股票。简而言之，当你请他做你的经纪人时，他可能会做很多违背你的信任的事情。

代理关系在许多方面有差异（Shapiro，1990）。在某些关系中，委托人对代理人施加大量的控制，这会减少代理人利用委托人的机会。一些代理关系涉及代理人和委托人之间一对一的互动，就像上面的例子中你和股票经纪人的互动一样。其他的涉及代理人代表大量委托人的代理关系，例如，你在一家为员工提供退休储蓄计划的公司工作，那么管理养老基金的人就是所有参与退休储蓄计划的员工的代理人。这些代理关系结构上的差异会影响代理人诈骗和滥用信任的机会。

代理关系的主要问题是代理人和委托人之间的不平衡（Shapiro，1990）。首先，代理人通常可以比委托人获得更多的信息，因此代理人的行为可能是基于委托人无法知晓的因素。在上文给出的股票经纪人例子中，经纪人显然比你拥有更多的有关股票市场的信息，这也是你最初去找他的原因。此外，你通常不会真正去观察经纪人工作，从这个意义上说，经纪人为你所做的事情是隐蔽的。你以为经纪人拿了你的钱为你进行投资，但你可能并不会坐在他的办公室里看着他做交易。其次，经纪人通常可以控制你的财产并利用这些财产为自己谋利。最后，代理关系具有内在的矛盾，这种矛盾源于委托人的利益与代理人的自身利益之间的潜在冲突。充当代理人的人——股票经纪人、会计师、财务顾问、医生、养老基金经理等——都得自己谋生，因此，除了为你着想，他们也得为自己着想。他们在努力谋生，有时对他们有利的事情可能对你不利，反之亦然。正如苏珊·夏皮罗（Susan Shapiro）（1990）指出的，现代社会中的代理关系是有问题的，却又是不可避免的，所以我们都是滥用信任的潜在受害人。

代理关系不平衡的程度以及代理人的行为对委托人隐藏的程度是有差别的。例如，大型私人公司通常由职业经理人经营，他们实际上是公司所有人的代理。有些所有人在公司的日常运营中扮演着非常积极的角色，对所发生事情的了解可能和职业经理人一样多。在这种情况下，作为代理人的职业经理人与委托人（所有人）相比可能并不具备信息上的优势，积极参与的所有人使职业经理人难以隐瞒自己的工作。这种类型的代理关系并不会像委托人对代理人的控制权较小且在信息方面处于不利地位的代理关系那样不平衡。

隐瞒与共谋

隐瞒和共谋是白领犯罪人的最终手段，也是欺骗得以实现的重要途径。普通街头犯罪人也会使用隐瞒和共谋，但其目的与白领犯罪人的目的不同。对于普通的街头犯罪人，隐瞒可以用于隐藏犯罪人的身份，而在白领犯罪中，隐瞒则是被用来隐藏罪行的。例如，几个劫匪一起抢劫一家酒类专卖店，可能一个人会在商店外面闲逛并观察交通状况，而另一个人会走进商店并察看商店的布局：收银机在哪里，有多少人在工作，是否有安全摄像头，以及是否有迹象表明商店的工作人员有枪支。然后劫匪可能会碰面并交换意见，以决定袭击的最佳时间，大概是在商店相对人比较少、收银机比较满的时候。他们还可能决定戴上面罩来隐藏自己的身份，尽其所能来确保行动开始后，抢劫会尽可能快速有效。他们想要快速地进进出出，并希望在此过程中没有人能认出他们。在这种情况下，这些潜在的劫匪密谋掩盖其活动的真实性质，直到实施抢劫，他们一直希望对受害人和警察隐瞒自己的身份。但是，一旦抢劫开始，正在发生的犯罪就变得非常明显。我们不难想象，其他类型的犯罪，犯罪人在罪行发生前也会从事类似的秘密活动。

白领犯罪人也共谋隐藏他们活动的真实性质，但其方式不同于传统的犯罪人。在许多白领犯罪案件中，犯罪人的共谋活动是为了掩盖犯罪本身，共谋的目的是隐瞒和协调活动，使共谋成员在没有泄露任何违法行为的情况下，获得非法利益。价格操纵就是一个很好的例子。在著名的重型电气设备行业的价格操纵研究中，吉尔伯特·盖斯（Gilbert Geis）（1977）描述了电气设备主要制造商的高管们如何进行秘密会晤和沟通，以协调他们对重型电气设备购买者的报价。高管们事先就在彼此间确定谁会赢得合同，而不是未经交换意见就提交投标来相互竞争，然后允许被选中的公司在合同中提交“低”报价，而所有其他公司提交的报价略高或竞争力较弱。

这起案件最终被曝光，高管们受到指控并被定罪，但在价格操纵的共谋被揭露之前，案情持续了好几年。只是在被发现后，他们破坏法律和实施犯罪的事实才显露出来。实际上，这一共谋之所以被曝光，只是因为这些高管犯了一个明显的错误，他们将内容相同的投标书用密封信提交给了田纳西流域管理局（Tennessee Valley Authority，TVA）（Geis，1977）。田纳西流域管理局的官员认为，对于他们想要购买的技术含量极高、复杂的电气设备，收到完全相同的投标书的可能性微乎其微。这些官员向联邦政府进行了投诉，联邦政府随后启动了大陪审团调查，最终揭开了这些违反反垄断法的事实。如果共谋者更聪明一些，提交的报价不完全相同，而只是相似的话，谁也不会知道操纵价格的行为会持续多久而不被发现。

20世纪90年代末和21世纪初，会计丑闻震动了美国企业界，而隐瞒和共谋对这些丑闻的长期存在起到了重要作用。最著名的案件当然是有关安然公司的，这家大型能源贸易公司在财务造假被揭露后被迫破产。安然的故事复杂得令人困惑，涵盖了许多不同类型的诈骗，但其中最聪明的一项计谋是创造并滥用了所谓的“特殊目的实体”（SPEs）。特殊目的实体是一些公司为对冲风险而设立的。根据法律，特殊目的实体必须在一定程度上独立于设立它们的公司。换言之，特殊目的实体不应由设立它的公司全资所有或控制。然而，安然设立的特殊目的实体并不是独立的，它们被非法地用于隐藏公司部分债务。安然公司的高管们通过共谋隐瞒公司债务的真实水平，使公司盈利表面上看起来比实际要高得多（McLean and Elkind，2004，pp. 157 - 158）。

另一个基于隐瞒和共谋的白领犯罪例子是股票操纵。股票操纵通常是指一群人秘密合作，以抬高某只股票价格的方式操纵某只股票的买卖。他们利用误导性宣传和散布小道消息来强化该股正在成为热门股并将继续升值的表象，当某一时刻股价涨到足够高时，这些共谋者就会卖掉他们之前低价买入的所有股票来赚取收益（Shapiro，1984，pp. 14 - 15）。

在这些案件以及其他依赖于隐瞒和共谋的案件中，犯罪人试图通过模仿合法的活动来利用我们经济体系的运作方式。在像我们这样的资本主义自由市场经济中，假设商品和服务的成本是由生产者之间的竞争以及供求原则决定的，股票价格反映了诚实的买卖双方对股票价值的客观评估。再假设，当一家公司，比如安然公司报告其资产和负债时，其数据是准确的。基于这些假设，我们决定购买产品，或出售股票，或投资一家公司，或用我们的钱做其他的事情。白领犯罪人通过使用隐瞒和共谋的手段可以利用我们对这些假设的依赖，非法地为自己或自己的组织牟利。

根据定义，共谋涉及两个以上的人以秘密方式实现某种目标，这意味着所涉及的人员必须合作并策划好谁要做什么。换句话说，共谋需要角色分工和活动协调。例如，我们可以看看像黑手党或黑帮这样的有组织犯罪集团的悠久历史，它们几乎在美国各地非法贩卖毒品。这些组织一直以来都备受执法机构和研究人员的关注，研究人员关注的重点是它们是如何组织和运作的（Paoli，2014）。这些集团通常呈现出的是松散的等级结构，顶部是“大老板”，下面排列着不同级别的专门下属（“中尉”和“士兵”）（Albanese，1999）。

共谋在白领犯罪中也是司空见惯的，这使得白领犯罪类似于有组织犯罪。但是，白领犯罪的共谋与有组织犯罪中的共谋并不相同。有别于在非法市场上活动的有组织犯罪团伙（例如，提供毒品、卖淫或放高利贷等非法商品和服务），白领犯罪集团是在合法市场中开展业务，并且大多数涉及的是在组织内拥有合法职业岗位的人（Lord and Levi，2017）。在这些共谋中，在商业企业内担任不同职业岗位的人在实施非法阴谋中扮演着不同的角色。例如，在20世纪90年代末和21世纪初美国司法部发现并起诉的许多大公司财务造假案例中（Brickey，2008），这些欺诈行为很复杂，旨在欺骗投资人、审计人员和政府监管机构。虽然其中一些是由某个犯罪人单独实施的，但大多数都是共谋，涉及可以在任何地点的两个到十个或更多个在该阴谋中扮演不同角色的个人。例如，

> 罪魁祸首发起或策划一个阴谋，或发挥主要的领导作用；主要参与者积极推进，但不会发起或策划；中间参与者在上级的指示或鼓动下执行阴谋的一部分或为其遮人耳目，一旦参与就会努力执行命令或表现其创造力；次要参与者大多是被动的，他们的行为要么是上级的命令，要么是一些次要的行为，比如服从命令或以其他共谋的方式行事。（Steffensmeier et al.，2013，pp. 456－457）

其他白领犯罪中的劳动分工可能不同于21世纪初的公司财务造假，但总的原则仍然成立。正如萨瑟兰（1949）早就指出的，白领犯罪通常与有组织犯罪相似（Lord and Levi，2017）。因此，我们会在后面的章节中看

到，对许多白领犯罪来说，机会结构的一个重要方面是潜在共谋成员的可利用性、知识和技能。

欺骗的多面性

所有白领犯罪在某种程度上都是基于欺骗，也就是说，犯罪人试图以某种方式掩盖罪行本身。但是，欺骗的性质在预期时长、潜在受害人和形式方面有所不同。关于预期时长，有时犯罪人的欺骗意图或计划是永久性的，犯罪人试图以一种永远不被发现的方式设计或实施犯罪。如我们在后面各章所讨论的，医疗保健系统中非自我暴露的诈骗就是这样，而其他许多白领犯罪，诸如内幕交易和价格操纵等，也都是基于永久欺骗的想法。但是，并非所有白领犯罪都打算永远隐瞒，在某些情况下，犯罪人只想在足够长的时间内欺骗受害人，以便从受害人那里得到其想要的东西后逃脱。这些骗局的作恶者明白，他们的阴谋最终会暴露，因此，他们往往会四处走动，而不是在一个地方停留太久。

白领犯罪中欺骗的对象包括个人、单位组织、政府项目、整个社会和执法人员。对象有时是特定的个人，犯罪人以某种方式将其确定为潜在受害人，并且直接与其接触。有时候，受害人可能是个人，但犯罪人并没有将其单独作为欺骗对象。虚假广告就是一个典型的例子。在这里，犯罪人以一种误导性的方式为某些产品或服务打广告，希望有人被这种诱惑所愚弄。谁落入这个骗局并不重要，只要有足够多的人被诱惑欺骗，该骗局就可以为犯罪人带来利益。

然而，白领犯罪的受害人并不总是个人，白领犯罪人最有利可图的对象实际上是政府项目。这些项目，如联邦医疗保险和医疗补助项目，分配了巨额资金，对于那些想轻松赚钱的人来说，这是非常有吸引力的目标。和政府项目一样，企业组织也可以成为个人或其他企业的欺骗对象，例如在某些反垄断共谋中，受害人实际上是其他企业，因为供应商间的价格操纵，这些企业不得不为所需的产品或服务支付更多的费用。例如，日本汽车零部件供应商近来被指控对其产品进行价格操纵，这个阴谋的直接受害人是汽车制造商和汽车修理商，他们不得不支付人为的高价（Trop，2013）。当然，其中一部分费用无疑会转嫁给消费者，因此消费者也成为这一罪行的间接受害人。

最后，有些白领犯罪实际上可能没有特定、明确的对象或受害人，对象可以是经济交易系统本身。以内幕交易为例，公司内部人士利用内幕消息进行某种有利的股票交易，也就是犯罪人依靠内幕信息利用股票价格的自然波动来获利。犯罪人并不是真的想要伤害任何其他的特定股票交易者、组织或政府项目，相反，他或她只是基于未来可能发生的事情的信息优势进行交易。当然，如果其他投资人恰好购买或出售了犯罪人所涉及的股票，则可能受到伤害，但他们并不是犯罪人特别针对的目标，并且他们也可能作出同样的购买或出售决定而无论内幕交易者做了什么。一些白领犯罪的典型特征就是这种受害情况的分散性。

欺骗可以通过不同的方式来实现。回想一下前面所述的，欺骗是对认知事实的有利歪曲（Bowyer，1982），它是一个始终包括两个主体或实体即欺骗者和被欺骗者的关系概念。当一个人或实体（欺骗者）以某种方式影响了另一个人或实体（被欺骗者）认知事实真相的能力时，欺骗就发生了。欺骗者实现这一目标的方式部分取决于受害人是谁或他是做什么的，以及犯罪人试图对受害人做什么或从受害人那里得到什么。我们在本书中回顾的案例表明，白领犯罪中的欺骗有三种常见的形式或方式：美化、模仿和隐瞒。

首先看看美化的策略。在许多消费和投资诈骗中，犯罪人试图通过某种方式暗示产品或服务与同类产品或服务相似——“只是更好”，从而诱使受害人购买产品、服务或投资某个项目。他们把投资方案包装成像其他好的投资一样坚实可靠，而且更好，因为会有更高或更稳定的回报率。粗制滥造或使用不合格材料的冒牌房屋维修承包商把自己吹捧得像其他优秀承包商一样称职可靠，因为更便宜，所以更好。运用美化手段的犯罪人希望诱使受害人，让他们以为购买产品或投资某个计划符合他们的最大利益，但实际上并非如此。美化之所以有用是，因为人类似乎总有寻求物美价廉或免费午餐的天性。对于白领犯罪人来说，这是一个很好用的策略，因为对自身产品的合理赞美和吹嘘说谎之间的界限通常并不清晰。如何在以最佳方式展示其产品的人和彻头彻尾的骗子之间作出区分是受害人和执法人员都面临的问题。

成功的美化取决于展示某些东西与众不同，从而引起人们的注意，而模仿所依赖的则刚好相反，其目的是使某样事物看起来正常而不是异常。正如我们将展示的，联邦医疗保险和医疗补助系统中的诈骗就是一个典型的例子。在这些诈骗中，医生或其他类型的医疗保健专业人员向医疗补助项目提出不合理的报销申请，为获得成功，犯罪人必须使自己的要求看起来正常、合法。他们想的不是要引起注意，而是想通过模仿每天支付的数百万美元其他合法申请来浑水摸鱼。其他政府项目中的诈骗也是如此。政府为某些有资质的团体提供津贴，白领犯罪人的伎俩就是使自己看起来有资格享有这种津贴。除政府项目中的诈骗外，还有其他依靠模仿的白领犯罪（例如，股票市场中某些类型的内幕交易和一些串通投标和操纵价格等反垄断犯罪）。成功的内部交易者是那些使自己的举动被视为正常市场活动的一部分的人。

隐瞒是白领犯罪人使用的另一种策略，它常常是一些更严重的白领犯罪的基础。以环境和工作场所安全违法为例，在许多此类犯罪中，犯罪人都试图对外界隐瞒他们的非法活动。他们不是试图引诱潜在的受害人去花钱，也不是试图从政府项目中非法获取资金。相反，犯罪人从事秘密活动，这些秘密活动可以为其带来经济利益，却是非法的，并对他人构成潜在的危害。在接下来的章节中，我们将提供许多涉及大公司对政府和当地社区隐瞒其活动的重大白领犯罪的例子。

有关萨瑟兰的再思考：手段与权力

萨瑟兰力促犯罪学家承认并调查有权者的犯罪，并因此为人们所铭记和尊敬。不论你是否同意他对白领犯罪所做的研究，毫无疑问，如果没有他的基本洞见，犯罪学将十分贫乏，我们的社会将比现在更容易受到权贵们的侵害。因此，我们永远不应忘记萨瑟兰的基本观点，即有权有势者从事与职业相关的犯罪，会造成严重的社会危害。

我们认为，萨瑟兰的分析不仅可以扩展到考察谁是白领犯罪人，还可以扩展到考察白领犯罪是如何发生的——也就是说，我们必须关注白领犯罪人所使用的手段。我们相信，对手段的研究将使我们更深刻地理解这些罪行的发生方式和原因。我们还相信，把注意力转向通过控制影响犯罪机会吸引力的情境条件来打击白领犯罪的策略，将会为我们提供对白领犯罪控制问题的新认识。

虽然我们想集中精力探讨白领犯罪的手段和机会结构，但也不会忽视萨瑟兰对权力的关注。事实上，白领犯罪人的经济和政治权力之所以重要，是因为这些权力为他们提供了犯罪的机会，使他们能够欺骗、隐瞒和滥用信任。正如批判和后现代理论家所证明的那样，精英们还利用他们的经济和政治权力来塑造他们所处的法律环境——包括刑事和行政监管（Friedrichs，2009）。他们塑造法律环境的能力直接影响到白领犯罪的机会结构，因为他们降低了监督的可靠性，并使他们有更多的不受惩罚的行动自由（Ruggiero，2009）。因此，社会和经济权力在我们接下来的分析中扮演着核心角色。

小结

白领犯罪与普通的街头犯罪在机会结构和实施手段上都有所不同。白领犯罪的三个重要特征是：（1）合法接触；（2）与受害人空间上分离；（3）合法性表象。在这些特征中，合法接触可能是最重要的（Felson，2002），犯罪人的职业或组织角色使他有机会接触犯罪目标，专业化的接触途径有助于犯罪人为他们的行为包裹上合法性外衣，并常常能够让他们避免与个人受害者有任何直接接触。

白领犯罪是建立在欺骗基础上的，欺骗可以被定义为“对认知事实的有利歪曲”（Bowyer，1982，p. 47）。罪犯的伎俩是隐瞒罪行，使不合法的事物显得合法，与受害人建立信任关系的犯罪人往往处于特别优势的地位来达到这一目标。欺骗可以通过不同的方式来实现。正如我们在下面的章节中所展示的，有些犯罪人试图使他们的非法活动与合法活动混在一起，而有些犯罪人只是试图掩盖他们的所作所为。

第三部分

机会视角在白领犯罪中的运用

机会视角认为特定犯罪具有特定的机会结构（也就是使特定类型犯罪成为可能并吸引潜在犯罪人的条件），这可以用来解释白领犯罪，但必要条件在不同的白领犯罪之间有很大差异。例如，使医疗保健诈骗成为可能并对违法者产生吸引力的条件就不同于价格操纵所需的条件。因此，机会视角促使我们高度关注具体的犯罪形式。显然，白领犯罪有许多不同的形式，我们无法在这里全部涵盖，所以只能从许多众所周知且重要的白领犯罪类型中选取一个具有代表性的白领犯罪样本，用来说明我们的分析方法。我们的目标集中于阐述不同的犯罪是如何实施的，希望通过了解犯罪的实施方式来为今后预防或减少类似的犯罪提供建议和方法。

因为我们专注于特定的白领犯罪是“如何”实施的，所以暂时不考虑这些犯罪“为什么”实施的问题。也就是说，在这一点上，我们假设存在一个有动机的犯罪人，但并不试图确切了解其动机是什么或是什么原因导致其从事犯罪活动。在许多情况下，我们可以大胆推测白领犯罪的潜在动机是经济上的。事实上，白领犯罪人的动机通常是以下四个目标中的一个或多个：（1）为自己在经济上受益；（2）为公司或雇主在财务状况或竞争地位上受益；（3）维持业务；（4）避免财产损失。然而，即使白领和公司犯罪可能是出于经济上的考虑，其中一些仍然会对工人、消费者和公众的健康与福利产生严重的影响。

在第五章，我们将探讨主要发生在财务方面的犯罪，具体来说，我们集中讨论医疗保健诈骗、抵押贷款诈骗、违反证券法和反垄断法行为。这些罪行的实施者可能是个人或小企业，也可能是大型跨国公司。对于每一项犯罪，我们首先提供一些背景材料，解释犯罪产生的行业或商业活动的结构，然后考察每种犯罪的机会结构。在所有的案例中，我们总分类中的每一种犯罪都有不同的类型或子类型。为了简单起见，我们只关注几个子类型。在第六章，我们采用了同样的方法来介绍那些经常造成身体伤害的犯罪，以及那些在机会结构方面引起更复杂问题的犯罪——环境犯罪、工作场所犯罪和制造业犯罪。

第五章　医疗保健、抵押贷款、证券和市场中的财务犯罪

医疗保健诈骗

医疗保健行业是美国经济中最大的单一产业，2015 年，它约占美国国内生产总值的 17.8%（Martin et al.，2017）。医疗保健行业包括什么呢？显然，医生及其提供的所有医疗服务都是该行业的一部分，但该行业还包括医院、治疗中心、疗养院、门诊诊所、检测实验室以及许多其他与健康相关的设施和项目。任何提供医疗保健服务的组织都是医疗保健行业的一部分，提供医疗设备和用品的公司也包括在内，范围从创可贴到先进的磁共振成像设备。正如我们将看到的，还有一些公司为医疗保健产品和服务的提供者和组织提供记录保存、会计和计费服务。最后当然还有制药公司。因此，这是一个巨大的产业，有许多不同种类的供应商和客户，涉及很多资金。不幸的是，很多投入医疗保健行业的钱并没有用于治疗患者，相反，它被诈骗和滥用所吞噬。

到底损失了多少钱呢？没有人知道确切的数字，估计从 800 亿美元到超过 2500 亿美元不等（Sharp，2011）。20 世纪 90 年代后期，斯帕罗（1998）估计每年有多达 10% 的损失可归于诈骗和滥用，但有其他人估计这一比例是 3%。考虑到目前每年在医疗保健上的花费约为 3.2 万亿美元，如果 10% 的数字是准确的话，那每年因诈骗损失的金额可能超过 3200 亿

美元（Martin et al.，2017），相当于每天约8.77亿美元。

任何涉足医疗保健行业的人或机构都可能成为犯罪主体，不仅是医生，还包括药剂师、理疗师、医疗保健机构、检测实验室、医疗供应商以及为医疗机构管理账单和记录的公司。大多数人提到医疗保健机构时，他们主要想到的是医院和诊所，然而还有许多其他类型的医疗保健机构，如家庭医疗保健提供者、疗养院、精神病治疗机构、药物滥用监测部门和心理健康机构，所有这些组织都是潜在的诈骗场所。近年来，有证据表明，有组织的犯罪分子和骗子已然进入了医疗保健诈骗这一利润丰厚的行业（U. S. Federal Bureau of Investigation，2010）。

为了理解为什么诈骗在医疗保健行业是一个如此严重的问题，我们必须首先了解这个行业是如何运作的。最重要的是要知道用于医疗保健的大部分钱不是由个人消费者支付的，这使得医疗保健不同于大多数其他为消费者提供服务和产品的行业。如果你去餐馆点餐，你得付钱。如果你购买一辆车，你也得付钱。如果你的车需要修理，你可以去找修理工并为此付钱。在所有这些交易中，你都有既得利益来确保你的钱花得值。但对我们大多数人来说，医疗保健并不是这样的。大多数医疗保健的费用由保险支付，这些费用至少部分是由私人保险公司或者两大政府保险项目——联邦医疗照顾和联邦医疗补助项目之一来支付的。因此，不管医疗服务是什么，支付费用的人都不是接受医疗服务的人，该行业的这种结构差异对于理解不同形式的医疗诈骗的机会结构至关重要。

为了展示医疗保健行业结构的重要性，让我们看看几张图表。第一张（图5.1）是对医疗保健系统应该如何运作的一个理想化展示。

在图5.1中，发生的是这种情况：一位老年患者去看医生并接受某种医疗服务。假设这是在办公室进行的小手术，医生办公室提交了一份联邦医疗照顾报销单（注意：请记住，为数众多的医疗保健提供者和组织中的任何一个都可以代替医生提出报销，为了简单起见，我们的示例里是医生）。联邦医疗照顾的一名代理人对报销单进行审核，代理人确定报销单可以接受后，就会把支票发送给医生办公室。

你可能已经注意到图5.1中的代理看起来不太高兴，那是因为他有很

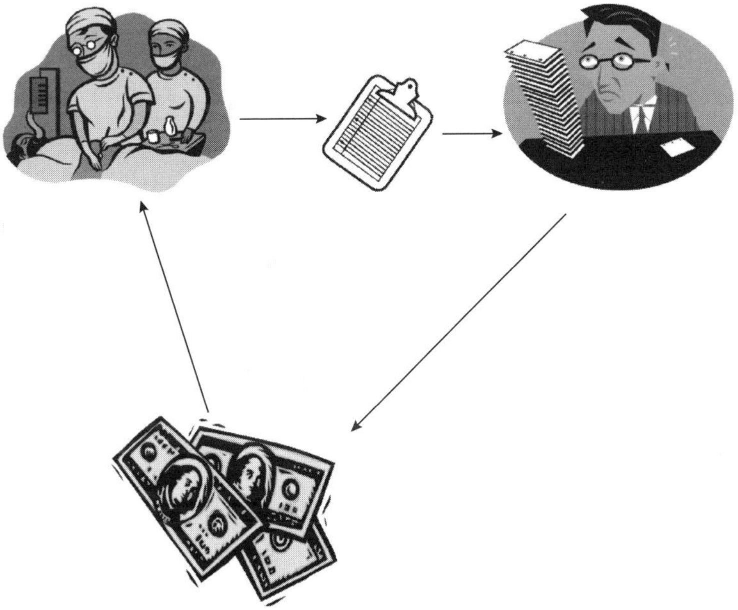

图 5.1　理想的医疗保险系统

多工作要做。平均而言，联邦医疗照顾系统每年收到超过 10 亿美元的报销申请，太多的报销申请无法由真人单独核实。因此联邦医疗照顾系统的实际操作如图 5.2 所示，其中代理已被计算机取代。计算机根据某些判定规则审核报销单，决定是否支付。

看看医疗保健行业的组织方式，诈骗的机会在哪里呢？图 5.2 所示的整个流程的关键点发生在医疗保健提供者将报销单提交到联邦医疗照顾系统时，这正是诈骗可能发生的环节。图 5.3 给出了一个不良医生如何利用这个系统的简单示例。在图 5.3 中，医生只是坐在他或她的办公室里，即便实际上没有治疗患者，也可以提交报销单，所提交的表单看起来与图 5.2 中提交的表单相似，也就是说，它看上去是合法的，计算机因此授权向医生付款。这方面的内容可以有很多变化，有许多方法可以巧妙地篡改所提交的诈骗信息，包括提交方式（Moffat，1993）。简而言之，这是许多医疗保健诈骗的运作方式，向联邦医疗照顾、联邦医疗补助或私人医疗保险公司提出的理赔申请无法准确反映该领域实际发生或本应发生的情况。

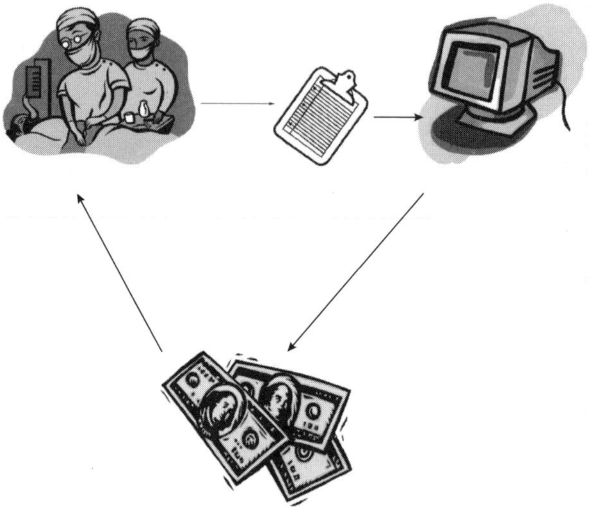

图5.2　现实中的医疗保险系统

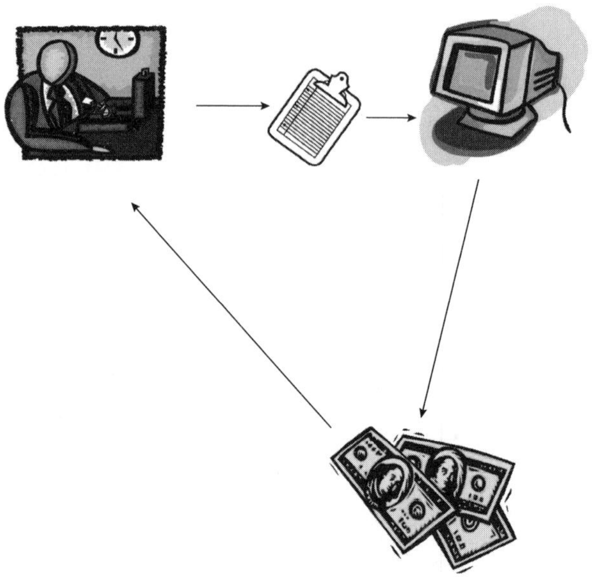

图5.3　医疗保险的窃取

医生骗局中一种更系统的、能在短时间内带来大量金钱的变体形式，就是所谓的“患者租赁”骗局（Hast，2000）。这个骗局包括一个由若干个人组成的网络，通常包括合法医生，其运作过程如图 5.4 所示：招募者通常从低收入保障性住房和退休社区中招募被称为受益人的患者，并将他们带到当地诊所。招募人员招徕“患者”可以得到佣金，他们会从其佣金中给患者一些小费。患者明白，如果他们真的需要医生，就应该去别的地方。在诊所，合作的医生或医学生会对患者进行非常粗略的检查，然后写转诊书，推荐进一步的检测、治疗或使用医疗设备。医生会为其并未真正提供的服务或患者并不真正需要的设备签字盖章，然后联邦医疗照顾或联邦医疗补助就会为这些虚构的服务和设备买单。

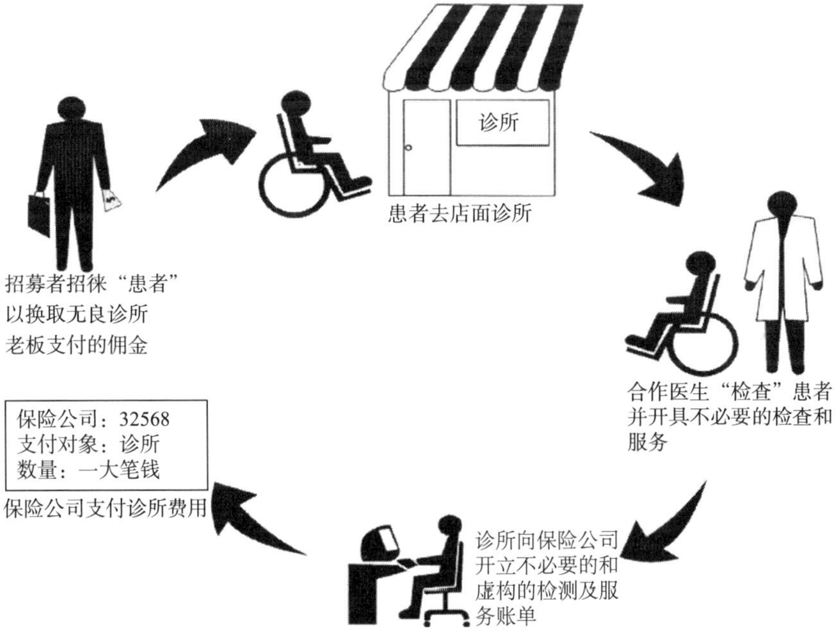

图 5.4 患者租赁骗局

资料来源：哈斯特（Hast）（2000）。

医疗保健系统中并非只有医生进行诈骗。近年来，联邦调查局（FBI）已经调查了许多备受瞩目的由大型组织实施的大规模诈骗案件。2011 年，位于佛罗里达州迈阿密市（Miami，Florida）的一家名为美国医疗公司（ATC）的所有者就被判向联邦医疗照顾系统支付约 2.05 亿美元的诈骗赔偿。ATC 运营着佛罗里达州最大的社区心理健康中心，为招募患者参加其并不真正需要的团体治疗项目，ATC 给予疗养院回扣，这种诈骗是“患者租赁”的另一种变化形式。2010 年，全球最大的制药公司之一葛兰素史克（GlaxoSmithKline）因涉嫌制造和分销掺假药品受到指控而认罪并支付了刑事罚金（U. S. Federal Bureau of Investigation，2011）。在另一起案件中，20 人因参与一项复杂的骗取联邦医疗照顾赔付的计划而被定罪，该案涉及迈阿密最大的经认证的家庭健康机构（Anonymous，2007）。该机构从联邦医疗照顾资金中获得了超过 1 亿美元的医疗保险基金，用于赔付包括护理和家庭助手探望在内的费用。这些服务要么最终没有实际提供，要么是不必要的，要么是向不符合条件的人提供的。另外一起案件中，全球最大的肾脏透析产品和服务提供商费森尤斯医疗保健北美有限公司（Fresenius Medical Care North America，Inc.）同意向美国政府支付 4.86 亿美元，以平息国家医疗保健公司（National Medical Care Inc.）的诈骗案调查（Rowland，2005）。这样的例子不胜枚举，但正如这些案例所显示的，其涉及的金额是巨大的。

医疗保健诈骗全面展示了白领犯罪的定义特征。所有医疗保健提供者和医疗保健机构都有合法的渠道接触患者以及提供医疗保险的各种政府项目和私人公司。尽管犯罪人是从政府和保险公司窃取医疗费用，但犯罪人在空间上与它们是分离的，这些人的行为具有合法表象。事实上，他们依赖于合法的外衣，因为那些实施诈骗的人为了获得报酬必须提交看似常规且合法的赔付要求。

如前所述，医疗保健诈骗机会结构中的关键点发生在医疗保健提供者向保险公司提出赔付请求时。作为一项思想实验，让我们设想一下保险公司可以立即验证提交的赔付请求信息是否真实地反映了该领域发生的事情；此外，该赔付在医学上是否必要。如果情况属实，那么医疗保健提供者将没有机会进行诈骗。但出于多种原因，这种理想的状况远非现实。

一部分问题源于美国医疗保健系统的规模、复杂性和结构。仅就联邦医疗照顾而言，每年就有 12 亿个赔付请求（Iglehart，2010）。因为有太多的赔付请求，所以不可能仔细审查所有的赔付请求来确保它们是合法的。因此，大多数赔付请求都是由计算机来审查的。一方面，这很好，因为计算机速度快，可以快速处理赔付请求；另一方面，这也很糟糕，因为计算机只能执行指令，而且一直也并不擅长查找数据中的异常模式，这就使那些想骗取医疗保健项目的人很容易得手。另一个问题是，控制诈骗需要花费处理赔付请求的时间、人员和金钱（Sparrow，1996）。联邦医疗照顾和联邦医疗补助这样的政府项目以及私人保险公司，都承受着来自医生和其他医疗保健机构的巨大压力，要求它们尽快处理赔付请求。诚实的医生希望以最少的麻烦得到最快速的赔付。因此，对于医疗保险公司来说，在使用资源控制诈骗和使用资源快速处理赔付之间存在着持续的紧张关系。在过去，计算机可以通过编程来捕捉简单明显的诈骗行为，比如一位医生在赔付请求中声称一天为 100 个患者做了手术；但在捕捉不明显的欺诈性索赔方面，计算机一直都不太擅长，这种情况直到最近才有所改变。老练的诈骗者可以精心设计他们的骗局，使其看起来合法。他们会测试系统，并从错误中学习什么是可以接受的，什么是不可以接受的。例如，当计算机识别出不可接受的赔付请求时，并不会自动触发可能发现诈骗的调查，而只是得到这一赔付请求被拒绝的结果。不幸的是，这就意味着犯罪人由此知道什么是行不通的，转而改天再去尝试。

2010 年通过的《平价医疗法案》包含打击涉及联邦医疗照顾和联邦医疗补助非法活动的措施，对打击医疗诈骗的形势有所改善。奥巴马（Obama）政府在上任之初就成立了一个内阁级别的反诈骗工作组，然后又成立了“突击队”，由来自不同机构的人员组成，负责调查联邦医疗照顾和联邦医疗补助费用异常高的地区的诈骗行为。这些“热点地区”位于南佛罗里达、洛杉矶（Los Angeles）、底特律（Detroit）、休斯敦（Houston）、布鲁克林（Brooklyn）、巴吞鲁日（Baton Rouge）和坦帕（Tampa）。突击队没有采用标准的“先付再追”的执法模式，即先赔付、再调查是否存在诈骗行为，而是积极主动地开展执法行动。他们使用数据分析来识别可疑账单和长串账单，然后使用特殊的侦查技术，如秘密特工、监视和窃听，来对大规模诈骗进行立案调查（Iglehart，2010）。上面提到的针对美国医疗公司的案件就是突击队调查的结果。在本书付印之际*，《平价医疗法

* 指 2014 年。

案》可能会被废除并被其他法案取代，这对医疗行业诈骗的控制是会加强还是恶化，仍有待观察。

抵押贷款诈骗和全球金融危机

犯罪是随着时间的推移而演变的，与其他形式的犯罪相比，白领犯罪更是如此。新形式出现，旧形式消亡，每隔几年就会有新的丑闻浮出水面，商业领域里一些此前不为人知的金融违法行为在公众视野中得到曝光，并引起广泛公愤和政治作秀热潮，提高了调查记者的工作保障。实际上，正如我们将在第九章讨论的，丑闻、公众愤怒和政治反应的循环，推动了对商业和专业领域不端行为的法律控制的发展。2008年年底，有史以来最大的金融丑闻像海啸一样猛烈冲击了美国经济。这一金融丑闻涉及一系列由房地产、抵押贷款和投资银行三个行业引发的相互关联的令人眼花缭乱的诈骗及金融犯罪。

与医疗保健诈骗一样，要了解发生在这三个行业中的犯罪，就必须掌握这些行业是如何运作的，即它们之间如何相互关联，如何赚钱。在过去的30年里，住房抵押贷款行业发生了变化，这对美国社会产生的影响既有积极的一面，也有消极的一面。从积极的方面来看，这些变化促进了中低收入人群拥有更多的购房机会；而消极的一面是，这些变化也为诈骗创造了新的机会（Barnett，2013；Simpson，2012）。为说明这些引发犯罪的条件，我们首先追述一下人们着手买房时通常会发生的情况。

21世纪初的美国房地产市场非常火爆，房屋销售迅速，房价上涨也很快。购房者一般遵循的程序大概是这样的：首先，潜在的买家会联系房地产代理商来帮助其寻找待售的房屋，并为复杂的购房填表流程提供指导。在找到一套想要的房子并且价格也可以接受后，买家会联系一家抵押贷款经纪人，后者将帮助买家找到并申请住房贷款。购房者通常都需要帮助，因为申请贷款是一个复杂的过程，涉及各种不同的贷款产品。在1970年之前，大多数抵押贷款都有固定期限，并要求有与贷款金额相关的一定数额的首付（称为贷款价值比率），通常为20%。贷款将在一定年限内（通常为15年或30年）以固定利率还清。为了获得贷款，潜在的买家会去当地的银行或储蓄和贷款协会，填写申请抵押贷款所需的文件，并在获得批准后与它们合作。

然而，从20世纪70年代起，贷款人开始提供新的抵押贷款形式，如可调利率抵押贷款（ARMs）。顾名思义，可调利率抵押贷款的利率可以根据不同的经济指标进行调整，它会随着时间的推移而变化，通常一开始很低，之后逐渐增加。可调利率抵押贷款有许多不同的形式和规模。其他类型的贷款还包括：买断式贷款，即卖方在短期内补贴借款人；分期付款贷款，这种贷款开始时付款较少，随着时间的推移而增加；负摊销贷款，是指偿还额低于付清贷款所需的额度，因此贷款会随着时间的推移而逐渐增加。20世纪90年代发展起来的另一种非常重要的贷款形式是“次级”抵押贷款，这些贷款是发放给那些通常由于信用不足而没有资格获得常规贷款的人的。从2004年左右开始，贷款机构还开发了所谓的替代文件贷款，这是为那些财务状况复杂的人设计的，这些人不能提供传统的财务文件（如工资存根或W－2表格）来验证他们的信用价值，如个体经营者就可能属于这一类。[1]20世纪90年代和21世纪头十年，贷款机构为了吸引借款人而恶意竞争，除开发大量的贷款产品外，利率也剧烈波动。抵押贷款经纪人的工作是为借款人在这个变幻莫测的金融领域中提供帮助和指导，根据借款人的个人财务状况，以最佳的价格找到最合适的贷款产品。经纪人还要帮助借款人完成贷款流程。作为提供这些服务的回报，经纪人会收取一定费用，该费用可由借款人或贷款人支付。

就购房者而言，一旦完成贷款，他或她就可以占有该房屋，搬进去住，并且可以和房地产代理商和抵押贷款经纪人说再见了。只要购房者每月支付房贷，一般就没什么好担心的了。

你可能会认为，购房者每月支付的抵押贷款会流向提供贷款的银行，但事实并非如此。相反，这笔贷款有了自己的用途，成为复杂的、多层的金融交易流的一部分，最终进入隐秘而复杂的投资银行。为了说明这个过程，我们假设贷款是由一家当地银行提供的，银行不保留贷款，也不接收借款人的付款。相反，银行在所谓的“次级抵押贷款市场”上出售贷款。例如，如果贷款是10万美元，银行可能会在次级市场上以10.5万美元的价格出售，5000美元将是银行这笔贷款的利润，然后银行会有10万美元贷款借给新的借款人。

次级抵押贷款市场涉及大型美国私人金融机构，如全国银行（Countrywide Bank），以及被称为政府资助实体（GSEs）的半公共机构。你可能听说过两个机构，一个是联邦国家抵押贷款协会（FNMA），俗称“房利美”（Fannie Mae）；另一个是联邦住房贷款抵押公司（Federal Home Loan Mortgage Corporation），俗称“房地美”（Freddie Mac）。这两个机构是联邦政府为了增加抵押贷款市场的流动性而设立的。这一运作过程的简化形式是这样的：银行借给购房者10万美元买房子，然后银行以10万美元的价格加上一些利润将这笔贷款及其文件出售给“房利美”；该银行又有10万美元可贷给另一位购房者，上述过程再持续至下一位购房者。“房利美”可以持有贷款并从买家那里获得贷款还款，也可以将贷款作为证券出售给另一个投资者，在这种情况下，只要投资者持有该证券，就会获得利息或股息。

然而，“房利美”和次级抵押贷款市场的其他机构参与者通常不会将个人贷款作为证券出售，而是创设“抵押贷款支持证券”（MBSs）出售给投资者。抵押贷款支持证券是以抵押贷款集合体（“池”）为基础的，投资者得到的是所谓的“转手”收益，即借款人每月支付的贷款利息和本金。20世纪80年代初，当“房利美”和其他机构开始创设和销售抵押担保债务证券（CMOs）时，抵押贷款支持证券相对简单的理念发生了转变。抵押担保债务证券是一种复杂的债务证券，可以以不同的方式操作或执行。它是抵押贷款支持证券的集合，根据借款人的信用等级划分为不同的类别（也称为“分档”），并由所谓的“特殊目的实体”（SPE）出售。特殊目的实体根据抵押担保债务证券中的不同档次出售债券，债券支付的利率取决于构成每个特定档次的抵押贷款的信用等级。某些档次的债券比其他债券风险更高，因此基于这些风险更高的债券支付的利率也更高。例如，抵押担保债务证券中风险最低的档次可能是基于抵押贷款的，贷款对象是那些能够负担20%的首付款、有良好信用记录、稳定就业和良好收入的人。而风险最高的一档则是以次级贷款或替代性文件贷款集合为基础的，这些贷款是提供给那些付不起首付的借款人的，他们信用不佳，有更大的违约风险。抵押担保债务证券的投资者通常是大型银行、对冲基金公司、养老基金公司或保险公司。只要借款人按时还款，抵押担保债务证券就是一个很好的投资机会。然而，只要任何一个档次中借款人违约达到一定的数量，那么抵押担保债务证券就会变得一文不值，投资者就会损失他们在债券上投入的部分资金或全部资金。这正是2008年房地产市场崩溃时开始出现的情况。关于这一点，概述一下正常情况下进行房地产购买和房屋贷款办理所涉及的步骤可能会对我们有所帮助：

1. 购房者与房地产代理商合作，寻找合适的房屋；

2. 购房者联系抵押贷款经纪人，寻求帮助，以确定合适的贷款产品（如次级贷款）并寻找贷款人；

3. 在抵押贷款经纪人的帮助下，购房者填写贷款申请并提交给贷款人；

4. 贷款人在审核贷款申请后，将钱贷给购房者，并控制房屋所有权和所有贷款文件；

5. 贷款人在二级市场上出售贷款和文件，如“房利美”；

6. “房利美”创设一个抵押贷款支持证券，然后将其捆绑成一个抵押担保债务证券，然后由特殊目的实体向投资者出售；

7. 投资者（通常是养老基金公司、保险公司和投资银行）购买抵押担保债务证券的股份；

8. 购房者在贷款期限内按时还贷，期末取得房屋所有权；

9. 投资者因为持有抵押担保债务证券股份而获得承诺的回报率；

10. 所有人皆大欢喜。

不幸的是，上面描述的快乐场景往往并不是实际发生的情况。在此过程中的任何时点，都存在诈骗和其他形式的金融犯罪机会，而且以不同的方式牵涉到这一过程的所有参与人，从购房者到出售抵押贷款支持证券和抵押担保债务证券的投资银行家。实际上，大概在1990年至2008年，房地产、抵押贷款和银行市场带来了巨大的诱惑，而监管又惊人地缺乏。

先从购房者说起。在上文给出的例子中，购房者被描述为负责及时还清贷款的人。然而，在20世纪90年代和21世纪初，并不是所有的购房者都是可靠或诚实的，购房者可能会参与所谓的“房地产或住房诈骗”（Financial Crimes Enforcement Network，2006）。在房地产诈骗阴谋中，购房者为得到一套房子会在申请贷款时进行虚假陈述，虚假陈述中可能包括有关其收入、债务或就业的谎言。这类诈骗在那段时间相对容易侥幸成功，一部分原因是当时房地产市场繁荣，无论是贷款人还是监管机构对贷款申请过程几乎都没有监督；另一部分原因是互联网技术使得客户在网上申请贷款、银行批准申请更加便捷，有时银行甚至在申请后几个小时内就予以批准。换言之，没有人仔细核查贷款申请中有关购房者偿还贷款能力的内容是否准确。贷款人愿意提供无须支付首付和提供收入证明、只需支付利息的次级贷款（Barnett，2013），因为他们不是通过发放贷款，而是通过在二级市场上出售贷款来获利。他们出售的贷款越多，获得的利润就越多。布莱克（Black）（2011）将这类贷款称为“骗子贷款”，并指出“骗子贷款只对那群从事会计控制诈骗的贷款人最有利”。

然而，买家并不总是单独行动。相反，他们在这个骗局中往往得到无良抵押贷款经纪人的帮助，这些经纪人更关心如何赚取佣金，而不是确保购房者真的能买得起房子并偿还贷款。事实上，有时抵押贷款经纪人会与房地产代理商、评估师和其他人合谋参与更为复杂的骗局，也就是所谓的房地产倒卖，其目标不是房地产，而是利润。该骗局的简化运作形式是这样的：房地产代理商和按揭经纪人招募一个稻草人买家，即只是假装想买房的人。比如，代理商、经纪人和稻草人买家共同合作获得抵押贷款并以10万美元的价格买下房子。不久，买家把房子卖了，一个参与此骗局的评估师对房子的估价是15万美元。然后，房子就以这个虚高的价格出售，在还清了原来的贷款后，合谋者现在获得了50000美元的利润（减去一些必须支付的费用）。房地产的这种“倒卖”可以持续几轮，直到发生以下任一情形：某个毫无戒心的购房者留下了其支付了过高价格的房子，或者最后一个买家也可能是稻草人买家，然后一走了之，拖欠贷款。不管怎样，合谋者只需少量的文书工作就能赚取可观的利润。与房地产诈骗一样，由于监管松懈以及贷款机构之间为尽可能多地发放贷款而展开的竞争，房地产倒卖也很容易得逞，体系内没有人花太多时间去审核贷款文件的准确性。

在前面的例子中，骗局是针对发放贷款的金融机构实施的，贷款人是这一骗局的受害人，但作为受害人的他们并非完全无辜。然而，还有其他的骗局，这些骗局涉及抵押贷款经纪人、银行和其他内部人员，他们借助自己的专业知识来利用毫无戒心的购房者，受害人只是普通人。这些骗局说明了合法的金融交易是如何被扭曲利用来实施白领犯罪的。例如，看看2008年之前的次级贷款市场，次级贷款的开发是为了使中低收入者有资格获得抵押贷款并拥有自己的住房。通常情况下，次级贷款要求申请人提供的首付款和收入证明比普通优质贷款要求的更低、更少，它们经常被包装成“可调利率抵押贷款”。与优质贷款相比，次级贷款还有更高的手续费和提前还款罚款。由于其较高的手续费、罚款和利率，这些类型的贷款对银行来说非常有利可图，是一个很好的收入来源。尽管让低收入者有机会拥有一套住房的想法值得称赞，但有充分的证据表明，这一好的想法被抵押贷款和银行业的许多参与者滥用来实现其非法目的。抵押贷款经纪人会利用诈骗手段诱使缺乏经验的低收入购房者申请他们实际无力偿还的贷款，最终导致违约（Calem，Herschaff and Wachter，2004）。在这些低收入购房者中，非裔美国人或西班牙裔占了相当大的比例，而以少数族群成员为目标，引导他们购买次级贷款产品则是一些抵押贷款经纪人和银行家的普遍做法，以至于即使原本是中等收入的非裔美国人和西班牙裔，也被引导购买对其不利的次贷产品（Faber，2013）。当买断期满后，他们的贷款还款额激增，许多次级抵押贷款购买者再也负担不起每月新的抵押贷款付款，他们便违约了。这些贷款中有太多是针对低收入的非裔美国人和西班牙裔房主的，因此对贫困城市社区的附带影响是灾难性的。

但问题是，为什么抵押贷款经纪人或银行家想把钱借给那些可能无法偿还的人呢？为什么贷款机构要寻找风险更大而非更小的借款人呢？这些问题的答案在于上述抵押贷款行业的结构，特别是与抵押贷款证券化有关的结构，即将抵押贷款捆绑在一起并作为抵押贷款支持证券或抵押担保证券出售的做法。证券化将贷款人与次级借款人带来的风险隔离开来（Faber，2013）。银行和其他抵押贷款机构不必担心贷款违约，因为他们将贷款出售给其他金融机构，然后由这些机构将其证券化。与次级贷款相关的风险被转嫁给抵押贷款支持证券的投资者承担，因此，发放贷款的经纪人和贷款人会从出售的贷款中收取费用和利润，而他们又不必担心购房者最终可能会拖欠贷款。此外，为加快审批程序而采用的贷款申请处理技术上的变化，使基于诈骗信息的申请更容易在不被注意的情况下蒙混过关。由于对新贷款的竞争如此激烈，许多贷款人采用了自动核保系统。这些软件系统对贷款申请进行的审核仅仅是根据贷款申请中的信息来给予批准或拒绝。没有人去核实信息是否准确——例如，检查申请人是否确实拥有申请表上所述的收入（Barnett，2013）。

贷款进入二级市场后，新的诈骗机会出现，但它们比房地产代理商、抵押经纪人和评估师编造的骗局要复杂得多。抵押贷款支持证券、抵押担保债务证券和债务抵押证券业务复杂得可能会让人头脑发麻，但本质上，诈骗始终是一样的，它总是涉及对事实的歪曲，这种歪曲对一方有利，对另一方不利。就抵押贷款支持证券而言，这种歪曲包括对与各种形式的抵押贷款支持证券相关风险的描述。我们需要密切关注此处涉及的法律和财务细节，为理解金融界高层的诈骗和欺诈是如何将整个美国经济置于全面崩溃的边缘，我们值得对此作出努力。

回想一下，抵押担保债务证券是抵押贷款支持证券的集合，这些证券根据贷款的质量分为不同的等级。不同等级的证券根据其风险评级支付不同的回报率。风险评级是由大型信用评级机构来确定的，如标准普尔（Standard & Poor's）和穆迪（Moody）。这些机构对与抵押贷款支持证券和抵押担保债务证券中不同档次的相关风险进行评级。评级通常从“3A”（AAA）到较低的等级，如“3B”（BBB）。AAA 的评级表明，作为这些投资产品基础的抵押贷款最终违约的可能性很小。理想情况下，投资者在评级为 AAA 的工具上亏损资金的概率很小。而 BBB 的评级则表明，该投资产品中一定比例的抵押贷款最终违约的风险更大，投资者更有可能蒙受损失。理论上，信用评级机构应该对不同投资相关的风险进行客观而独立的分析，以便投资者作出明智的决策。然而，从2000年到2006年，信用评级机构所作判断的客观性、独立性和准确性常常还不如它们本应评估的次级抵押贷款那样可靠。那些认为自己把钱投进评级为AAA投资产品的投资者后来发现，他们一直生活在一个傻子的天堂，在他们所投资的抵押贷款支持证券和抵押担保债务证券的相关风险上，他们受到了误导。

大型投资银行以抵押贷款支持证券和抵押担保债务证券的形式购买次级贷款并将其证券化，然后再把它们出售给投资者，但并没有告诉投资者这些贷款中有相当一部分可能存在欺诈，且其比例令人担忧（Barnett，2013），尽管他们知道或应该知道事实就是如此。当然，当投资银行将这些投资产品组合在一起时，它们意识到有一定比例的贷款将变成坏账，并且将现实因素纳入这种产品工具的结构中。但出售抵押贷款支持证券和抵押担保债务证券是一项利润丰厚、竞争激烈的业务，参与这一市场竞争的投资银行几乎没有动力、也不太愿意深入调查他们赖以生存的抵押贷款。由于出售评级为B级的工具比出售评级为A级的工具更困难，投资银行被迫表现出对其贷款池过于乐观的看法。简单地说，他们买入垃圾贷款，对其进行包装，然后将其作为稳如磐石的投资出售。信用评级机构在此过程中为他们提供了帮助，这些机构仅仅依据投资银行提供的数据就对抵押贷款支持证券和抵押担保债务证券进行评级，结果低估了可能存在的诈骗性次级贷款的比例，这些贷款最终可能导致违约。

上述对美国抵押贷款市场上诈骗行为的分析仅能说明这些骗局的一部分情况。除评估师、经纪人、贷款人和投资银行之外，还有其他形式的诈骗和其他参与者（有关抵押贷款过程的更完整描述，请参见Simpson，2012；Rorie and Simpson，2012）。但是，不管个人或机构在这一过程中扮演了何种角色，回过头来看，我们不难发现，抵押贷款行业的整体结构对诈骗的普遍性、长期性和严重程度都起到了很大的推动作用。正如辛普森（2012）所指出的，该行业由一系列紧密相关、环环相扣的层级构成，以至于在一个层级感受到的压力和限制会影响或作用于其他层级。例如，放贷机构为了尽可能多地发放贷款而感受到的竞争压力影响了他们与经纪人的交易，他们会推动和鼓励经纪人引入次级借款人。

该系统内的激励措施都指向了错误的方向。人们都想拥有自己的房产，毕竟，拥有一套房子是美国梦的基本组成部分。那段时期，似乎每个人都在购买新房。结果，许多人对复杂的按揭贷款产品条款并不了解，而急于相信经纪人的建议。从诈骗者的角度来看，急切的购房者很容易成为目标。与此同时，经纪人和贷款人被“激励”尽可能多地发放贷款，很少考虑借款人偿还贷款的能力。在食物链的上游，投资银行需要贷款来进行证券化，而评级机构通过提供看似有吸引力的评级来赚钱，这使得投资银行很容易出售抵押担保债务证券。只要房地产市场在增长，房价在上涨，包括抵押担保债务证券投资者在内的所有人就都在赚钱。当然，泡沫最终还是破裂了。房地产市场开始放缓，房价停止上涨，次级抵押贷款持有人开始违约，押担保债务证券开始破产。

从机会和选择理论的角度，我们可以看出，大约从2000年开始，抵押贷款行业就成为一个诱惑的来源，吸引了成千上万的人到这个快速增长和回报丰厚的行业中工作。在2001年3月到2005年12月，抵押贷款和非抵押贷款经纪人的就业率增长了136%，超过美国经济中的任何其他行业（Miller，2006）。尽管在此期间从事抵押贷款经纪工作的大多数人可能都试图体面行事，但如果认为他们都是圣人，那就太天真了。相反，我们似乎有理由怀疑，在这段时间里，在抵押贷款行业工作的人中有相当一部分要么一开始就是犯罪机会主义者，要么就是在意识到许多抵押诈骗机会的高利润和低风险性之后也成了犯罪机会主义者（Nguyen and Pontell，2010）。

证券犯罪

在前文有关抵押贷款市场诈骗的犯罪中，有一些涉及证券，特别是抵押贷款支持证券和抵押担保债务证券，但证券行业所涵盖的范围远远不止与抵押贷款相关的金融产品。长期以来，这里一直是高级白领犯罪的高发区。

从技术上讲，证券是所有权、债权或债务的凭证（Shapiro，1984）。简单地说，证券就是一张纸，或者一个账号，或者表明你在某种经济活动中有经济利益或股份的东西。例如，股票、债券、共同基金的股份、期票和美国政府储蓄债券都是证券。美国政府储蓄债券都是有价证券。从某种意义上说，证券是一种象征性商品，与所有商品一样，它们具有交换价值。也就是说，它们可以买卖。

人们购买证券是为了赚钱或避免损失。例如，你可以购买共同基金的股票，通过股息或基金的股价上涨来赚钱。或者你可以买某家公司的股票，以同样的方式赚钱（或亏损）。当人们购买证券时，实际上是在押注或打赌这种证券会为他们带来回报。他们希望股票会升值。公开交易的证券在交易所买卖，如纽约证券交易所，并且上市公司的大部分股票由不在公司工作的人持有。因为大多数股票持有者都是外部人员，所以他们在做买卖决定时不得不相信公司告诉他们的东西，信任是这个体系内在的和必然的组成部分。而正是信任这一必要条件为证券行业的白领犯罪创造了机会，因为人们是根据其所认为的有关自身感兴趣的证券的可靠信息来做投资决策的。

证券犯罪有五种主要类型（Shapiro，1984），它们都涉及以某种方式利用人们的信任。

虚假陈述包括对证券的价值或状况进行撒谎。例如，假设一个股票经纪人告诉你某公司正计划在西部开发一块发现了石油和天然气储层的土地，并邀请你利用地板价的机会购买这家公司的股票参与进来。然而事实上，这片土地甚至没有经过勘测，无法得知那里是否真的有天然气和石油，这就是虚假陈述。在这种情况下，股票经纪人可以通过出售股票获得的佣金来赚钱，也可以通过收取公司的回扣来赚钱。

挪用就是旧时的盗窃。许多人实际上并不自己购买证券，而是通过一个中介（股票经纪人）代为购买股票。那么一般来说，这种违法行为是经纪人或其他金融顾问实施的，他们只是拿客户给他们的钱去进行投资的人，却代之以盗取或侵占这些钱供自己使用。

股票操纵是指人为操纵证券价格。这种犯罪比较复杂，主要是涉及企图制造一种股票即将迅速增值的印象。如果你能制造这种印象，那么人们很可能会争相购买股票，从而推高股价。如果你在股价低的时候买进，然后在股价升高后卖出，你可以很快赚大钱。

股票操纵者通常是在由多个同谋共同参与的团队中运作，通过一系列步骤来精心策划。第一步，同谋者瞄准并控制一家在某一行业中运营的小型或边缘公司，该公司所处的行业似乎有可能取得突破或突飞猛进的发展，例如制药、绿色技术、生物技术、毛发再生等深奥的技术、产品或服务。突破或发现的可信性是该骗局的一个重要组成部分，因为它可以用来解释任何公司股票交易量或价格的突然上涨。第二步，一旦操纵者控制了目标公司，他们就会进行各种各样的活动，让人以为公司取得了突破性发展从而导致公司股票价格迅速上涨。欺骗性和误导性的新闻报道可以发布在或植入新闻媒体中，或者公布在互联网上；也可以将精美的小册子发送给潜在的投资者。为了巩固人们对公司股票交易量开始飙升的印象，同谋者可以开设假账户或利用指定买家来回买卖股票。第三步，随着不明真相的投资者开始购买股票，股价开始见顶时，同谋者将这笔钱藏入私人银行账户中，而不是用来扩张或经营业务。最终，没有任何真正的突破或产品的事实开始显现，股价开始下跌，阴谋家们带着投资者的钱一走了之。

20 世纪 90 年代和 21 世纪头十年，当科技公司即所谓的“网络公司”蓬勃发展时，类似的骗局也经常出现。微软（Microsoft）、苹果（Apple）、谷歌（Google）、甲骨文（Oracle）和亚马逊（Amazon），以及其他一些不太知名但却财大气粗的科技型公司在财务上取得了惊人的成功，这让人们普遍认为，通过首次公开募股（IPO）投资互联网创业公司可以发大财。在这些公司最早上市时，以底价进入的投资者赚了几百万美元，于是很多投资者都疯狂地寻找下一个大目标。正是因为互联网技术是这样一种新事物，以至于很少有人理解它，几乎任何与技术或互联网相关的东西都可以被包装成一条稳赚不赔的致富之路。在这种情况下，当诈骗者和不法证券电话交易员通过欺诈手段为几乎没有成功机会的公司进行首次公开募股

（Tillman and Indergaard，2005）时，缺乏经验的投资者很容易成为他们的目标。

内幕交易可能是最广为人知的证券犯罪，当“内部人”根据与股票价格相关的非公开信息进行交易时，就会发生这种犯罪。为公司工作的人购买公司的股票并没有错，这种情况经常发生。实际上，我们有充分的理由希望内部人士购买他们自己公司的股票，因为这样他们就会受到激励去努力工作，使公司尽可能盈利。但内部人士根据公众无法获得的信息买卖股票则是违法的。

例如，在著名的英克隆系统公司（ImClone Systems）案件中，马莎·斯图尔特（Martha Stewart）被送进了监狱，该公司的领导萨姆·瓦斯卡尔（Sam Waskal）因内幕交易被判犯有证券诈骗罪。英克隆是一家生物制药公司，致力于研发一种名为爱必妥（Erbitux）的药物，该药被认为是癌症治疗方面的一个突破。当该药物正在接受美国食品药品监督管理局（FDA）的审查和批准时，公司的股票受到了分析师的吹捧，股价一路上扬。不幸的是，美国食品药品监督管理局最终决定不批准这种药物。在2001年12月的圣诞节，美国食品药品监督管理局正式发布公告之前，瓦斯卡尔就获悉了爱必妥不会得到批准。他马上意识到，公告一旦发布，英克隆股票的价格就会直线下跌，任何持有该股票的人都会损失惨重。瓦斯卡尔及其家人和朋友，包括马莎·斯图尔特，都是英克隆的重要利益关联人。尽管法律禁止他这么做，但瓦斯卡尔为避免损失仍设法抛售他在英克隆持有的大量股票，还提醒家人和朋友也这么做。有关英克隆即将大幅贬值的消息最终通过一家中介机构传到马莎·斯图尔特那里，她也卖掉了自己的股份。从记录来看，我们应该注意到，斯图尔特女士实际上并不是因内幕交易被定罪，而是因作伪证而入狱，因为在其出售英克隆股份的原因上，她对联邦探员撒了谎（Stewart，2011）。

管理内幕交易的法律极其复杂，自20世纪30年代以来通过立法和司法意见在不断演变（Perez，Cochran，and Sousa，2008；Reichman，1993）。然而，禁止内幕交易的基本道德原则很简单。当内部人员有专门的途径获得公众无法获得的信息时，他们就比市场上的其他交易者有优势，这是不公平的。禁止内幕交易的法律旨在惩罚并阻止那些利用这种不公平的优势损害他人利益的人。虽然这里涉及的道德原则很明确，但用刑法来执行却有困难，内幕交易就是白领犯罪合法性表象带来问题的一个极好例子。要对进行内幕交易的人定罪，检察官必须证明该人买卖所涉股票是“因为并且基于”非公开的重要信息。当然，嫌犯可以声称他们不知道这些特权信息，或是出于其他原因进行交易（Szockyj，1993）。

投资诈骗是蓄意欺骗人们进行投资以窃取其资金。庞氏骗局或金字塔式非法传销就是典型的例子，这些骗局通过承诺会获得极高的投资回报来招募投资者。比如，掌控骗局的人告诉潜在投资者，他有一个绝佳的投资机会，并提出投资者只需1万美元就可以参与进来。这个做局者承诺只用六个月就可以使资金翻番，有人就投进钱来，不久后，做局者开始派发股息支票。最初的投资者认为这项投资看起来很不错，就会继续向其亲朋好友介绍这一绝佳机会，并鼓励他们也利用这个机会。随着越来越多的人投资，这个做局者能够继续从新投资者那里得到资金来派发股息，他还能给自己留一些额外的资金。但所谓的投资机会并没有产出新的财富，相反，这个做局者是拆东墙补西墙。最终，随着越来越多的投资者加入，会员的数量增长超过了新投资者的数量，没有足够的新的资金支付给每个人。骗局败露了——除了早期进入的，每个投资人都血本无归。

近年来庞氏骗局最著名的例子自然是伯纳德·麦道夫的骗局（Henriques，2011）。麦道夫的案子之所以不同寻常，有几个原因。第一，麦道夫不是一个一锤子买卖的操盘手，相反，他是华尔街一位很有名气、备受尊敬的交易员、投资顾问和基金经理，曾担任全国证券交易商协会（National Association of Securities Dealers）的董事会主席。第二，他没有积极招募个人投资者。事实上，许多人都通过口碑听说过伯纳德·麦道夫投资证券公司（Bernard L. Madoff Investment Securities）。麦道夫是犹太人，他的许多投资者是通过非正式的网络了解他的，其中许多也是犹太人。第三，麦道夫并没有试图用高回报的承诺来招揽客户，而是向特定的客户提供非常稳定的回报，其公司的许多投资者是基金经理和投资公司，他们为工会、养老基金和普通公民的退休储蓄管理资金。第四，尽管很难知道麦道夫开始诈骗的确切日期，但很明显，这些诈骗至少持续了10年，甚至更长时间。这种情况在庞氏骗局中并不常见，庞氏骗局通常会在自身的重压下很快崩溃。麦道夫骗局之所以能持久可能得益于其投资者对他的高度信任，因为他们有着共同的犹太人身份。麦道夫的声誉和对监管机构隐瞒骗局的能力使他能够继续获得新客户并持续诈骗。最后，麦道夫骗局的规模庞大，最终导致了数百亿美元的损失（Henriques，2011）。

就像几乎所有的庞氏骗局一样，麦道夫案显示了白领犯罪的所有典型特征。他在华尔街的声誉不仅给了他合法性表象，还让他可以合法获取他人的资金，而这些人大部分都是他从未见过或没有面对面接触过的人。他会给他的客户发送欺诈性的报表，表明尽管股市不可避免地会有起伏，但他们的账户仍在稳定增长。如果有人要求撤出大量资金，麦道夫就会威胁要把这个投资者踢出他的基金。令人惊讶的是，尽管在2000年就有一位名叫哈里·马科波洛斯（Harry Markopolos）的分析师警告过证券交易委员会（SEC），认为麦道夫的回报率不可能如此一致，但证券交易委员会从未对麦道夫的活动进行过严格调查（Henriques，2011），其骗局一直持续到2008年12月才最后崩溃。这一年年初，随着经济下行以及越来越多的客户要求将资金撤出市场，麦道夫的骗局开始分崩离析。麦道夫最终意识到他不可能满足所有的赎回要求，于是打电话给他的律师，向联邦调查局（FBI）自首。

机会与证券诈骗

有些证券犯罪具有与消费者诈骗非常相似的机会结构。例如，虚假陈述和投资计划依赖于对个人的欺骗。从某种意义上说，它们就像贴错标签的产品或误导性广告。犯罪人提供有关证券的误导性信息，受害人信以为真。犯罪是否成功取决于与谁接触以及犯罪人歪曲现实并予以展现的技巧。尽管麦道夫案因其复杂、规模巨大和持久而世所罕见，但从根本上看，它与所有庞氏骗局都一样。受害人信任麦道夫，相信了他所描述的现实状况，他们的利益受到了损害。麦道夫的幸运之处还在于他是在一个监管机构对其活动几乎没有监管的环境中运作，而且经济在快速增长。这种经济增长和监管不力结合在一起对他的成功至关重要。

其他类型的证券犯罪具有不同的结构。例如，内幕交易不需要犯罪人为了利用某个人而欺骗他。确切地说，犯罪人是企图隐藏或掩盖一项被禁止的交易。该犯罪是否成功取决于犯罪人能在多大程度上隐藏非法但对个人有利的交易，犯罪行为必须对外部观察者（证券交易委员会）进行隐瞒。操纵股市的人也面临着同样的问题，成功操纵股价的关键在于使目标股票的价格变动看起来像是市场上投资者正常买卖决定的结果，而犯罪人根本不需要与最终的受害人进行接触或互动。一旦操作好，犯罪人可以大赚一笔，没有人比他更聪明。

反垄断犯罪

反垄断犯罪有时被称为市场犯罪，其依赖于市场，从某种意义上说，如果没有自由市场或接近自由的市场存在，这类犯罪就不可能实施。因此，在开始讨论反垄断犯罪之前，我们必须先谈谈这个所谓的自由市场。经济学家们认为，在自由市场中商品和服务的价格是由买卖双方非强制的合意来决定的。从理论上讲，价格由供需规律决定，政府对成本、供给或需求的调节不进行干预（Downes and Goodman，2006）。自由市场经济与管制经济形成鲜明对比。在管制经济中，价格由中央政府制定。

虽然我们自称是自由市场社会，但并不存在完全自由的市场。有各种各样的法律法规来管理生产、营销和售卖的内容及方式。但相对而言，我们是自由市场经济体，这也是我们制定反垄断法并禁止某些市场行为的一个原因。我们认为某些活动会对自由市场的运行造成破坏或带来负面影响，因此通过立法加以禁止。

从理论上讲，自由市场是最有效的经济组织形式。企业根据它们认为市场（即买方）需要的东西进行生产，买方在合适的时机可以自由消费。企业之间相互竞争以吸引买方注意力。如果一个商业公司满足了买方的需求，买方就会购买该公司的产品或服务，这样公司就会赚钱。该公司的竞争对手要想继续经营下去，就必须与该公司的业绩相匹敌，甚至做得更好。每个人都应该从这种安排中受益，但事实往往并非如此。

限制性贸易协议是违反反垄断法的最重要形式之一。限制性贸易协议是指某一行业的生产者或销售者之间为限制该行业的运行而达成的某种形式的非法协议。回想一下，在自由市场中，价格应该由“买方和卖方”的非强制的合意来决定。理论上，这意味着卖方不应当合作或共同来确定价格。限制性贸易协议有三种基本形式：价格操纵、串通投标、市场分割或分配密谋。价格操纵是指竞争对手之间达成协议，制定或以某种方式操纵价格，使价格保持在一定水平。例如，苹果公司（Apple Inc.）和五家主要图书出版商最近被指控合谋抬高电子书价格。根据美国司法部提起的民事诉讼，苹果公司和这些图书出版商对亚马逊（Amazon）以极低的价格提供电子书感到不满，据称，共谋者之间达成协议，将许多最受欢迎的图书的价格从 9.99 美元提高到 12.99 美元或 14.99 美元，然后迫使亚马逊接受（Catan，Trachtenberg and Bray，2012）。在最近的另一起案件中，9 名日本汽车供应商承认操纵在美国销售的汽车零部件的价格，并支付了 7.4 亿美元的刑事罚金（Trop，2013）。串通投标是指竞争者事先约定由谁提交最低的标书，作为合同竞争性投标过程的一部分。在串通投标案中，买方通常是联邦、州或地方政府。最后，当竞争者聚集在一起并划分一个区域（在同一时间、同一个区域内只有其中一个公司经营）时，市场分割就发生了。例如，在 20 世纪 70 年代末和 80 年代初，纽约市及其周边地区许多住宅和商业废弃物的收集都是由小型搬运公司组成的同业联盟所控制，这些公司通常是家族企业，并代代相传。卡特尔们制订了一套复杂且长期运行的客户分配方案，将客户视为可以买卖的资产。价格是由卡特尔制定和强制执行的，预计这种合谋使商业客户支付的价格提高了 50% 之多。这种市场分割密谋的一个有趣特征是，有组织犯罪参与了客户分配的强制执行，而有组织犯罪的参与有助于阻止大型的全国性废物收集公司进入本地市场（Reuter，1993）。

尽管不乏涉及汽车零部件和垃圾回收等普通产品和服务的限制性贸易协议，但最重要、最严重的串通投标和价格操纵事件发生在神秘莫测的国际金融领域。近来，最令人震惊的一个串通投标案涉及所谓的伦敦银行同业拆借利率，也被称为LIBOR（Tillman，Pontell，and Black，2018）。尽管伦敦银行同业拆借利率似乎与普通市民日常关注的问题相去甚远，但它每天都在影响着每个人的生活。例如，伦敦银行同业拆借利率会影响人们获得汽车贷款、助学贷款或住房贷款时被收取的利率。在美国，超过一半的可调利率抵押贷款与伦敦银行同业拆借利率挂钩（McBride，2016）。它还影响到城镇发行市政债券资助新学校和道路修缮的能力。

伦敦银行同业拆借利率只是银行每天公布的一个用来设定短期利率的数字。它的确定过程很简单，每个工作日的上午11：00左右，全球性银行小组成员会提供他们从其他银行借款的成本估算值，期限从隔夜到一年不等。这些估算值（技术上被称为“固定利率”）被提交到汤姆森路透（Thomson Reuters）数据收集服务部，按25%的比例去除其最高和最低的部分，然后计算剩余数据的平均值。由此得出的数字是不同货币和不同时段的官方伦敦银行同业拆借利率（McBride，2016）。例如，借入美元3个月的适用一种伦敦银行同业拆借利率，借入德国马克1年的则适用另一种，以此类推。世界各地的金融机构都使用伦敦银行同业拆借利率来规定他们向客户收取的贷款利率。因此，如果你申请贷款时伦敦银行同业拆借利率很高，就可能会被收取比伦敦银行同业拆借利率较低时更高的利率。

重要的是，伦敦银行同业拆借利率还被用于构建非常复杂的、被称为衍生产品和信用违约掉期的金融工具以出售给客户。这些产品过于复杂，我们无法详细解释，但必须知道，它们被金融市场上的大投资者（如养老基金、政府、市政当局和投资银行等）用来对冲其投资组合以防范各种形式的风险。从理论上讲，衍生产品旨在预防其他投资的贬值，当某种投资贬值时，衍生产品则会增值。例如，养老基金的经理可能会将一部分资金投资于普通股票和债券，但同时也会投资衍生产品，以抵消股票和债券投资价值不可预测的波动所带来的风险。如果操作正确，养老基金的整体价值会因不同类型投资的组合而得到提升，但这一切都取决于衍生产品所依据的伦敦银行同业拆借利率（LIBOR）数值的有效性。

在理想情况下，全球性银行小组中的每家银行提交的伦敦银行同业拆借利率估算值反映了该银行对特定时段内借款所需支付费用的真实、客观看法。不幸的是，从 2006 年开始，一群交易员和银行家发现他们可以串通起来操纵伦敦银行同业拆借利率为自己谋利，而损害全球消费者、企业和政府的利益，于是他们就开始这么做了。21 世纪头十年的后期，监管机构已清楚地意识到，美国、英国、瑞士、德国和日本的大型投资银行的交易员和经纪人正密谋提交不准确的信息以估算伦敦银行同业拆借利率，从而导致伦敦银行同业拆借利率有时会被人为抬高，有时会被人为压低。这些操纵的结果是，交易员、经纪人和银行家变得更加富有，而其他人要么亏钱，要么投资收益低于应有水平，或者被收取高于贷款应有水平的费用。

最终，美国、英国和其他地方的监管和刑事司法当局对一些个人和 16 家投资银行提出了指控。截至 2013 年，这些银行总共支付了超过 97 亿美元的处罚和罚金（Tillman et al.，2018）。尽管有确凿的证据表明，许多高级银行的高管都知晓他们的交易员和经纪人的所作所为并给予了批准，但最终只有少数中层人士被定罪入狱。在调查过程中，高层管理人员都假装不知情，并将灾难归咎于少数刁滑的交易员（Enrich，2017）。

机会与反垄断犯罪

限制性贸易协议是建立在一个行业内竞争者勾结的基础上的，它们在某些条件下更有可能出现。要想勾结成功，竞争者必须进行沟通，确保遵守协议，并保守秘密。他们必须分享有关如何确定价格、如何划分市场或如何操纵投标的信息。共谋者还必须有办法来确保每个人都遵守协议的条款。最后，他们还得以某种方式对购买者和政府隐瞒其活动。由于这些要求，限制性贸易协议更有可能出现在竞争者少而不是多的行业，少量参与者比大量参与者之间更容易共享信息、确保遵守协议和保守秘密。

相较而言，勾结更有可能发生在某些类型的产品上。以伦敦银行同业拆借利率丑闻为例，绝大多数投资者对伦敦银行同业拆借利率了解甚少，这一事实帮助了串通报价的人。除了这些合谋者，很少有人知道伦敦银行同业拆借利率是如何设定，以及它是如何影响不同类型投资的价值的。不到千分之一的波动就可能会对不同衍生产品的价值产生巨大影响。交易员、经纪人和银行家明白这一点，但他们的客户通常并不了解。

另一个例子是，如果所涉及的产品或服务是标准化的，并且不容易被其他产品替代，那么勾结的可能性就会增加。产品越标准化，相互竞争的公司间就越容易达成价格协议。如果所涉及的产品不容易被其他产品替代，那么卖方就不必担心购买者会因为价格太高而轻易购买其他产品。例如，我们可以看一下天然气行业和比萨零售行业。天然气就是天然气，一千克的气体和另一千克的气体没有太多区别。而比萨则有非常多的排列组合，很难就一个标准价格达成一致。即使镇上的比萨店老板可以就某个共同的价格模式达成一致，但对价格的高低也有限制。如果价格太不合理，消费者可以简单地完全转向冷冻比萨或其他食物。但是，对于房主来说，从天然气转换为其他形式的能源无疑比从比萨饼转换为意大利面条要困难得多。因此，听闻天然气价格的串通投标行为，人们也就不足为奇了（Tillman et al.，2018）。

最后，一个行业中竞争者之间的关系性质会影响勾结的可能性。如果竞争者通过社会关系、行业协会、业务联系或员工在不同公司间的流动彼此有充分的了解，那么勾结会变得更加容易。例如，如果一个政府机构重复购买某一特定产品或服务，那么随着时间的推移，供应商可能会相互了解，并决定在未来的合同中分享这项工作。

小结

在本章中，我们将机会视角应用于一小部分白领犯罪。我们还有许多其他类型的犯罪可以选择，即使在我们已经探讨过的类型中，也有一些我们并未讨论的子类型和变体。虽然这里讨论的每一种犯罪都是基于特定的机会结构，但它们都有一些共同的主题。

例如，正如马库斯·费尔森（Marcus Felson，2002，p. 99）所准确指出的，所有掠夺性的犯罪人都必须解决一个基本问题，那就是如何接近其预定的犯罪目标或受害人。白领犯罪人在这方面比街头犯罪人有优势，因为凭借其职业地位，他们可以合法地接触其目标或受害人（Felson，2002）。这里探讨的所有犯罪中，犯罪人都不必破门而入或撬开门锁，也不必躲在灌木丛里抓住路人。相反，他们接触犯罪目标是完全合法和正常的。

犯罪人接触犯罪目标的专业化途径对预防此类犯罪具有深远的意义。预防其他犯罪的主要策略之一是阻止犯罪人接触目标，门锁、围栏和围墙的全部意义在于让心怀恶意的人远离你或你所珍视的东西。但是，对于白领犯罪来说，这种策略往往是不可行的，原因显而易见，至少从物理上阻止犯罪人接触一个有形的目标是不可行的。然而，正如我们在后面的章节中要讨论的，我们有办法重新设定一些适用于白领犯罪的阻止犯罪人接触的策略。即便如此，控制白领犯罪的问题仍然非常复杂。

我们在本章中讨论的所有犯罪都依赖于犯罪人在一段时间内所传达出的合法性表象。从外表上看，这些犯罪所涉及的都是看起来正常或常规的行为或活动，它们以某种方式模仿正常的经济活动或者是以正常的经济活动为基础。例如，在21世纪头十年的美国房地产繁荣时期，几十万美元的次级贷款以抵押贷款支持证券的形式产生，并被打包和出售。这些活动中有许多，实际上可能有大多数是完全合法且适当的，但也有一定比例不是。在这些案例中，买方、经纪人、贷款人和投资银行经由经纪人和贷款人瞄准和欺骗买家，并通过出售投资风险比宣传的大得多的证券，在他们的贷款申请中进行诈骗。整个伦敦银行同业拆借利率也是如此。如果衍生产品不是建立在诈骗的基础上，那么出售衍生产品完全合法且在财务上也是明智的。在许多医疗保健诈骗案中，医疗服务提供者向医疗保险公司提出赔付申请，这并无不妥，但是当赔付申请没有反映实地实际发生的情况时，违法行为就产生了。通过正常定价，产品或服务被出售，这完全正常，但是如果产品的价格是由销售商之间的勾结而不是通过自由公开的竞争来决定的，那就构成了犯罪。因此，白领犯罪依赖于合法的经济活动，并与之密切相关。

与专业化接触途径一样，合法性表象对预防和控制犯罪也有影响。除阻止接触之外，另一个主要的预防策略是监控。安全摄像头、私人保镖和邻里监督都是基于这样一种理念，即如果犯罪人认为自己受到监控，他们就不会犯罪。然而，就白领犯罪而言，监控是存在问题的。这一问题在于犯罪人的身体行为并不明显违法，甚至连形迹可疑可能都谈不上。因此，尽管监控可以在白领犯罪预防中发挥重要作用，但它所涉及的不仅仅是简单地寻找明显不适当或可疑的事物，它需要刺穿合法性表象。

前面我们将欺骗定义为“认知事实的有利歪曲”，而这种歪曲的优势会转移到犯罪人身上。这里所考察的所有犯罪都涉及对事实的有利歪曲，但歪曲的性质和对犯罪者有利的方式因罪行而异。欺骗有两大类，它们涉及提供误导性的信息和隐藏信息。

首先，在本书所考察的许多白领犯罪中，犯罪人以某种方式提供有关产品或服务的某些方面的误导性信息或虚假信息。受害人根据这些信息决定放弃对经济资源的控制，从而使犯罪人受益。对“受害人”一词需要进行广义解释，它包括个人、其他组织和政府项目。例如，在抵押贷款诈骗中，受害人可能是基于误导性信息购买贷款的个人。在医疗保险诈骗中，虽然看似不同，但运作方式是一样的，这里的受害人是医疗保险公司，它根据错误的信息为某个医疗服务提供者所提供的某项服务付费（实际上是购买）。

其次，犯罪人可以通过控制市场自然运作所产生的经济资源来隐藏自己的活动并从中受益。例如，在价格操纵案例中，犯罪人勾结起来将某些产品或服务的价格定得高于由竞争决定的价格。人为操纵价格后，犯罪人就可以从购买者正常购买产品或服务中受益。同样，在股票操纵中，犯罪人进行秘密活动来造成对股票或其他类型证券的价值的误导。如果市场上的其他参与者在购买决策方面表现正常，他们就会受益。这两种欺骗——

提供误导性的信息和隐藏信息——都会对控制问题产生影响，我们在这里简要地指出这一点，在以后的章节中会进行更充分的讨论。如果接收信息的人能够更好地看透犯罪人试图制造的误导性形象，那么以提供误导性信息为基础的白领犯罪就可以减少。为了减少以隐藏信息为基础的犯罪，我们必须更好地识别活动模式或使信息隐藏具有更高的风险。

注　释

1 这些新的贷款产品开发背后的理念最初是值得称赞的。人们希望可调利率抵押贷款、次级贷款和所有其他新产品把住房市场扩大到以前服务不足的部分人口，这些产品的目的是使中低收入者拥有购买自己住房的可能。但因为次级贷款有利可图，贷款业务员受此驱动将产品卖给那些一旦贷款调整到更高的利率时财务上就没有能力支付的人。但到那时，抵押贷款公司已经收到了他们的费用，抵押贷款已被出售，并与其他的问题证券捆绑在二级市场。

第六章　公司暴力：环境、工作场所安全和制造业犯罪

在第五章，我们研究了对受害人（无论是个人、政府机构还是其他企业）带来经济成本或金钱损失的犯罪。在本章中，我们将机会视角应用于环境、工作场所安全和制造业犯罪。这些犯罪行为的潜在危害可能会更加严重，因为它们会给个人带来身体上的伤害。这并不是说肇事者蓄意伤害他人，因为他们没有伤害他人的故意。他们对受害人造成的身体伤害是无意的，因为这些伤害并不是犯罪人想要达到的目的。他们的犯罪动机不是要对他人造成伤害，而是为了获得经济利益。然而，身体伤害始终是一个潜在的附带结果。因此，我们要研究所谓的公司的“无声暴力”（Frank，1985）。

除所造成伤害的性质外，本章所讨论的犯罪与之前所讨论的犯罪还有其他不同。它们作为犯罪的法律地位更加模糊。在第五章中，我们是将机会视角应用于涉及某种诈骗的犯罪。对诈骗的危害性及禁止诈骗行为的必要性的认识在法律史上有很深的渊源，可追溯到圣经时代，甚至更久远（Podgor，1999）。虽然我们之前讨论过的许多具体的犯罪，如次级抵押贷款诈骗和医疗保健行业的账单诈骗，都是最近才出现的新事物，但它们潜在的非法性是建立在古老的法律原则基础上的。在本章中，我们探讨的犯罪都是现代犯罪，并没有那么长的历史渊源，因为它们是在过去几个世纪的工业化和现代化生产中发展起来的，它们作为犯罪的法律地位仍在演变。许多与环境、制造业及与工作场所安全相关的犯罪之所以是非法的，是因为它们违反了各种各样的规定，但并不一定就是罪恶的。事实上，这类犯罪的机会结构中一个很重要的部分是其法律地位的模糊性和争议性。

环境犯罪

环境活动家巴里·康芒纳（Barry Commoner）曾在《封闭的循环：自然、人和技术》这部颇具影响力的书中将工业污染程度的上升与新技术的发展联系起来（Commoner，1971）。他注意到，尽管新技术的发展通常会增加企业的利润，但它们往往伴随着危害环境的副作用。企业的额外利润往往以环境恶化为代价，而环境恶化的成本则由整个社会而非企业“本身”来承担。康芒纳的研究带来了环境保护主义的兴起，继而影响了环境犯罪的定义以及如何“打击”这种犯罪的问题。

在20世纪70年代，美国人开始对高昂的污染成本越来越敏感，并要求采取行动加以应对。针对农业杀虫剂DDT对野生动物和人类健康有害影响的议案［记录于雷切尔·卡森（Rachel Carson）的《寂静的春天》（1962）］，1969年伊利湖（Lake Erie）支流凯霍加河（Cuyahoga River）因克利夫兰（Cleveland）和俄亥俄州（Ohio）等其他城市倾倒石化产品而着火的难忘景象，以及1970年占据各大媒体头条的数百万美国人庆祝地球日活动，促使美国联邦政府（由尼克松总统领导）授权成立了一个负责环境事务的中央监管机构——美国环境保护署（U. S. Envifonment Protection Agency，EPA）。该联邦机构与环境和自然资源司（1909年成立）及司法部环境犯罪科合并之后，被赋予了执行联邦环境法规的权力。美国环境保护署旨在协助和配合州一级的执法工作，在污染法律执行不力的情况下，以联邦执法工作取代州政府当局。在这种协作模式下，各州承担了目前大部分的环境执法工作。例如，在1997年，美国环境保护署发起了4129项诉讼，而州环境保护机构发起了10515项行政诉讼，并将379宗案件移交给州法院（Scalia，1999）。在图6.1中，仅从美国《清洁空气法》的执行情况和来自化工厂、公用事业和钢铁厂等固定污染源的污染来看，我们就可以发现，2013财政年度联邦机构的执法工作量与各州执法工作量相比是相形见绌的。

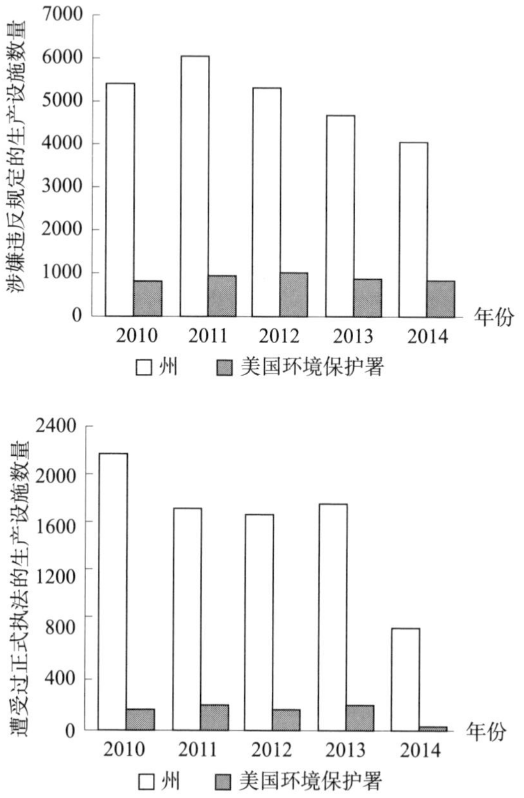

图6.1　根据美国《清洁空气法》涉嫌违反规定的生产设施与遭受过联邦和州职能部门正式执法的设施

资料来源：美国环境保护署（2014）。

其他类型的污染，如危险废物处理和水污染中，也存在这种分配上的差异。

美国环境保护署的主要职责是通过执行国会制定的环境法来清除现有的污染问题以保护环境和人类健康。环境保护署拥有刑事调查权和民事执法权，这意味着违反者可能会因环境犯罪而被起诉并被监禁，或者通过民事、行政执法来被强制遵守法律。刑事执法很少见，尤其是对公司而言。如在1994年至1997年，共有1846名被告因环境犯罪受到刑事指控。而这其中，只有314名（17%）的刑事被告是单位组织，其中大多数被指控违反环境保护规定（Scalia，1999）。刑事起诉通常只适用于最恶劣的、明知故犯的犯罪行为。在这些案件中，执法的目标是实现特殊威慑和一般威慑并举。

在没有必要采取高度惩罚性制裁的前提下（或因为正如我们稍后讨论的那样，难以达到刑事法律标准），民事和行政执法的主要目标是让人们遵守法律法规，这是一种更为常见的监管干预形式。例如，在1997年发起的4129起联邦环境执法行动中，有88%（3634起）是行政或民事性质的（Scalia，1999）。2016财政年度的数据也显示非刑事案件占很大比重，近2600起已立案的案件中只有170起是刑事案件（U. S. Environmental Protection Agency，2016）。

这些统计数据表明，在对违法行为的混合执法中刑事干预相对较少。但是，我们对隐性环境犯罪的了解甚少，因此很难估计环境执法是否能有效地对公司进行威慑。美国环境保护署与其他联邦机构一起负责执行环境法规，随着新的职责和法规计划的增加，执法范围也在不断扩大（Portney，2000）。了解如何履行这些职责非常重要，因为犯罪机会与执法实践息息相关。

个人和组织（不仅包括企业，还包括非营利组织和政府机构）都有可能违反环境法。然而直到最近，人们对环境污染的关注主要还集中在组织和工业污染源上。因此，我们对环境犯罪和机会机构的讨论主要聚焦于公司及其内部的管理者身上。

白领犯罪有三个主要特征：（1）专业化的接触途径；（2）空间上的分离；（3）合法性的表象。所有这些特征都可以从20世纪80年代发生在格雷斯（W. R. Grace）公司和马萨诸塞州（Massachusetts）一个工人阶级小镇的悲剧案例中得到说明。

针对格雷斯公司的案件始于20世纪70年代中期，当时马萨诸塞州沃本镇（Woburn）的居民开始意识到当地有异常多的儿童患有白血病（Brown and Mikkelsen，1990）。几十年来，镇上的居民一直感觉当地的米沙乌姆湖（Lake Mishawum）经常散发恶臭并显现奇怪的淡红色，他们担心这里的水可能受到污染，因为该地区生产有毒废物的化工厂和制造厂数量众多。1978年，当地对两口井进行了测试，由于碳－氯仿提取物（CCE）含量过高而不得不将其关闭。起初，这个问题被归结于小镇对水进行氯化的消毒方法。

然而，沃本镇的水问题远比奇怪的颜色和难闻的气味更糟糕。被诊断出白血病的孩子的父母们最终成立了一个委员会，要求进行更多的检测。1979年，美国环境保护署对这两口已被关闭的水井周围的湿地进行了检测，发现其中的砷、铬和铅等已知致癌物含量很高。在哈佛大学公共卫生学院（Harvard School of Public Health）研究人员的帮助下，公民组织得以记录到沃本地区那些在统计学上不太可能出现的聚集性白血病病例。

八个家庭最终对格雷斯公司提起了1亿美元的集体诉讼。当然，该公司否认有任何不当行为。但是庭审发现，该公司的制冷剂部门（Cryovac）在自己的地头上倾倒有毒废物，废物最终渗入地下水，并从那里进入沃本镇居民的家里和身体。经过几年的法律诉讼，格雷斯公司最终与这些家庭达成和解。1988年，该公司因向美国环境保护署提供关于其有毒废物处理方法的虚假陈述而在联邦地区法院受到起诉并认罪。

不幸的是，马萨诸塞州沃本镇发生的情况并非孤例（更多例子见Rosoff，Pontell and Tillman，2013：pp. 149－210）。在美国和全球范围内，涉及其他公司和社区的类似污染事件即使没有成千上万起，也着实有成百上千起。有毒废物倾倒的一个共同特征是其跨国性，废物可能会从发达国家收集并转移，然后被倾倒到非洲之角等欠发达地区（Center for Global Development，2016）。

所有这些案例中都是某个合法企业产生出某类有毒废物，这些废物理应以特定的方式被处理和处置，但是该公司并没有这样做，而是以其他非法方式处置这些废物。处置有毒废物有很多不同的方法，可能像格雷斯公司一样，只是在自己的地头上倾倒有毒废物；也可能把垃圾运到其他地方倾倒；更可能是雇用其他人来做这件事。还有一种策略是将这一有毒废物与其他的无毒废物混合，并将其作为无毒废物进行处理，这样受到的监管就不那么严格，处理成本也低得多（Rebovich，1992）。类似的倾倒做法在全球范围内时有发生。比斯乔普（Bisschop）2015年的一个案例研究详述了国家和社区之间的不对称性（文化、知识、经济、政治和法律方面），这些不对称性导致了电子废弃物的非法处置。电子废弃物简称“电子垃圾”，是指使用期满、被丢弃的电子产品。废弃物品的范围小到智能手机，大到笔记本电脑、电视机和打印机等家居用品，甚至包括大型计算机等。每年产生的电子垃圾重量高达 2000 万 ~ 5000 万吨（Yang et al.，2011）。比斯乔普（2015）以比利时安特卫普港为重点，剖析了企业和政府行为主体为电子垃圾走私和非法进出口运输提供便利的手段，着重分析了某些因素，如企业的积极参与（有利可图）、对诈骗的忽视、双方对电子垃圾最终流向何处缺乏关注以及政府执法不力等，这些因素是促成非法流动的主要原因。然而，除与电子垃圾处置有关的大量欺诈行为外，粗暴、不当的拆卸也可能会通过处置地点周围空气中的污染物而对健康产生严重影响。

这些典型案件显示了白领犯罪的所有特征，首先，公司拥有使用任何化学品或材料的合法权利，并且实际上有义务妥善处置这些化学品或材料。因此，它有专业化的途径。其次，那些最终受到伤害的人可能与非法倾倒行为发生地相隔几英里或几大洲。最后，由于问题发生后通常没有明显的迹象，公司似乎没有做错什么，至少从外部来看是这样的。事实上，在沃本案中，这些家庭不得不花费大量时间和精力来收集证据，以证明发生了非法事件。首先，他们必须证明沃本镇出现了统计学上不太可能的聚集性白血病病例。然后，他们必须证明从制冷剂厂排出的有毒废物可以渗入地下水，最终进入居民的饮用水。最后，他们必须证明制冷剂厂的员工和管理人员确实对有毒废物进行了不当处置。尽管所有这些事实都得到了证明，但这是一个复杂而艰难的过程（Brown and Mikkelsen，1990）。

危险废物非法处置的机会结构有两个关键特征。第一，公司有责任以合法的方式处理废物。因此，它们可以控制自己是否这样做。第二，如果它们选择非法处置有毒废物，其非法行动的影响不会立即显现，而且往往会拖延相当长的一段时间。在跨国环境犯罪方面，由于欠发达国家的执法工作存在明显的法律和执法障碍，这些问题往往更加严重。政府迫切希望吸引投资而很容易放松（如果有的话）监管，政府官员也容易受到贿赂，最终以发展的名义伤害本国公民。

像格雷斯这样的公司能够从事非法处置活动，主要是因为缺乏可靠的监督（Shover and Hochstetler，2006）。正如我们在本章开头所指出的，执法系统是环境犯罪机会结构不可或缺的一部分。事实上，有成千上万的企业在生产中会产生某种形式的危险废物，这是其正常经营活动的副产品。这些企业的规模从像格雷斯公司这样的大型企业到小型的夫妻干洗店等，应有尽有。所有这些企业都应按照法律法规的规定处理和处置其废弃物。但问题在于，要监督所有这些企业组织以确保它们确实遵照法律的要求来处理其危险废物是不可能的。环境犯罪的机会之所以产生，是因为对公司是否遵守法律的监控既困难又代价高昂。因此，违法行为被曝光的风险很低。不幸的是，我们无法真正得知风险到底有多低。

在风险机制的另一边，许多企业，尤其是那些制造业企业，从事的是“生产性”活动，而风险是其中的基本组成部分。例如，目前的造纸业涉及在纸浆中使用漂白剂来加强纸张的强度，并防止纸张在阳光下变黄（www. paperonline. org/paper - making/paper - production/pulping/bleaching）。因此，纸浆和造纸设施必须在现场存储大量化学品，并且由于漂白过程中还需要使用大量的水，企业每天都必须顺利地处理好潜在的危险污染。尽管企业正在通过替代性的、毒性更小的化学品和提供更有利于环境选择的新技术来逐步减少在纸浆和纸张加工中使用漂白剂（U. S. Environmental Protection Agency，2001），但这些做法仍然存在风险，需要加以评估和管理。

环境保护犯罪学（Herbig and Joubert，2006）是一个新兴的理论框架，它强调了环境风险与犯罪之间的重要联系。该方法综合了犯罪学、自然资源管理、风险和决策科学，并对环境犯罪发生的原因进行了深入的探讨。它还进一步揭示了法律执行和遵守的运作方式（包括法律制定和实施的政治化过程）、人与自然生态系统的关系、自然资源的治理和管理以及与人类和自然系统相关的技术和认知风险（Gibbs et al.，2010；McGarrell and Gibbs，2014）。

环境保护犯罪学在四个方面与我们的机会观点相契合。第一，两者都认识到机会是根据不同行业的经济和生产活动的性质而形成和分配的；第二，随着这些合法机会的扩大和新法律的出现，意想不到的犯罪机会结构也随之出现；第三，风险往往是未知的（但环境保护犯罪学提供了系统评估风险和漏洞的工具）；第四，在环境领域，并不是所有的危害行为在法律上都被认定为犯罪，即使该行为本质上就是犯罪。

记住这些相似之处，我们现在来看一起环境犯罪案件。此案发生在一个成熟行业里，是一种相对较新的机会类型[1]的犯罪，它造成了人员死亡和环境的广泛恶化。2010 年 4 月，石油钻井平台“深水地平线”（Deepwater Horizon）爆炸并沉入墨西哥湾，导致石油泄漏，这被认为是美国历史上最严重的石油泄漏事件（Congressional Research Service，2014）。爆炸造成 11 人死亡，多人受伤，管道在海底泄漏石油和天然气长达 87 天，直到马孔多（Macondo）油井被封堵。在此期间，估计有 490 万桶石油泄漏到墨西哥湾，导致生态系统严重恶化。

在这场灾难中扮演主要角色的公司有英国石油公司（BP）、瑞士越洋钻探公司（Transocean Ltd.）和哈利伯顿公司（Halliburton）。法庭文件中还提到了几家鲜为人知的公司。英国石油公司对刑事指控予以认罪，承认了 11 项过失致人死亡罪、妨碍国会罪和一系列环境犯罪，并同意支付 40 亿美元罚款。受到泄漏影响造成经济损失的个人和企业提出的集体诉讼索赔由英国石油公司解决（该公司随后对和解提出异议，最终败诉）。这家公司最终同意拨出 92 亿美元用于赔偿请求（Trefis Team，2014）。2015 年，英国石油公司同意支付 187 亿美元来解决所有剩余的联邦和州的赔偿请求（Schlanger，2015）。瑞士越洋钻探公司同意支付 14 亿美元的民事罚款和刑事罚金，主要与美国联邦《清洁水法》（*Clean Water Act*）民事罚款索赔有关。为了解决大多数针对公司的赔偿请求，避免将来因代表数千名“生命和生计被漏油事件毁于一旦”的潜在受害人提出的法律索赔而承担责任，与英国石油公司签订提供油井水泥合同的哈利伯顿［《今日美国》（USA Today），2014］表示认罪，承认在事件发生后销毁证据，并同意在不承认过失的情况下解决 11 亿美元的赔偿请求。

在“深水地平线”漏油事件中，只有四人受到指控。检方提出的刑事指控包括妨碍司法公正（删除电子邮件和语音邮件通信）、对国会撒谎、海员过失杀人以及过失致人死亡。海员造成的过失致人死亡罪是一种特殊类型的过失致人死亡罪，根据此罪，当“船长、工程师、飞行员或其他人”因行为不当、疏忽或玩忽职守造成生命损失时，可予以刑事处罚（罚金或最高10年监禁，或两者并罚）（Akpinar，2010）。此外，一些被告还被指控违反了联邦《清洁水法》（Thompson and Galofaro，2013）。2013年，英国石油公司的工程师库尔特·米克斯（Kurt Mix）因妨碍司法公正而被认为有罪，但由于他针对陪审员的不当行为提出了申诉而获得了重新审判的机会（Fisk，2014）。两名被指控犯有过失杀人罪的主管（罗伯特·卡鲁扎（Robert Kaluza）和唐纳德·维德林（Donald Vidrine）提出了一项驳回过失杀人罪的动议，但法官驳回了他们的申辩。然而，法官最终还是同意撤销这项对船员的过失杀人罪的指控，因为无论是卡鲁扎还是维德林，其工作岗位都没有导航的职责（Stempel，2014）。但是在2015年，联邦检察官撤销了对过失杀人罪的指控（经司法部门同意）。经过两次延期，戴维·雷尼（David Rainey，英国石油公司墨西哥湾勘探部前副总裁）的审判终于在2014年开始，他被指控对国会撒谎（妨碍司法公正）和向调查人员做虚假陈述。他被裁定没有进行虚假陈述，被判无罪，妨碍司法公正的指控也被驳回（Associated Press，2015）。所有这些裁决的结果是，没有人因英国石油公司的灾难而入狱（Kravets，2015）。

灾难的原因与以下几个因素有关：（1）粗心大意的企业文化；（2）主管卡鲁扎和维德林发现并注意到油井不稳定迹象时，没有采取适当的安全措施；（3）监管体系薄弱。在马孔多油井建设期间油井工程师和老板之间的电子邮件交流中，这种粗心大意体现得很明显。工程师注意到了重大的生产问题。他观察到，钻井队在“极度偏执”的情况下“跟着感觉走”，这导致了混乱，因而断定“如果我们继续这样下去，钻井作业肯定会出问题”（Rushe，2013）。由于马孔多油井的深度和新技术的使用，其风险相对不明。然而，正是因为这些特点，我们原本“应该”进行一个全面的环境评估和审查，至少根据2004年《矿产资源管理指南》应该如此。矿产资源管理局（MMS）是负责监督海上石油和天然气行业的联邦监管机构，然而，在布什政府执政期间，矿产资源管理局给予了墨西哥湾的某些石油和天然气开采活动“无条件豁免”特权，使其不受《国家环境政策法》（NEPA）规制，从而使该地区（连同其他地区）免于广泛的环境审查。矿产资源管理局还低估了未来油井所在地区的石油泄漏对环境造成的严重损害。例如，该机构曾预测，某项计划的开采活动如果发生海上石油泄漏，那么对墨西哥湾沿岸湿地不太可能会造成严重破坏，石油泄漏对湿地栖息地的影响预计是轻微的和暂时的；在预期的影响程度上，对商业捕鱼活动的影响可以忽略不计，因为这无异于自然原因造成的变化。将现有的有关井控和井喷损失的经验数据考虑进去后，他们认为，这些都是稀有事件，且持续时间短，因此，预计对海洋水质的潜在影响不会很大（Cleveland，2013）。显然，这一评估处处有漏洞，对此进行解释会徒耗精力。当然，即使提交了完整的环境报告并进行了评估，油井尽管存在缺陷仍得到了批准，但还是不能完全确定监管系统是否能阻止这场灾难的发生，因为矿产资源管理局大约只有 60 名督察员负责巡查墨西哥湾近 4000 个海上设施（Cleveland，2013）。

美国国家工程院（National Academy of Engineering）在一份受委托的事后分析报告中显示，“深水地平线”钻井平台使用的防喷器技术“既没有考虑对试图恢复井控时极有可能存在的动力条件进行设计，也没有经过测试”。该报告还指出，深水钻井设备的缺陷“可能存在于”其他深水钻井作业中（National Academy of Engineering，2011，p. 71）。尽管奥巴马政府暂停了海湾钻探工作，并承诺遵循专家（包括美国国家工程院专家）的建议，但那时海湾钻探的恢复步伐已经在加快，这些建议鲜有落实，尤其是与防喷器相关的建议（Birnbaum and Savitz，2014）并没有被采纳。

环境保护犯罪学理论通过对一些关键问题的回答，提供了对“深水地平线”案的分析和见解（McGarrell and Gibbs，2014）。这些问题包括：（1）为什么在布什政府执政期间，资源管理局对墨西哥湾地区深水钻井的监管放松了？（2）为什么矿产资源管理局不相信与钻井有关的风险？已有的风险研究表明，政治行动取决于风险的精算评估与公众认知是否一致。实际上，有效的立法需要强有力的公众支持。由于环境监管机构在一个充满政治色彩的领域中运作，一边是强大的企业行为主体（和工作岗位），另一边是环境保护主义者，因此，公众舆论似乎并未受到立法限制方向的任何影响。事实上，矿产资源管理局提供的“证据”表明，与深井钻探和井喷可能性相关的风险很小。已有的风险评估似乎没有平衡好钻井作业对人、野生动物和环境的可能成本（即自然资源的视角），相反，其主要关注的是对商业捕鱼利益的影响。最后，这场灾难之后会有新的监管和控制，环境保护犯罪学预计还会有诈骗和其他犯罪行为伴随新的监管和控制出现。证据也清楚地表明这已然发生。例如，司法部已承诺彻底调查“所有与石油泄漏及其后果有关的欺诈行为的有价值报告，包括诈骗性索赔、慈善诈骗、身份盗窃、保险诈骗、采购诈骗和政府福利诈骗”（U. S. Department of Justice，2014）。

英国石油公司的案例是在一次极为引人注目的爆炸后才被发现的。但是，环境违法行为可能会以各种不同的方式暴露出来，包括自我报告、巡查、检举和意外发现。公司必须追踪它们是如何处理危险废物的，并自行报告任何不符合规定的情况。当然，格雷斯公司没有披露其违规行为，但一些公司确实会进行此类报告，或许是因为它们担心如果违法行为通过其他方式曝光，可能会带来负面影响。然而，对于不符合规定的情况，报告与未报告的比例尚不清楚。环境保护署的督察员也能发现违法行为，但不幸的是，巡查相对较少，因为产生废物的企业的数量远远超过督察员的数量。另外，两种暴露机制是基于公众的偶然发现，如石油泄漏或鱼类死亡，以及知情员工的举报。

举报是曝光违法行为的潜在重要来源，因此对违反环境保护规定的公司来说，也是一种风险。当一家公司在“明知”的情况下从事环境犯罪时，当然会努力掩盖这种行为。然而，在公司内部，多方当事人对已经发生的犯罪可能是知情的。从公司管理者的角度来看，所有这些人都是潜在的风险源，因为他们可能会曝光违法行为。由于业务的规模和结构千差万别，公司内部可能知道违法活动的人员和数量也各不相同。与较小的公司相比，较大的公司更可能被划分为专门的区域，这样就更容易对其他领域的经理和员工隐瞒违法行为。另外，较小的公司更可能拥有“扁平”的管理结构（Barlow，1993；Makkai and Braithwaite，1994），这种结构增加了高层管理人员在违法活动发生时实际了解该活动的可能性。然而，从法律上讲，最高管理者对他们本应知道但实际不知道的违法活动仍须承担责任

（Cohen，1998）。

最后，我们必须认识到，在环境犯罪案件中，潜在的犯罪者——企业——对施加于其本身的监督的性质有很大影响。目前的执法体系是经过政治协商程序形成的，美国企业界曾抵制建立环境保护署，失败之后，它们一直试图限制其规模和法律授权（Burns and Lynch，2004，p. 71）。事实上，在20世纪80年代里根政府时期，政府曾试图放松对环境的监管，削减环境保护署的预算（Burns and Lynch，2004）；曾长期与环境保护机构为敌的斯科特·普鲁伊特（Scott Pruitt）2017年被任命为环境保护署署长*，这表明环境监管和执法再次受到企业的围堵。因此，在某种程度上，企业可以通过对执法过程的影响来塑造其犯罪的机会结构。与那些规模较小、成立时间较短的公司相比，大型、成熟的公司通常拥有更多的经济和政治权力，这就会转化为有影响力的国会和企业朋友、社区领袖和其他利益相关者，即使他们的违法行为以某种方式被曝光（Shover and Hochstetler，2006），监管者也很难调查和追踪违法者。

所有这些机制每年都会产生一定数量的为人所知的环境犯罪案例。然而，由于许多环境违法行为并不明显，我们永远不知道有多少违法行为没被发现。格雷斯公司的高管们可能有理由认为，他们的“犯罪”收益（节省了本应用于有毒废物环境无害处理的资金）超过了其成本（被发现的风险较低）。然而，重要的是我们要认识到，也存在反对力量，企业必须与之抗衡，并且它们能够潜在地提升环境违法行为的成本。正如我们从英国石油公司的漏油事故中所了解到的，环境犯罪的受害人并不总是个人，其他组织或团体以及野生动物也可能会受到伤害。例如，纽约州尼亚加拉瀑布（Niagara Falls）的洛夫运河（Love Canal）段和密苏里州的时代海滩（Times Beach）城的居民都被疏散。在时代海滩案中，该城被政府收购，并且在土壤中发现有毒化学物质后被销毁。这两起案件都涉及公司（胡克化学公司和东北制药化学公司，Hooker Chemical and Northeastern Pharmaceutical and Chemical Company）非法使用、储存和处置有毒化学品。市、

---

* 其于2018年辞职。

州和联邦政府都介入其中——就像它们在2010年英国石油公司石油泄漏事件中所做的那样，代表受害人起诉工业巨头，要求他们赔偿损失，并要求他们提供经济援助以帮助联邦政府清理废物现场（超级基金）。在这些案件中，犯罪人和受害人之间的权力关系比一般的环境犯罪人和受害人之间的权力关系更加平衡，并非那么不对称。例如，一家大型石油公司的一名被指控非法处置废物的员工曾承认，权力的不对称是可以改变的，他观察说："我不认为公司会太担心自己员工提起的诉讼，他们更担心州政府，因为它有影响力。"（Trost，2008）

最后，我们注意到，污染对某些社会阶层造成的代价比其他社会阶层更沉重，例如，研究表明穷人等受到污染的影响尤其严重（Checker，2005）。事实上，有些人认为受害现象的发生正是因为这些群体一开始就没有足够的经济和政治力量来保护他们的社区免受环境污染，而且一旦污染发生，这些群体也缺少资源来强制进行环境清理（或迁出污染水平较高的地区）。"环境不公"一词已被提出来并被用来描述弱势群体成员所遭受的环境风险和危害的不平等分配。我们将在第八章进一步讨论。

工作场所安全犯罪

工作场所会发生许多不同类型的犯罪，但其中只有一部分符合我们对白领犯罪的定义（Friedrichs，2002）。例如，一个愤怒的配偶在妻子工作时向她开枪或者一个工人偷了另一个工人的钱包，这些是在任何地方都可能发生的、相对传统的犯罪类型，工作场所仅仅是事件发生的地点。然而，某些白领犯罪是由特定的组织结构或职业岗位所提供的独特机会引起的。在本节中，我们将重点讨论对员工健康和安全有害的工作环境。

违反工作场所安全和健康的非法行为有相当一部分是由美国职业安全与健康管理局（OSHA）进行监管的，但不是全部，其他的可能由更专业的机构监管，如矿山安全与健康管理局（MSHA）（Shover，Clelland，and

Lynxwiler，1986）或核管理委员会（Nuclear Regulatory Commission）。和美国环境保护署一样，美国职业安全与健康管理局也是一个相当新的监管机构。1970 年的《职业安全与健康法案》确立了一项联邦计划，以保护大多数工人免受与工作有关的死亡、伤害和疾病。1971 年 4 月 28 日，时任劳工部部长（Secretary of Labor）的詹姆斯·霍奇森（James Hodgson）建立了这个新的机构，负责管理《职业安全与健康法》条款的实施（MacLaury，2008）。

尽管美国职业安全与健康管理局成立只有几十年，但与工作环境相关的危险早在其成立之前就被认识到了。在美国，治理工作环境安全的法律出现于 19 世纪中叶（Frank，1993），并在 20 世纪成为美国有组织劳工的关注对象。然而可悲的是，虽然有法律和《职业安全与健康法案》保障，并且自从职业安全与健康管理局成立以来，工作中死亡的人数大幅下降（Payne，2017），但每年与工作有关的疾病、伤害和死亡的人数估计仍然超过 100 万人。这些悲惨的结局有些是意外事故，有些是由于工人的疏忽造成的，但是有证据表明，企业经常未能就工作环境中的危险向员工发出正确的警告，忽视了对他们进行培训或为他们提供装备、协商达成安全的工作场所。有评估认为，多达 1/3 的工伤是由于非法工作环境造成的（Reasons，Ross，and Paterson，1981）。不幸的是，一些公司认为，采取预防措施保护员工负担过重且代价高昂，超过了公司能承受的底线（Clinard and Yeager，1980，p. 69；Szasz，1984）。

当违反工作场所安全的行为实际发生时，可以对违法者采取监管、民事（侵权）起诉和刑事执法行动（Frank，1993）。但是，正如环境执法的情况一样，对职业安全与健康案件的刑事起诉是最后的法律干预手段（Hawkins，2002）。例如，《纽约时报》（*New York Times*）对职业安全与健康管理局数据进行仔细调查发现，在 1982 年至 2002 年，有 2197 例工人因雇主故意违反安全法律而死亡。这些案件中只有 196 起（不到 10%）被提起刑事诉讼，其中只有一半最终被定罪，被定罪的只有 20% 被监禁。总而言之，当故意违反安全规定导致工人死亡时，被判处监禁的可能性还不到 1%（Cullen et al.，2006）。

工作场所犯罪的机会结构在许多方面与环境犯罪的机会结构相似，但也有一些独有的特征。与大多数环境犯罪一样，在工作场所犯罪中，犯罪行为人（无论是公司还是公司的管理人员）从事的都是合法的经济活动。由于所有者和管理者的首要目标是盈利，他们总是在寻找降低生产成本的方法。在其他因素不变的情况下，如果成本可以降低，那么利润就会提高。对于大多数企业来说，劳动力成本对整体盈利能力有重大影响。因此，尽可能削减劳动力成本是企业的内在动机。方法之一就是在安全方面敷衍了事，这样一来就会危及工人的安全。

例如，《纽约时报》曝光过一起涉及总部设在亚拉巴马州（Alabama）伯明翰（Birmingham）的麦克韦恩公司（McWane Inc.）的案件，该公司是私人所有，在削减成本与危险工作场所之间的联系上，这个案件提供了一个教科书式的例子（Barstow and Bergman，2003）。麦克韦恩公司生产管道，它通过使用“麦克韦恩式”经营企业，获得了巨大的利润。麦克韦恩的经营方式是将工人数量减少到最低限度，要求留下的工人延长工作时间，并尽可能避免与安全相关的成本，从而将劳动力成本降到最低。这些措施使麦克韦恩公司成为美国最赚钱的管道制造商之一，也是美国最危险的雇主之一。据《泰晤士报》（*Times*）报道，1995年至2003年，在麦克瓦恩铸造厂至少有4600起工伤事故被记录在案，有9名工人丧生，该公司因400多起反联邦健康和安全规定而受到处罚，这远远超过了它六个主要竞争对手的总和（Barstow and Bergman，2003）。

让我们更详细地讨论一下麦克韦恩和泰勒管道公司（Tyler Pipe Company）的故事。1995年，麦克韦恩收购了位于得克萨斯州（Texas）泰勒市（Tyler）的铸造厂泰勒管道公司，并通过“麦克韦恩式”方法将其变成了处境最差、最弱势的工人的地狱。麦克韦恩收购该厂后，裁员近2/3，同时坚决要求生产率保持不变。安全检查员、污染控制人员、救援人员、清洁人员和维护人员全部被淘汰。公司实行的不是三个8小时的轮班制，而是两个12小时的轮班制，并且通常要求员工每周工作7天，每天甚至还要工作更长时间。泰勒工厂的条件变得如此糟糕，以至于该公司不得不从当地监狱招募员工，“只有绝望的人”才会到泰勒管道公司找工作（Barstow and Bergman，2003）。

并非所有类型的工作都有同样的潜在危害。一般来说，从事非技术性工作，尤其是采矿、制造和生产行业的工作，会增加工作中非法接触有害物质或不安全条件的风险（虽然在文书/秘书和其他形式的服务工作中也可能发生重复性压力损伤）。因为这些工作是按性别、种族和阶级进行分层的，因此受害的机会在社会中分布不均，获得救济的机会和手段也分布不均（Szockyj and Fox，1996）——我们在第九章还将讨论这一点。

白领犯罪的一个关键特性是受害人和犯罪人在空间上的分离。在环境犯罪的案例中，我们指出了追踪受害根源是多么困难。与环境犯罪相比，工作场所犯罪中犯罪人和受害人之间的分离较少，因为两者都在同一个单位中工作。但是，做出健康与安全决策的高层管理人员不太可能在风险最大的工厂或矿井的“现场”工作。如果公司被划分为不同的部门、相隔的设施或子公司，那么高层管理人员可能会在距离员工实际工作地点数百或数千英里之外的公司总部工作。此外，由于工作中接触有害和有毒物质的风险可能多年来都不曾明显，而且可能与其他“风险”因素（如吸烟）相混淆，员工可能永远不会知道他们的健康问题是由不安全的工作条件造成的（Calhoun and Hiller，1992）。在采矿业和纺织业中，黑肺病已被确定为与这些行业工作相关的职业健康危害。经过几十年的医学研究，这种风险已被证实，因此，对于这类白领犯罪来说，犯罪人和受害人之间存在着一种物理的和象征性的分工，这种分工与我们前面讨论过的那种空间上的分离是类似的。

我们的研究框架表明，违反职业安全与健康规定的公司会努力保持遵纪守法的表象，它们试图以各种不同的方式来做到这一点。有些公司可能对员工提供有限但并不充分的培训或安全装备，造成员工的健康和安全规定已得到满足和认真对待的错觉。公司也可能故意阻止员工了解其暴露于有毒物质的情况及其后果，在某些情况下，让员工求助于“公司”医生，而这些医生对员工的疾病不屑一顾或未将其与工作场所的毒物接触这点联系起来（例如，肝癌是由饮酒引起的，而不是由于接触氯乙烯引起的）。事实上，公司在很长一段时间内都明知员工在工作中会接触到有害物质，同时却又保持着不知的假象（Calhoun and Hiller，1992）。

这方面有一个著名的案例，涉及约翰斯－曼维尔公司（Johns－Manville Corporation）和石棉（Brodeur，1985）。石棉是一种宝贵的矿物，因其耐热性而具有很高的使用价值。自公元1世纪以来，人们就认识到接触石棉的潜在危险。吸入含石棉的粉尘会导致石棉肺，这是一种致残且通常是致命的肺部疾病。约翰－曼维尔公司生产和销售石棉产品已有数十年的历史，至少从20世纪30年代开始，该公司就有员工患石棉肺的内部医疗报告。然而，该公司数十年来一直对自己的员工隐瞒有关健康危害的信息（Brodeur，1985；Calhoun and Hiller，1992）。到20世纪70年代，数千名曾在约翰斯－曼维尔工作过的工人因接触石棉而死亡（Friedrichs，2010）。

在明知的情况下让员工暴露于不安全的工作环境似乎在某些行业中更常见——无论是在美国还是在全球。例如，不安全的工作环境是采矿作业的一个特点。西弗吉尼亚州（West Virginia）的萨戈（Sago）煤矿在2006年发生爆炸，造成12名矿工丧生，在爆炸发生前的两年里，该矿因安全问题被传讯270多次。其中有一些传讯是为马西能源公司（Massey Energy Company）的管理层（煤矿的所有者）所知晓的，并且与可能导致矿井倒塌和爆炸的问题有关。萨戈煤矿发生爆炸两周后，马西能源公司所有的另一个煤矿又发生了火灾，造成两人死亡。在萨戈煤矿发生爆炸前几年，美国矿山安全与健康管理局（MSHA）与劳工、矿山运营商和行业协会建立了健康和安全的合作伙伴关系，表面上加强了对不安全作业的执法力度。但对这种合作策略持批评态度的人士认为，美国矿山安全与健康管理局采取的监管策略是失败的。在合作干预不起作用后，它未能有效地加强执法；随着合作战略的执行，该机构的透明度降低了；美国矿山安全与健康管理局可能并没有有效地谴责这些违规行为，其监管方式上过于宽松（Simpson，2006）。《纽约时报》的一篇社论指出：

> 不幸的是，按照矿山通常的运营方式，去年萨戈煤矿的经理们支付的24000美元的罚款比开展业务的成本高不了多少。按照阿巴拉契亚地区的常规，如果没有工会的保护，矿工们对矿井底下危险的环境望而却步，可能很快会失去生计。

不过，美国的记录要比其他国家的采矿作业好得多。2000 年后，美国矿山安全与健康管理局发现死亡事故减少了 35%（Simpson，2006）。而在另一个国家土耳其，自 2000 年以来共发生 1308 起死亡事故；2013 年，有 13000 名矿工发生了事故；所有工伤事故中，有 10.4% 发生在采矿业（Senerdem，2014）。但是，与美国很少有主管和高管因疏忽大意和过失杀人受到刑事起诉不同，2014 年在土耳其发生的一起致 301 名矿工遇难的矿山爆炸案中，有 7 名矿山高管和主管遭到检方逮捕，并被指控过失致人死亡。这是在公众强烈抗议的背景下发生的，新闻报道称，在灾难发生前几天矿井内的传感器就检测到高浓度的有毒气体，但公司官员没有采取任何行动（Associated Press，2014）。

因此，机会视角可以有效地应用于工作场所安全犯罪。接下来，我们会看到违反职业安全和健康管理规定的人是如何利用白领犯罪手段（欺骗、滥用信任和隐瞒）的。为此，我们可以借鉴一个涉及西方化学公司（Occidental Chemical Company）的著名的公司犯罪案例，西方化学公司的工人被发现由于接触杀虫剂（DBCP）而导致不育（Simon and Etizen，1990），这种杀虫剂是一种用于控制水果害虫的化学物质。

20 世纪 70 年代后期，美国环境保护署禁止了杀虫剂的使用，但损害已经造成。该公司知道杀虫剂会引起动物睾丸萎缩，但没有采取任何措施来警告其员工潜在的后果。57 名雇员对该化学品的三大生产商（陶氏、壳牌和西方化学公司）（Dow，Shell and Occidental）提起诉讼，其中 25 项索赔最终由西方化学公司以 425000 美元予以解决（Gold，1989）。

这个案例说明了本书所讨论的白领犯罪手段如何能够帮助我们理解不安全的生产。从所有的报道来看，西方化学公司管理层知道壳牌和陶氏化学公司众多科学家的研究结果，这些研究结果表明接触杀虫剂对生殖所造成的影响令人担忧。西方化学公司欺骗了它的员工，甚至在发现了男性员工中无子女比例异常高的情况之下，也未能“将这些问题联系起来”。一位西方化学公司官员在根据此案拍摄的电影《金丝雀之歌》（*New Day Films*，1978）中明显地表现出对员工安全的无情漠视，他说：“见鬼，我们只是没有从睾丸萎缩的事实中得出不育的结论。”

最后要讨论的是隐藏手段，这是不安全生产的关键因素。在西方化学公司案例中，管理层知道其中的危害，但隐瞒了证据。如果向员工透露工作场所的真正危险，那么就可能很难吸引和留住他们，或者企业可能需要提高工资才能吸引愿意工作的工人。清理风险、增加安全培训和设备的成本以及医疗费用和潜在的诉讼风险，几乎可以保证许多（如果不是大多数的话）公司会隐瞒员工面临的风险，而不是披露违法行为。

工作场所安全犯罪的机会结构有两个关键特征。首先，就像环境犯罪一样，它们是合法经济活动的附带产物，而这些经济活动大部分是在私人空间进行的，也就是私人公司的工作场所。因此，这种犯罪很难从外部观察到。工作场所安全法规的执行与环境法的执行存在同样的缺陷，与美国环境保护署和矿产资源管理局一样，美国职业安全与健康管理局无法胜任这项任务。潜在的违法者太多，而督查人员太少。其次，受害人要么没有意识到他们正暴露于有害物质或工作环境中，要么对此无能为力。工人们可能只是因为没有其他的就业机会而无能为力，他们迫切需要工作。从公司的角度来看，这两个因素都降低了他们对工人的非法侵害被曝光的风险。

对于美国以外的工人，尤其是欠发达国家的工人，不知情和无能为力的双重问题通常会更加严重（回想一下 2013 年孟加拉国的建筑倒塌事件，有 1 000 多名服装工人丧生，其中多数是贫穷的年轻女性）。企业经营的规模和尺度不仅影响着美国的经济和政治权力，也影响着全球的经济和政治权力。来自美国和其他资本主义工业化国家的盈利能力强的大型公司，虽然是推动世界经济发展的引擎，但也对欠发达国家的环境和工作场所安全造成了重大影响。

制造业犯罪

早期资本主义是建立在俗语所说的“买方风险自负”的基础上的，这意味着保护自己不受市场上缺陷产品伤害的最终责任落在消费者身上。在美国，厄普顿·辛克莱（Upton Sinclair）发表的有关美国工人阶级和移民生活苦难的论著，大概可以被认为是向美国人正式和公开提出了制造业不法行为的问题。在《丛林》一书中，辛克莱揭露了肉类加工行业如何将腐烂和患病的肉类卖给毫无戒心的顾客。该书出版后不久，1906 年的美国《纯净食品和药品法》获得通过，这为一场新兴的消费者运动注入了动力，这场运动持续到 20 世纪 60 年代才得以完全实现（Mayer，2012）。

制造业犯罪是指明知产品不安全而仍然将其推销给消费者的犯罪（Clinard and Yeager，1980），或者是制造商未对产品进行适当测试并确保安全就将其投放市场的犯罪。例如，制药公司可能篡改药物检测结果，甚至伪造结果（Braithwaite，1984）。这类犯罪与我们对白领犯罪的定义是一致的，即（1）犯罪人与受害人之间存在空间上的分离；（2）有缺陷产品的生产在合法性的伪装下进行；（3）制造商有专业化的途径接触消费者。

制造业犯罪有很多著名的案例，但正如我们之前讨论过的，这些案例可能只占某一年犯罪总数的一小部分。制造业犯罪的发现通常取决于有人受到伤害并能够追溯到伤害的根源。通常情况下，要建立这种联系是很困难的，尤其是针对强大的公司行为主体。

最臭名昭著的制造业犯罪案件之一是福特平托车案（Ford Pinto）（Cullen et al.，2006；Dowie，1987；Swigert and Farrell，1981），但差不多 40 年后，通用汽车（GM）公司（General Motors Corporation，GM）也发现自己身陷丑闻之中。2014 年，通用汽车宣布召回 260 万辆存在点火开关危险缺陷的汽车，土星（Saturn）、庞蒂克（Pontiac）和雪佛兰（Chevrolet）品牌，以及另外 300 万辆或是数量更多的大型汽车被认为存在单独的点火缺陷。通用汽车销售的缺陷汽车已经造成 124 名消费者死亡，275 人受伤（Woodyard，2015）。此外，汽车安全中心（CAS）进行的研究已确认，共有 303 起死亡事故与安全气囊未能打开相关，这很可能是点火开关故障造成的（Boudette and Fuller，2014）。

通用汽车首席执行官玛丽·巴拉（Mary Barra）在国会作证时援引了一项内部调查结果，指认该公司一名有批准权的工程师批准使用了不符合公司规格的开关，并于多年后在通用汽车公司的其他人不知情的情况下对开关进行了改动（Click On Detroit，2014）。巴拉在证词中反复指出，导致缺陷汽车生产和扩散的“保密文化”是“老通用”的问题，而不是2014年的通用。

通用汽车的案例还突出显示了那些受到诉讼威胁的公司经常采用的一种策略。通用汽车于2009年申请破产，这使得对该公司提起的任何诉讼都被搁置，直到破产结束。通用汽车采用的法律辩护意见认为，有缺陷的点火装置是“老通用的产品”，新通用不应承担责任。通过这种方式，新的公司实体将避免承担任何与诉讼相关的成本（Boudette and Fuller，2014）。对受害人来说幸运的是，通用汽车公司的这次策略失败了。美国第二上诉法院推翻了一名破产法官的“保护性”裁决，认为对通用汽车的保护侵犯了受害人的“正当程序的宪法权利，因为在通用汽车破产前他们没有被告知这一缺陷”（Dye，2016）。

在美国和其他国家，制药业也已提供了大量制造业犯罪的案例。约翰·布雷斯韦特（John Braithwaite）在其经典著作《制药行业的公司犯罪》（*Corporate Crime in the Pharmaceutical Industry*，1984）中对许多案例进行了专业的记录和分析。通过对131名高管的采访，布雷斯韦特展示了跨国公司如何使用各种手段——不安全的制造工艺、贿赂、虚假广告和欺骗性检测——来破坏和规避药品安全要求，从而使公司能够广泛地销售其产品并从中获利。尽管他的著作早在30多年前就已完成，但制药业的案件仍层出不穷。2012年，在一个影响范围波及全美的案件（23个州的13000人面临风险）中，马萨诸塞州的一个合成药房（新英格兰合成药物中心）（New England Compounding Center，NECC）因药品污染导致64人死亡和超过750人感染真菌性脑膜炎。有些患者的需求无法通过市场上可买到的药物来满足，合成药房通过制作医生处方的药物而在制药行业中发挥着特殊或填补作用。然而，对制药行业这一部分的运作，美国食品药品监督管理局与州政府在药方的监管上存在监管缺口。

以新英格兰合成药物中心（NECC）为例，州和联邦卫生当局、国会以及美国司法部发起的调查显示，尽管该公司的执照许可是向持有个人处方的患者出售药物，但它“像一个制造商一样开展业务”，在没有处方的情况下大批量销售药品。他们为了证明药品库存的合理性进行处方造假，却不标注针对特定患者的特定剂量。药品在肮脏的加工室中配制而成，没有适当的灭菌处理，因为灭菌过程被认为太耗时并且会减少利润。配制完成后必需的药物安全性测试被忽略或仅对少量批次进行测试（Eichenwald，2015）。此外，员工和管理人员还有意在药品上贴错标签，出售和运送给患者——即使药品已经过期。

新英格兰合成药物中心的高管和药剂师因涉嫌敲诈勒索、诈骗、合谋、金融犯罪和违反联邦药品法而受到刑事起诉。主管药剂师（陈葛南 Glenn Chin）和新英格兰合成药物中心总裁兼首席药剂师巴里·卡登（Barry Cadden）还在七个州［佛罗里达州（Florida）、印第安纳州（Indiana）、马里兰州（Maryland）、密歇根州（Michigan）、北卡罗来纳州（North Carolina）、田纳西州（Tennessee）和弗吉尼亚州（Virginia）］面临谋杀罪指控（Bidgood and Tavernise，2014）。联邦陪审团裁定卡登犯有诈骗和敲诈勒索罪，但谋杀罪不成立（Valencia and Lazar，2017）。陈葛南的案子仍在审理中。[1] 本案的其他指控结果是：（1）对脑膜炎暴发后非法转移资产予以认罪（被判缓刑，并处罚金）；（2）对合谋欺骗美国食品药品监督管理局予以认罪（于2017年9月被判刑）；（3）部分指控被驳回（三名被告），但有一起案件的诈骗指控被保留。作为新英格兰合成药物中心破产协议的一部分，一名联邦法官同意其支付2亿美元赔偿真菌性脑膜炎疫情的受害人（McGovern，2015）。但是，在此事的监管层面，马萨诸塞州已收紧了对合成药房业务的监管。现在，无论药房是在州内经营还是向州内运送调配制剂，都必须获得与其业务相匹配的许可证。此外，许可证续期时还将对药房及其无菌产品进行突击检查。监管机构将有权对违反规定的药店处以罚款，或在公众面临危险时暂停其营业执照，等待听证。最后，马萨诸塞州的州药房注册委员会将招入来自不同执业环境的更有经验（连续七年）的

[1] 据2018年2月2日《人民日报》海外版官网《海外网》报道，该案涉案药剂师陈葛南（Glenn Chin，音译）于当地时间2018年1月31日被判八年监禁。http：//news. haiwainet. cn/n/2018/0202/c3541093－31253101. html。——译者注

药剂师，以提供更好的监督。这些新的法律和程序的效果如何，还有待观察。

小结

在本章中，我们探讨了三种形式的公司犯罪。与我们在上一章研究的财产犯罪一样，环境、工作场所安全和制造业犯罪都有其各自的机会结构，这些机会结构是建立在我们所确定的白领犯罪的重要特征基础上的。这些特征包括专业化的接触途径、空间上的分离、合法性的表象。此外，像所有白领犯罪一样，这些犯罪涉及欺骗、隐瞒和滥用信任。然而，这些犯罪也有一些独有特征需要注意，这些特征影响着我们发现和控制这些类型的白领犯罪的能力。

第一，尽管制造业犯罪、违反工作场所安全和环境犯罪可能会对人身造成潜在的破坏性影响，但奇怪的是，它们并不是掠夺性犯罪。也就是说，犯罪人并没有蓄意伤害其他人的意图，尽管他们可能表现出对潜在受害人的无情漠视，如萨戈煤矿或新英格兰合成药物中心的例子。事实上，犯罪人更希望没有人受到人身伤害，因为没有明显的人身伤害，隐瞒罪行就会更容易。当有消费者死亡（就像在通用汽车召回案中发生的那样），或者有儿童患上白血病（如沃本事件）的情况发生时，人们才会有所注意并可能最终导致罪行被发现。这一特征的一个含义是，如果罪行被曝光并被诉至法庭，犯罪人可以合理地声称他们从未打算伤害任何人。

第二，犯罪行为可能隐藏在企业内部，这使得发现这些犯罪尤其困难。例如，威胁麦克韦恩铸造厂工人安全的违规行为都发生在该厂控制的场所，采矿违规行为也是如此。格雷斯的制冷剂部门将有毒废物倾倒在自己所有的场地上。在这些案件中，犯罪行为被掩盖，不受外界的审查，除非发生明显的糟糕情况，否则发现犯罪的唯一方法是通过监管部门的检查或内部举报者的投诉。对于像麦克韦恩这样的雇主来说，由于他们只吸引那些弱势的、绝望的员工，举报者挺身而出的可能性很小，频繁且有力的监管检查也不太可能。回想一下，在致命的爆炸发生之前，萨戈煤矿进行了多次监管检查和传讯，但没有一次严格到足以将其关闭的程度。因此，犯罪人控制犯罪发生空间的能力是工作场所安全和环境犯罪机会结构的重要特征。

第三，也是最后一点，这些犯罪的特征还包括机会结构。从某种意义上说，机会结构至少在一定程度上是由犯罪人自己创造的，他们能够对管理其活动的监管制度施加影响。我们将在第九章更详细地阐述这一观点，并且重点讨论公司犯罪的法律补救措施。这里我们只提供一个简要的概述。

要了解企业界如何创造其所利用的机会结构，一种方法就是思考针对街头犯罪的立法与针对白领犯罪的立法有何不同。你是否曾见过或听说过州立法机关邀请窃贼或强盗来对治理盗窃或抢劫的法律修改意见发表看法，例如，加重处罚？当然没有。事实上，我们确信这个问题会让你觉得很可笑。但是，每当立法机关考虑修改有关商业活动的法律或实施新的刑法时，就会发生非常相似的情况。首席执行官、行业代表和游说者被邀请或自邀与立法者见面，并在委员会上发言，就如何制定和执行法律提出自己的意见。企业界对监管机构和监管法规制定的影响更加明显，尤其是对美国环境保护署和职业安全与健康管理局（Burns and Lynch，2004；Calavita，1983）。实际上，企业界会直接影响立法对其实施监管的程度，更少的监管意味着更多的犯罪机会。普通的街头犯罪人就没有这么好的运气。

注　释

1 第一口成功钻深 3000 米的井是在 2003 年（www. visiongain. com/Report/955/The – Deepwater – Ultra – Deepwater – Exploration – Production – Market – 13 – 23）。深水地平线油井要深得多，5596 米深或低于海平面约 5596 米（www. justice. gov/opa/documents/transocean – plea – agreement. pdf）。

第四部分

机会的象征性建构与社会分配

机会的观点假设白领犯罪的机会产生于合法的商业活动，而经济活动的所有领域均为白领犯罪创造了某种机会。也就是说，机会无处不在，或者换句话说，诱惑无处不在。不过，尽管从事白领犯罪的机会似乎无处不在，但并不是每个人都会利用这些机会。值得庆幸的是，大多数人在大多数时候都遵守法律。整个社会普遍存在的守法为这里提出的机会观点和所有基于理性选择的犯罪学理论提出了一个重要的问题：如果机会无处不在，那么为什么只有一些人会利用它们，而其他处于相似情境的人却不会呢?

在第七章，我们认为，对于这个问题，我们可以从潜在的白领犯罪人是如何构思或者象征性地建构机会中找到一种答案，特别要关注中立化（neutralization）、道德解脱（moral disengagement）和越轨正常化（normalization ofdeviance）的过程。在第八章，我们提出了对这个问题的另一种不同的回答，重点讨论社会阶层、性别和种族的社会人口学特征是如何影响白领犯罪机会的获取的。白领犯罪的机会可能确实在整个商业世界中无处不在，但获得这些机会的途径并不是普遍存在的，对每个人来说都不一样。特定社会阶层（高级管理人员）、性别（男性）或种族（白人）的人相比其他阶层背景（底层员工）、性别（女性）、种族或民族身份（如美国非裔或西班牙裔）的人来说，更有可能最终进入那些提供白领犯罪机会的职业岗位。

第七章　机会的象征性建构：中立化、道德解脱和越轨正常化

前几章的主要观点之一是白领犯罪产生于合法的商业活动。的确，正是特定商业活动的结构和组织为特定类型的白领犯罪创造了机会。例如，我们今天在医疗保健系统中看到的各类诈骗行为之所以能发生，部分原因在于美国医疗保健的组织方式。想象一下，如果消费者直接自掏腰包支付医疗费用，而不是主要由保险公司和政府项目来支付，可能仍然会有诈骗的机会，但它们会不同于我们今天的机会类型。例如，如果个人消费者为找医生看病付费，那么很难想象个人将如何成功实施第五章所述的“患者租赁”骗局。所有的企业和行业都为白领犯罪提供了机会，从某种真正的意义上来说，机会无处不在。

尽管所有的企业和行业都为白领犯罪创造了机会，但这并不意味着参与这些经济活动的每个人都是白领犯罪分子。我们假设，或者至少我们希望，绝大多数商业界的男男女女都会尽其所能地遵守法律。有些人的职业岗位能够接触到特定白领犯罪的机会，但他们不会加以利用，而另一些人则会毫不犹豫地为所欲为。

就白领犯罪而言，犯罪人与非犯罪人的比例究竟是大还是小，这是一个备受争议的问题。根据自我控制理论，我们应该预计那些获得白领犯罪机会但没有加以利用的人所占比例相对较大（Hirschi and Gottfredson，1987a，1987b）。也就是说，根据自我控制理论，对于可利用的机会加以控制，白领犯罪率预计会较低，因为人们相信那些从事白领工作的人具有高度自我控制能力，因此能够抵制住犯罪机会的诱惑（Hirschi and Gottfredson，1987a）。不过，也有其他学者在这一点以及其他方面并不认同自

我控制理论（Benson and Moore，1992；Geis，2000；Reed and Yeager，1996；Simpson and Piquero，2002；Steffensmeier，1989）。虽然我们不能在此解决争论，但我们注意到有几点双方含蓄地达成了一致：不是每个人都是犯罪分子，也并不是所有的机会都会被利用。当然，他们在潜在犯罪人变成真正犯罪人的比例以及潜在机会导致真正犯罪的比例方面存在分歧。

如果我们假设白领犯罪的机会在商业世界中是无处不在的，那么为什么一些潜在的犯罪人利用了这些机会，而其他处于类似情况的人却没有呢？为什么有些人决定对某些白领犯罪机会采取行动，而不是其他机会？为什么是在某些时段犯罪，而不是其他时段？为什么是在某些区域犯罪，而不是其他区域？正如我们在第二章所展示的，白领犯罪人来自一个与普通街头犯罪人不同的社会阶层，尽管他们可能并非都是精英阶层人士，但绝大多数实施白领犯罪的人毫无疑问都是稳固的中产阶级市民。他们似乎并不像许多街头犯罪人那样，遭受个人或社会病态的折磨。然而，正如我们在第三章中所讨论的那样，越来越多的证据表明，至少有一部分人可能因为与生俱来的心理特质而有白领犯罪的倾向。因此，人的个体差异可以部分解释为什么有些人会卷入白领犯罪，而其他人有同样的机会却不屈服于它的诱惑。不过，尽管人们对白领犯罪诱惑的敏感度各有差异，甚至这种差异可以在一定程度上解释参与程度的差别，但是我们并不认为个体差异就是问题的唯一答案。白领犯罪人往往拥有美满的家庭，持有金融资产，与所在社区联系紧密，还有作为正直公民遵纪守法的良好声誉。简而言之，如果他们被发现实施了白领犯罪或任何其他犯罪，他们会损失惨重（Wheeler，1992）。所以，问题仍然是，他们是如何陷入白领犯罪的？

在本章中，我们认为这个问题的部分答案在于白领犯罪人是如何构想或象征性地建构机会的。对于许多白领犯罪人来说，仅仅获得非法致富、避免金钱损失或赢得商业优势的机会是不够的。更确切地说，在实施犯罪之前，许多白领犯罪人需要能够以某种方式为自己的非法行为作自我辩护，这样他们就可以保持非罪犯的身份。也就是说，他们必须象征性地向自己描绘自身的处境，以使他们认为自己的行为在某种程度上是正当的，或者至少不是不恰当的。我们还认为，像许多与白领犯罪有关的事情一样，象征性建构受到性别、种族和社会阶层的影响（Klenowski，Copes and Mullins，2011；Maruna and Copes，2005；Shover and Hochstetler，2006；Willott，Griffen and Torrance，2001）。

白领犯罪人的认同感

一名参与1961年重型电气设备反垄断案的高管在美国国会委员会作证时被问道，他是否知道他与同谋者的会谈是非法的，他回答说："非法？是的，但不是犯罪。直到我读了起诉书，我才发现这一点……我认为犯罪行为意味着伤害他人，但我们没有。"（Geis，1977，p. 122）。这位高管是大多数白领犯罪人的典型代表。尽管他知道自己的行为是非法的，正如他在证词中承认的那样，但可以肯定的是，他并没有将自己的行为定义为犯罪，他并不认为自己是个罪犯。

几乎所有的白领犯罪人都有与那个在国会作证的电气设备公司高管相同的意识。即使在他们被定罪之后，大多数白领犯罪人仍不愿意承认他们确实犯了罪，他们极力否认自己有犯罪心理（Benson，1985）。他们会说，他们真的没有伤害任何人的意图，也没有犯罪的意图。虽然大多数人会不情愿地承认他们的行为可能在某种程度上违反了法律，但他们仍然将自己的罪行描述为"疏忽""错误"或"技术违规"。他们将自己塑造成正直、守法、有道德的个体。他们忠于传统的道德价值观，有受人尊敬的自我认同感（Box，1983）。在他们看来，他们并不像"真正的罪犯"（Benson，1985）。事实上，由于白领犯罪人视自己为正直可敬的公民，他们经常辩称，他们不应该因自己的罪行受到严厉的惩罚，因为在刑事司法过程中，他们的声誉遭受了玷污和损害，为此他们"受够了"（Benson，1984，1985；Benson and Cullen，1988）。

当然，人们很容易将白领罪犯的抗议仅仅视为一种事后的合理化辩解，并以最好的方式来看待他们不当行为的企图。毫无疑问，这种解释在有些情况下是正确的。一些白领犯罪人肯定知道他们所做的事情构成犯罪，但还是决定不管怎样都要去做。在被抓后，他们试图通过提出对自己有利的解释来减轻附加于其行为上的耻辱。但我们并不认为所有白领犯罪人都是如此，我们相信大多数人在大多数时候都会接受道德秩序的主要规约。在他们违反这些规约之前，他们必须首先说服自己，出于某种原因，违反规约的行为是可以接受的（Sykes and Matza，1957）。白领犯罪人通过运用中立化的解释和技术或者进行道德上的推脱来实现这一点（Bandura，1999）。

解释是人们为了说明意外或不当行为而作出的陈述（Scottand Lyman，1968），一般有两种形式：借口推脱和合理辩护。在找借口推脱时，这个人会承认他或她做错了什么，但否认对该行为负有全部责任。例如，被判逃税的人可能会说他被复杂的税法弄糊涂了，只是犯了个错误，以此来试图为自己的行为找借口推脱责任。

从机会的角度来看，解释的第二种常见形式——合理辩护——对于理解白领犯罪是很重要的。在为不当行为进行合理辩护时，当事人承认对该行为负责，但否认其带有贬义的内容。例如，一个从银行挪用资金的出纳员可能会争辩说，这笔钱确实是她应得的，因为她之前曾经超时加班而老板拒绝为此付费。虽然合理辩护通常是在不当行为发生以后进行的，不过它们多少还是揭示了一些行为人在实施犯罪行为之前是如何看待自己的处境的。对于白领犯罪人来说，合理辩护告诉我们他们是如何象征性地理解或设想他们所利用的犯罪机会的。从一定意义上讲，白领犯罪机会有一个认知维度，即犯罪人必须以一种他们能够保持非犯罪身份的方式来看待机会。

机会的认知维度：中立化

商业世界充满了一套可以从有利的角度来定义非法行为的价值观念和

意识形态（Box，1983；Sutherland，1983）。商人们遵循着在惯例和犯罪之间保持平衡的规范、习俗和戒律。这些价值观和规范不是直接反社会的，也并不积极支持违法行为。更确切地说，它们的作用是作为减轻罪责的条件，在这样的条件下犯罪变得可以容忍（Box，1983，p. 54）。这些规范和习俗的存在非常重要，它们能够让潜在的白领犯罪人使用非罪化的措辞来解释他们的犯罪意图和行为；它们帮助犯罪人减轻其犯罪行为的严重程度，使他们看起来要么是“没有真正”违反法律，要么是以某种方式通过一种比刑法要求更高的道德标准证明行为是正当的（Box，1983，p. 54）。简而言之，它们帮助犯罪人象征性地把其所面临的各种机会建构成他们正常职业活动的一个组成部分，并使非法行为看起来是可以接受的。

白领犯罪人可能会用神圣的色彩粉饰其违法行为，因为他们所处的环境为他们提供了一套规避法律和削弱道德约束的语言技巧（Box，1983，p. 54）。这些技巧被称为中立化（Sykes and Matza，1957），它们允许犯罪人从事非法行为的同时又不把自己看作犯罪分子。犯罪人所使用的中立化类型部分取决于他们遇到的机会结构的特性。某些类型的中立化比其他类型的中立化更有可能应用于某些特定的白领犯罪。

白领犯罪人经常使用的一种技巧与针对青少年罪犯所说的“否认责任”的方法类似（Sykes and Matza，1957）。在这些案件中，白领犯罪人知道或怀疑他们所做的事情是非法的，但他们并不认为自己对该行为或其后果负有直接责任。有两种方法可以做到这一点：保持“一致的无知”（Katz，1979）和“奉命行事”。这两种做法都是凭借个人去准备卡茨（Katz）（1979）所说的“形而上的逃避”计划，这样他们就可以从事非法活动，而又可以在这些活动被曝光的情况下提前保护自己。

规范众多行业的法律可能非常复杂且难以解释。它们经常含混不清，定义模棱两可，可以有不同的解释，特别是对于那些不愿为符合法规要求而烦恼的人来说更是如此。尤其是小企业主，他们可能会发现管理他们企业的法规令人生畏而且会带来一些麻烦，会因为监管不合理而感到不知所措（Bardach and Kagan，1982）。与其花费时间和精力去学习和理解规则，还不如不知道什么是被允许的，什么是被禁止的，这样既简单又方便。即使是那些经营资金雄厚的企业的高管也经常抱怨监管环境的复杂，并声称他们公司的任何违法行为都是出于无知，而不是有意为之，如果你真的不知道法律是什么，那么你就不可能真正故意去违反法律。

企业领导人也可以通过对自己给他人带来的风险保持无知，来避免为自己的行为承担责任（Friedrichs，2010，p. 11）。正如我们在第六章中所指出的那样，我们当然可以公平地假设，在大多数情况下工人因工作而生病、受伤或死亡时，他们的老板并非有意让这些悲剧发生。企业高管也不会故意将危险产品和药物投放市场。当这些不幸事件发生时，他们的主要动机始终是为了公司的利益，他们希望提高公司的效率和利润。当然，在一个受自由市场原则支配的社会中，效率和盈利能力是值得追求的目标。这些目标可以通过削减成本、推迟设备维修、避免不必要的测试以及其他多种手段来实现。如果这些削减成本的措施意味着有人在这个过程中意外受伤，那确实很不幸，但高管们会声称这既不是他们的初衷，也从未想过会发生这种事。通过关注其意图并将所有损害结果解释为意外事故，公司高管们甚至可以在一开始就不承认自己是在犯罪的情况下实施公司犯罪（Box，1983，p. 55；Friedrichs，2010）。

那些在大型公司中担任领导职务的人除不学习监管要求和漠视风险外，还可能用另一种方法来实践“一致的无知”，他们可以简单地故意不去了解下属们在做什么。随着公司的规模越来越大、越来越复杂，公司不同层级之间的沟通链条会变得越来越长，越来越难以维护（Vaughan，1990）。我们不能指望公司领导者能够直接监管每一个下属，或者对组织中发生的每件事情都了如指掌，领导者能做的就是为组织设定总体目标，并促使下属为实现这些目标负责。至于下属究竟如何实现目标，并不是领导者所关心的。如果组织中的某个人在追求公司目标的时候违反了法律，公司领导者可以问心无愧地宣称他们从未想要发生这种事情。他们似乎可以振振有词地声称，他们从未直接下令或授权违法。因此，他们不应该为别人的错误负责。

不幸的是，在某些情况下，这种策略是有效的。如我们在第五章介绍的伦敦银行间同业拆借利率案例中，丑闻的核心人物是一位拥有数学天赋但不擅社交的证券交易员，名叫汤姆·海斯（Tom Hayes）（Enrich，2017），通过利用伦敦银行间同业拆借利率的交易策略，他在十余年间为几家不同的投资银行赚取了数亿美元。由于他的成功，他受到了高管们的称赞，被许多不同的公司追捧并希望他作为交易员加入公司。伦敦银行间同业拆借利率被操纵，而海斯利用这些操纵手段几乎比其他人都赚得更多，这在银行业已不是什么秘密。但在丑闻曝光后，海斯被美国司法部和英国重大欺诈案件调查局指控犯有诈骗罪和串通投标罪，他的前任经理和主管均声称他们并不知道他的成功是基于欺诈。检察官和陪审团显然相信了这一说法，因为几乎没有高级管理人员受到指控，也没有人被定罪，即使他们经营的银行被罚款数亿美元（Enrich，2017）。

员工和下属有时可以通过另一种方法来规避责任，即简单地认为自己只是必须服从上级命令的主体。尽管公司领导者可能声称他们并不知道发生了什么，但下属们会觉得自己只是在服从命令，他们做的正是老板想要做和公司需要做的事情。因此，员工们可能会从事那些他们明知或强烈怀疑是违法的行为，而不觉得要对其后果负责。他们只是在做自己的工作，如果他们不这样做，公司就会找愿意这样去做的其他人来做。这样，在组织环境中实施白领犯罪的下属们仍然可以认为自己本质上是遵纪守法和道德高尚的人。

这种行为模式在大型组织中可能很常见，可能源于组织层级中不同级别的人员之间就他们如何相互联系进行的微妙协商。主管和他们的下属都可以运用信息控制来管理他们之间的关系和规避违法行为带来的罪责。例如，经理和主管们有时会出于既得利益的考虑，不愿过多地了解下属的所作所为，因为一旦越轨行为被曝光，就会对他们的领导能力造成不良影响。此外，经理们可能真的不想知道他们的下属是否完全按照书面规定执行公司政策，因为如果他们知道了，他们就必须采取措施来强制下属执行这些政策，这可能会使他们不受下属欢迎。同样，下属们可能也不想确切地知道老板的想法，因为这样他们就有责任去遵从老板的意愿。这种层级组织中的“双边信息控制”促进了组织越轨行为的持续发生和掩盖（Katz，1979，p. 303）。

在商业环境中对犯罪机会进行无害化处理的第二种常用技巧是否认受害人（deny the victim）。破门而入的窃贼知道他是在偷别人的东西。同样，在街上与人搭讪的抢劫犯也能从受害人的眼神中看到恐惧。这些犯罪人在犯罪之前就知道他们会给无辜的人带来伤害或损失。然而，白领罪犯往往不必直视受害人的眼睛。事实上，“受害人”可能根本不是个人，而是一个庞大的政府机构，比如医疗保健诈骗案中的联邦医疗照顾制度。在价格操纵案件中，可能有数百万的受害人，每个人损失的钱都微不足道，或者受害人可能是另一个大型企业实体。同样，在伦敦银行间同业拆借利率的丑闻中，汤姆·海斯的主要受害人是其他交易员和投资银行，至少他是这样看待这个问题的（Enrich，2017）。但他却浑然不知这样一个事实：他所欺骗的交易员和投资银行正在使用的是其他人的钱，而这些人也因他的行为而受害（Enrich，2017）。在这类案件中，受害人来自一个不确定的群体，如果他们能够获得全部信息，他们的投资和其他财务决策可能会有所不同。在所有这些案件中，白领犯罪人也有可能说服自己相信，没有人会因为他们的行为而遭受损害，因此也就没有真正的犯罪受害人。例如，一名因为操纵价格而被定罪的商人以这种方式看待他的罪行：

> 在我看来，我们的案子肯定不是有预谋的……对我而言，这完全不同于（他的搭档）和我坐下来，我们一起计划，嗯，我们明天准备抢劫这家银行，然后有预谋地冲进去……事实并非如此……这和坐下来计划要抢劫银行之类的事情不一样。（Benson，1985，pp. 592－593）

这一推论貌似合理，因为它符合我们对犯罪的常识性建构，即犯罪是涉及伤害真实个人的有预谋的行为。许多白领犯罪都不符合这种常识性的刻板印象，因为这些犯罪人并没有故意伤害任何特定个人的出发点，相反，他们非法行为的后果落在非个人的组织或分散的、看不见的人群身上。

正如萨瑟兰早已指出的那样，美国管理和规范商业行为的法律定义的是那些律师们称为法定犯（mala prohibita），而不是自然犯（mala in se）的犯罪。也就是说，这些行为之所以被视为犯罪，只是因为它们是被立法机关宣布为犯罪，而不是被普遍认为是天生的邪恶和错误。规定法定犯罪行为的法律并没有获得普遍认可。相反，正如萨瑟兰所指出的，关于政府究竟应当在多大程度上干预自由市场社会还存在标准上的冲突（Sutherland，1983）。人们对政府在很多领域实施监管的必要性以及在多大程度上可以信任经营者会自愿监管自己还存在分歧。这种标准上的冲突带来了白领犯罪人用于维持非犯罪身份的第三种技巧：谴责定罪者（condemning the condemners）。如果法律本身并不具有合法性或必要性，如果执法者不称职或不值得信赖，那么我们遵守法律的道德义务就会被严重削弱。特别是在自由企业体系中，经营者们可以自辩说政府无权监管经济行为。在他们看来，应当由市场的竞争过程来决定哪些行为是可被接受或不被接受的，而不是由某个从未有过盈利要求的官僚机构来决定。如果企业高管认为法律是不公平的，它不合理地限制了经济力量的自由发挥，那么他们就可以自由地违反法律（Conklin，1977，p. 94）。

企业领导者使用的另一种技巧是通过声称效忠于比狭隘的法律主义所包含的道德更高的道德准则，将他们的行为置于不同的背景下。这种更高的忠诚诉求可以采取几种不同的形式。当员工被要求做一些非法的事情时，他们可能会意识到自己的行为是错误的，但他们会辩解说，对雇主或组织忠诚更重要。违法者还能够区分道德和法律的技术要求，并声称做“正确”的事情比合法的事情更重要。这一推理的例证是来自电气阴谋大案中的一位高管：

> 我想，在这种时候，一个人会面临一个决定，就是公司指示应执行到什么程度？而且由于此类会议的精神似乎只是在纠正可怕的价格水平状况，没有企图损害消费者利益或进行高额收费，对我来说也没有任何个人利益，公司似乎并没有真的在欺诈……从道德上讲，它似乎并不像从行为本身的定义推断出来的那样糟糕。（Geis，1977，p. 123）

关键的一点在于，违法者认为自己是在做对公司有益的事情，而不是直接损害或不公平地利用了其他任何人。从这个角度来看，拯救或保护公司是一件合乎道德的事情，它提出了比遵守法律的技术要求更高的忠诚要求。

经营者有时会从更加广阔的视角去看待法律与商业道德之间的关系。在自由企业制度中，对利润的追求被视为就业和财富的创造者，它是推动我们生活水平提高和保障社会福利的引擎，因此追逐利润在经营者看来是合乎道德的。事实上，它是自由企业制度赖以运行的基本道德规范，有时甚至可以取代法律的道德要求。如果遵守法律会削弱或阻碍人们对公平利润的追求，那么法律本身就违背了我们国家最基本的价值观，从道德上看还不如商业道德。通过把追求公平利润视为国家价值观的真实反映，经营者就可以摆脱法律的道德约束，即使违反法律，也可以维持非犯罪身份。

尽管男性和女性都会使用各种各样的中立化技巧，但他们建构中立化技巧的方式略有不同。克莱诺维斯基（Klenowski）和同事们采访了40名被定罪的白领犯罪人，男女数量各占一半，他们发现在理由描述方面存在性别差异。例如，研究中无论是男性还是女性，最常用的中立化方式之一是更高的忠诚度诉求。受访者声称他们实施犯罪是出于养家糊口的需要。但是，当女性犯罪人进行这种解释时，她们明确表示，她们必须这样做，因为没有男性可以提供她们家庭所需的支持；男性犯罪人则认为以任何必要的手段来养家是他们作为男人的责任（Klenowski et al.，2011）。根据克莱诺维斯基和同事们的研究，我们认为，对于男性来说，实施白领犯罪有时可能与他们的身份认同和性别实践过程一致；但对于女性来说，则要求她们超出正常的性别角色规范范围。还有另外一个例子可以说明犯罪理由描述上的性别差异，该项研究中的有些男性犯罪人使用了否认责任的技巧，但当他们进行否认时，他们“提出了基于心理医学的解释，使他们能够代入患者的角色”（Klenowski et al.，2011，p. 63）。作者推测，对男性来说，采用患者的角色要比承认他们无法控制自己的行为更加舒适。然而，女性则未被预计能够掌管和控制她们的一切行为。因此，当一个人否认对自己的行为负责时，其中所蕴含的行为能力的丧失对女性性别认同造成的威胁并不如男性那么大。因此，该项研究中女性比男性更有可能直接否认责任。

最近一项关于不遵守环境法规意图的性别差异研究支持了这样一种观点，即性别会影响行为者主观上感知机会的方式（Simpson，Alper and Benson，2012）。这项研究涉及美国组织中的环境决策者。男性和女性受试者被要求对一系列场景做出反应，这些场景描述了一个行为人在不同的组织条件下不遵守环境法规的情况。其中有一个场景是上级要求下属违反法律。对于研究中的男性来说，被要求违反法律降低了这一行为的可取性，增加了与这一行为相关的羞耻感。但对于女性来说情况有所不同，她们被要求做某事会增加这一行为的社会期许。这个结果与以下观点是一致的：潜在的行为能力丧失对男性的威胁大于对女性的威胁，而且它可能会影响两个群体主观上建构潜在犯罪机会的方式。女性参与白领犯罪的比例总体处于较低水平，这可能与上述情况以及其他关于性别认同与犯罪行为一致性的细微差异有关。

所有这些技巧——否认责任、否认受害人、谴责定罪者、更高的忠诚度诉求——都可供潜在的白领犯罪人使用。它们为犯罪人提供了一个看待他们行为的视角或观点，使他们能够在不感到愧疚或不玷污他们作为受尊敬人士的自我形象的情况下违反法律。此外，白领犯罪人保持非犯罪身份的努力还得益于将犯罪视为一种下层阶级社会现象的刻板印象，在这种犯罪观念中，总是有掠夺性男子直接鱼肉无辜受害人的印象。对于白领犯罪人来说，他们的人和他们的罪行看起来都不像官方描述的犯罪。在白领犯罪人看来，他们的罪行不同于街头犯罪，它们属于技术性违规行为，没有伤害任何人，而且有充分的理由去实施。因此，白领犯罪人可以认为他们的行为不会被那些附着于下层阶级犯罪的道德污名所污染。

道德解脱和机会的结构维度

道德解脱是一种与上文讨论的中立化技巧相关的心理建构。然而，它比中立化理论更广泛地适用于组织中的白领犯罪，因为它明确凸显出了白领犯罪人许多自我辩护认知的社会根源。道德解脱指的是个人和组织在做出伤害他人的行为时，选择性地解除道德自我制裁的社会心理活动（Bandura，1999）。换句话说，道德解脱是指我们可以解除自身禁止伤害他人的道德标准的过程。一旦我们的道德标准被解脱，我们就可以参与一些有害的行为而不用对自己感到内疚。

当一个人在道德上从有害或不道德的行为中解脱出来时，他们就不会经历这种通常与应受谴责的行为相伴随的自我谴责。道德解脱可以通过几种不同的方式实现，它可能集中在以下四个方面：（1）重新界定行为，使其不被视为不道德的；（2）使行为人在造成伤害方面的作用最小化；（3）将行为的危害性降到最低；（4）贬低或异化受害人（Bandura，1999）。道德解脱理论与前面讨论的中立化理论有明显的相似之处，这两种理论都试图解释为什么看似善良的人会做出可怕的事情。但是中立化技巧通常被认为是一种语言或认知工具，通过为违法者提供一种方法将其不当行为定义为在特定情形下是可接受的行为，允许其暂时摆脱道德规范的约束。这些技巧并不被认为是一个人心理构成的某些方面或组成部分。然而，心理学研究表明，有些人可能天生就比其他人更倾向于运用或进行道德解脱。道德解脱理论的开创者阿尔伯特·班杜拉（Albert Bandura）认为，人们对道德解脱的倾向是有差异的，那些道德解脱倾向很高的人更有可能卷入犯罪和越轨行为（Bandura，1999）。

此外，道德解脱已被证明可以发生在组织或团体中，在这些组织或团体里，个人可以参与某种集体性道德解脱（White et al.，2009）。集体性道德解脱不是组织或团体中个人认知的简单集合，相反，它是一种突发的现象，产生于集体内部个体之间的相互作用，其中每个个体不仅使自己的道德标准失效，同时也强化其他团队成员道德标准的免除。道德解脱理论已经被用于分析恐怖主义暴行和其他反人类的行为（Bandura，1999，2004），但就我们的研究目的而言，我们感兴趣的是该理论如何适用于公司环境中的白领犯罪。

怀特（White）和同事（2009）研究了那些其产品或生产活动会对人类健康带来损害的行业，包括烟草、铅、氯乙烯以及容易引发矽肺疾病的行业。他们在对内部文件和公开声明的调查中发现的证据显示，在每个行业的研究和推广活动中都存在各种各样的道德解脱模式。这些行业的公司（很可能还有其他所有那些生产哪怕是轻微有害物质的公司）都会试图影响人们对科学发现的解释方式，他们努力社会化地建构科学证据和公共辩论，以便使他们的产品和生产活动被视为对个人和社会福利是有益而不是有害的（Bero，2005）。出现这种情况的部分原因很明显是公司需要让它们的产品为消费者所接受，以实现盈利，而且在这些公司工作的人需要感受到他们的行为是正当的，而不是在道德上是不光彩的。换句话说，道德解脱理论表明，为了实施有害的行为，公司领导者不得不以某种方式自欺欺人。通过操控科学研究和专家意见，领导者试图为自己和所有其他人建构某种社会现实。

例如，一个有据可查的科学研究操纵案就涉及烟草行业（Bero，2005）。这个案例说明了生产有害产品的行业是如何试图阻止政府监管和公众知晓它们的产品对个人和环境构成的危险的。从 20 世纪 50 年代开始一直持续到 90 年代，烟草行业投入了大量资源来削弱说明主动吸烟和二手烟有害影响的科学研究。通过一个由 46 个州的总检察长提起的诉讼案件，烟草公司操控科学研究所使用的战术策略最终被揭露出来，该诉讼案迫使这些公司将之前的内部秘密文件作为大和解协议的一部分进行公布（Bero，2005）。

这场烟草战争于 1998 年结束，可以说战场上的硝烟已经散去。从某种角度看，烟草业失败了。[1]烟草的危害现在已经是众所周知，美国各地的学校都在讲授烟草的危害，全国性的电视公益广告中也对烟草危害有可怕的描述。此外，保护公民免受二手烟危害的法律现在也很普遍。根据“大和解协议”的条款，我们现在可以看到烟草行业正在努力做的以及努力的方式。这些都是需要汲取的教训，因为烟草行业用于掩盖其产品危害性的技巧在其他行业中仍然在继续使用。如上面提到的，铅、氯乙烯和容易引发矽肺病的公司都展示了道德解脱的战术策略。

文件显示，烟草公司的主要目标是在吸烟或暴露于二手烟的健康风险方面引起争议和混淆。为了实现这一目标，该行业采用了几种不同的策略。例如，烟草行业资助了支持其立场的研究，即烟草烟雾并不有害，或并不比环境中的其他物质更有害。为了做到这一点，烟草行业设立了一些名字听起来很科学规范的研究机构，如烟草行业研究委员会（Tobacco Industry Research Committee，TIRC），向公众将该委员会宣传为一个资助独立科学研究的组织。但实际上，由TIRC资助的研究并不是独立的，它一般不经过联邦机构和大型基金所使用的正常的同行审查程序，相反，TIRC资助项目由律师和公司高管进行审查，他们选择的是那些可能产生对行业有利结果的项目（Bero，2005）。另一种相关的策略是在没有经过同行评审的刊物上发表支持行业立场的研究成果，如研讨会论文集或期刊特刊等。这些未经同行评审的文章随后可能被行业倡导者引用，以证明关于烟草危害性的科学研究尚未形成定论。最后，烟草行业不遗余力地批评对其立场不利的研究方法和研究结论。它招募一些科学家给学术期刊的编辑写信，抱怨那些有害于该行业发展的研究是“垃圾科学”，或者是因研究人员的激进倾向而有“明显偏见”。所有这些策略的目的并不是要证明烟草是安全的，而是要质疑对证明烟草是不安全的科学研究。如果这一目标能够实现，那么政策制定者很可能就会一直等待更加清晰的实证情况出现才做出措施，而烟草业就将逃脱更严厉的监管（Bero，2005）。

尽管烟草行业输掉了这场科学论战，但它所使用的技巧在某些时候对某些公司来说具有潜在的价值和效用。对于公司来说，找到愿意挑战其他学者结论的科学家并不难，因为科学家接受的训练就是应该保持怀疑态度，他们也需要资金来支持他们的研究。因此，组织内部的科学家可以在不违反他们的科学训练或个人道德的情况下开展研究。此外，许多危险产品并不会立即或一直造成伤害或疾病。相反，它们的有害影响往往延迟发生，分散在大量的接触者身上，只有其中一部分人遭殃（Calhoun and Hiller，1992）。这些结构性特征使得受害人和监管机构很难证明因果关系的存在，也使内部科学家似乎有理由摆脱来自他们工作的道德要求。

风险与越轨行为的正常化

将机会观点应用于白领犯罪特别是组织环境中所实施的犯罪，有一个缺点是它暗示着犯罪人在一定程度上意识到其行为是错误或非法的。我们说犯罪人使用中立化技巧来保护他们的认同感，意味着他们知道他们的行为可能被认为是违法或违背道德的。中立化意味着意向性。潜在的违法者被认为会说服自己相信没有人会真的受到伤害，这其实不是自己的错，法律本来就不公平，或者拯救公司和员工的工作比遵守法律更重要。然而，对于发生在大型组织中的某些类型的越轨行为而言，这种违法者故意和蓄意违反法律的形象可能并不准确。

有些白领犯罪学者认为，大型组织的特点是可以使越轨行为正常化（Vaughan，2005）。越轨行为正常化是指行为人不认为越轨行为是不正常的。当个人面临在危险情况下做决定时，就会发生这种情况。参与其中的个体重新解释可被视为潜在危险信号的信息，使情境的危险性被掩盖或完全消失。一种原本可能看起来相当危险的潜在行为转变成了似乎可以接受的、不违规的行为。这种对证据的重新解释导致的决策产生了意想不到但相当有害的结果。回头看来，决策者即使不存在刑事过失，也是非常愚蠢的。

越轨行为中立化和越轨行为正常化之间是有区别的。在越轨行为中立化中，行为人在一定程度上认识到他们正在做的事情可能被视为非法，但他们说服自己，无论如何，他们有一个很好的理由继续做下去。相比之下，越轨行为正常化源于一个更深刻的集体自欺欺人的过程，在这个过程中，行为人真的不认为他们的决定是非常危险的，并且可能产生非常有害的后果。这到底是如何发生的呢?

美国“挑战者号”航天飞机的悲剧是越轨行为正常化的最好例证。1986 年，“挑战者号”起飞后不久爆炸，机上所有宇航员遇难。悲剧发生后，一项调查发现的证据似乎表明美国航空航天局（NASA）的官员已经被预先警告过航天飞机可能发生灾难性故障。然而，尽管被警告，他们仍然决定批准发射。似乎是因为他们承受着要确保航天飞机项目按计划进行的巨大压力，美国航空航天局的官员们故意无视警告并发射了“挑战者号”，即便他们知道这样做是有风险的。如果这种情况属实，那么所有参与“挑战者号”决策的人都将构成渎职罪或过失犯罪。然而，在对导致发射决定的事件进行详细调查之后，黛安娜·沃恩（Diane Vaughan）（2005）认为上述解释并不准确。在她看来，这场灾难是判断失误的结果，而非渎职。

导致“挑战者号”失事的爆炸是由寒冷的天气和一个圆形环故障引起的。圆形环是将航天飞机发射到太空的固体火箭助推器的一部分。助推器是分段制造，用圆形环密封的接头连接的。在“挑战者号”灾难中，圆形环失效使固体火箭助推器的热气逸出，导致了爆炸。橡胶圆形环失效的部分原因是它们由于低温变硬。在悲剧发生后的调查中，人们得知，一些工程师在发射前的电话会议上就曾反对发射。工程师们抗议说，预计发射时间的低温会导致圆形环失效。然而，美国航空航天局的管理层否定了工程师们的建议并批准发射。因此，对这场悲剧的最初解释是，美国航空航天局的管理层曾被警告过这次发射是有风险的，但他们还是屈服于政治压力，违反安全规则批准了这次发射。

与这种谴责性的解释形成对比，沃恩认为，发射“挑战者号”的决定是在一定的历史和结构背景下做出的，在这种背景下，发射“挑战者号”并没有被认为是不合理的冒险。决策者得出这一错误结论是一系列复杂因素导致的结果，包括：(1) 他们收到有关圆形环潜在故障信息的背景；(2) 美国航空航天局的组织文化和政治环境；(3) 大型组织固有的结构性秘密。

信息背景

大家都知道建造和发射航天飞机本身就存在固有风险，其中涉及很多新技术，航天飞机的总体设计此前也从未经过试验。在这种情况下，技术问题是预料之中的，人们也明白与太空飞行有关的风险永远不可能降到零。为了处理航天飞机项目中不断出现的技术问题，美国航空航天局建立了标准化的程序来分析和纠正这些问题，以使风险降低到可接受的水平，但不是零。因此，圆形环和寒冷天气的问题只是美国航空航天局工程师们以前遇到的许多技术问题之一。

影响如何解释圆形环问题的第二个方面涉及随时间推移的信息积累方式。“挑战者号”在此次爆炸前已经完成了九次飞行任务。当航天飞机从太空返回时，它们会被仔细检查是否存在磨损和故障。在“挑战者号”之前的一些飞行中已经发现了圆形环的损害，但并非在所有的飞行中都存在。有时能够确认损害的原因，比如圆形环上的一个线头，并能得到处理。问题修复后，后续飞行中圆形环的损害要么减少，要么暂时未被观察到。重要的是，没有令人信服的证据表明低温会导致圆形环失效。1985年，圆形环开始定期发生腐蚀，但也没有导致任何爆炸。美国航空航天局的工程师将这些结果解释为他们了解圆形环潜在风险的证据。总的来说，由于默认某种程度的风险是不可避免的，而且信息模式似乎表明这一特定风险正在得到控制，因此美国航空航天局的官员们严重低估了圆形环带来的风险。

组织文化与政治环境

美国航空航天局的组织文化和政治环境也在“挑战者号”航天飞机的灾难中难逃干系。美国航空航天局对国会负责，国会同意资助航天飞机项目，部分原因在于美国航空航天局辩称航天飞机最终能收回成本。因此，在决定是否发射航天飞机时，美国航空航天局官员必须考虑到这些决定会如何影响国会。如果航天飞机发射远远落后于计划，国会大概会不高兴，并可能重新考虑资助航天飞机项目的决定。

此外，建造、发射和维护航天飞机是一项极其复杂的任务，涉及数百名承包商。为了对这些承包商、数以百万计的航天飞机组件和成千上万的发射前各项活动进行跟踪，美国航空航天局变成了一个非常官僚的机构，规则繁多。遵循规则以一种奇怪的方式促成了越轨行为的正常化，因为规则传达了一种安全感。如果你遵循规则并且航天飞机飞行成功（以前所有的飞行都是成功的），那么显然遵循规则意味着航天飞机飞行是安全的。这种想法导致管理人员和工程师们都淡化了航天飞机项目中周期性出现的异常现象（如圆形环不能正常工作的警告信号）的影响。

这些文化要求——政治问责和对官僚程序的依赖——决定了管理者们如何去解释航天飞机项目中出现的潜在危险信号，特别是他们如何解释“挑战者号”发射前的状况。根据之前飞行中发生的情况，一切看起来正常或接近正常。做出发射这一决定在当时是符合规定的。只是事后回顾起来，它才显示出越轨和违反规则的迹象。

结构性秘密

与所有大型组织一样，美国航空航天局内部架构复杂，面临着大型组织普遍存在的问题：结构性秘密。正如黛安娜·沃恩（2005，p. 264）所说的：

> 结构性秘密指的是……组织结构的劳动分工、层级、复杂性和各部分的地理分布系统地削弱了组织中某个部门的人员完全理解其他部门发生的事情的能力。

随着组织规模的扩大，对正在发生的事实的认识不可避免地被划分为子单位。子单位之间的沟通会变得困难，因为一个单位的员工会因为缺少专业知识而不能真正理解另一单位的员工正在开展的工作。即使在某个子单位内部，由于专业化的劳动分工，个人对任务和目标的了解可能也只是片面的。当处于组织层级最底层的人员是高度专业化的专家时，结构性秘密的问题会变得尤为突出。组织的最高层领导很难全面掌握下级在特定工作领域的所有信息。组织努力尝试建立一些机制，以跟踪正在发生的事情并交换信息，他们要求员工定期填写表格和提交报告，但这些努力往往只会增加问题。因为报告和文件的流量越来越大，但组织的领导者阅读和掌握超负荷信息的时间则是固定不变的。信息越多，能被掌握的就越少。具有讽刺意味的是，对组织决策来说过多的信息与太少的信息一样糟糕。

在“挑战者号”航天飞机灾难中，结构性秘密助推了越轨行为的正常化，因为它有助于向决策者掩盖圆形环问题的严重性。美国航空航天局作出发射决定的实际程序非常正式和严格，这一被称为飞行准备评估的程序包括四个层级。负责航天飞机上不同部件的工作组将提交各自特定部件的就绪情况报告，这些报告在飞行准备评估的每个阶段都可能受到质疑，但工程分析不会在工作组之外重复开展。

这是决策过程中的一个关键缺陷。真正作发射决定的高层依赖于他们从下级那里获取的信息，他们可能泛泛地批评这些信息，但不会像工作组那样详细地分析每个部件，他们没有开展自己的分析。在大多数情况下，这个程序是有效的，错误被发现并得到纠正。工程师们有时被要求重新进行分析，并使分析更加严谨。然而，不幸的是，如果一个工作组犯了错误，但根据严格的工程分析仍然建议发射，那么工作组以外的任何人都不可能发现错误并及时干预。

“挑战者号”航天飞机的灾难综合了所有这些因素——复杂而模糊的信息、政治和官僚的压力以及结构性秘密。上述因素汇聚在一起共同形成了决策的情境，这一情境下作出的决策在当时似乎是合理的，但却产生了灾难性的后果。在沃恩看来，传统的解释认为这场灾难是由于美国航空航天局的官员粗心鲁莽，一再忽视明显警告信号造成的，这种解释不过是被误导了，它并没有准确地反映实际发生的情况。

因此，我们最后从两个截然不同的角度来看待“挑战者号”航天飞机灾难中风险和责任的承担。传统的解释认为美国航空航天局的官员要对此负责。因为他们对航天飞机项目成功的关心甚于机组人员的安全，不顾一切地忽视了他们已知存在的风险。另一种解释将责任归咎于有缺陷的组织结构和动力机制，由于任何人都无法控制和理解的组织因素，圆形环设计缺陷带来的风险并没有被充分认识到。

其他组织中的越轨行为正常化

“挑战者号”航天飞机项目于2011年8月31日正式结束，在此期间还发生了另一起重大事故，即2003年2月1日哥伦比亚号航天飞机解体。航天飞机项目显然是一项极其复杂、风险很高和独一无二的事业，航天飞机所依赖的大部分技术必须在此过程中被发明和测试。由于航天飞机项目和“挑战者号”航天飞机灾难的独特性质，我们很难知道能在多大程度上将美国航空航天局发生的事情总结推广到其他组织。然而，像美国国家航空航天局发生的越轨行为正常化这样的事情，当然有可能发生在其他大型组织中。

所有大型组织都在一定程度上受到结构性秘密的困扰。大型组织自然而然地会划分出专门的子单位，并变得更加层级化，这一趋势适用于任何国家或文化背景下的各类组织（Miller，1987）。子单位之间的层级结构和任务划分使得信息在整个组织结构中的流动和被准确解释变得更加困难。在某个组织部门发生的事情可能在另一个部门中既被不知晓也不能被完全理解。尽管组织的领导者能够尝试建立一些机制来确保他们知晓正在发生的事情，但是作为一个难免会犯错误的人，任何人能够吸收掌握的信息量是有限的。

所有大型组织也面临对外部各方和各种力量负责的问题。对美国航空航天局来说，外部责任来自国会，对方期望投入在航天飞机项目上的纳税人的钱能得到回报。大型私营企业则要对他们的投资者和股东负责，投资者和股东也期望他们的资金得到回报。必须满足市场期望并不会自动和不可避免地使组织领导者成为不问是非的计算器，但它确实影响了他们对信息的解释。在做决策时，他们必须始终把满足股东和投资者的利润需求考虑在内。私营的、以营利为目的的组织必须始终在赚钱的基本要求与赚钱过程中可能强加给他人的风险和损害之间取得平衡。

大型组织必须在多大程度上应对类似于美国航空航天局所面临的信息环境，取决于它是在开发新产品，还是仅仅在推销久经考验的真实产品。新产品开发总是会带来潜在的风险，这些风险必须通过测试进行评估。在产品投放市场之前，测试过程产生的信息必须在整个组织中分享，并由决策者进行解读。甚至在新产品已经投放市场后，销售人员、客户和用户还会以问题和投诉反馈的形式继续生成信息。对这些信息的解读可能会因为背景语境而有偏差。一个产品是否被认为具有可接受或不可接受的风险，往往取决于相比组织接收到的各种各样的其他反馈意见，有关产品性能的信息是如何被获取和解释的。

最悲惨的事例之一是福特平托车（Ford Pinto）案，它似乎说明了信息背景、结构性秘密和外部责任的重要性。福特平托车案的整个故事很复杂，其涉及的技术细节超出了本书讨论的范围。由于它的兴衰在其他地方已得到很好的反思（Cullen et al.，2006），因此，我们在此仅对事件进行简要概述。

平托车是福特汽车公司在1970年推出的一款微型汽车，设计目的是与本田（Honda）、丰田（Toyota）等日本制造商生产的小型汽车开展竞争。时任福特董事长的李·艾科卡（Lee Iacocca）曾指示他的工程师设计一款重量不到2000磅、成本不到2000美元的汽车。为了让汽车快速上市，正常的43个月的生产时间被削减到仅仅25个月（Cullen et al.，2006）。

平托车深受消费者欢迎，在生产的头六年里就售出了150多万辆。然而，平托车存在一个严重的设计缺陷，即油箱的位置过于靠近后轮车轴，在发生中速汽车追尾事故时容易破裂。油箱破裂到一定程度时，可能会泄漏汽油，导致车辆发生毁灭性火灾。不幸的是，这种情况在平托车生产的那些年里反复发生，成千上万的人在激烈的撞车事故中丧生或被严重毁容（Cullen et al.，2006，p. 146）。最著名的，也是导致福特公司遭到里程碑式刑事起诉的那次事故发生在印第安纳州（Indiana）的埃尔克哈特

（Elkhart），三名十几岁的女孩驾驶的平托车被一辆货车从后面碰撞，三人均被烧死。

回溯起来，平托车事件之所以如此令人愤慨，是因为人们后来发现福特公司显然在生产过程早期就知道油箱的设计存在缺陷。平托车已经进行了碰撞测试，一些测试的结果表明油箱在中速行驶时很可能发生破裂。福特公司似乎也知道，可以使用几种相对简单的技术修复就能够让这款车更加安全。然而，福特公司的官员在进行成本效益分析后，似乎选择了不对油箱设计进行任何改变，因为安全性改进在经济上并不划算。坦率地说，在福特公司看来，赔偿几个事故受害者比修理数千辆汽车的油箱要便宜。

对福特平托车案的传统解释在许多方面与对“挑战者号”航天飞机灾难的解释相似，在这两个案例中，决策者看起来都忽视了明显的警告信号，为了追求组织目标而把他人生命置于危险中。不过，对于福特平托车案的决策还有另一种解释，类似于沃恩对挑战者决策的重新分析（Gioia，1992；Lee and Ermann，1999）。平托车是经过漫长的、涉及不同部门的数百名员工的开发才被推向市场的，尽管一些碰撞测试表明油箱设计存在缺陷，但其他测试的结果都在正常范围内。简而言之，碰撞测试并没有确定的结论。此外，这款车符合当时实施的联邦安全标准，与当时在路上行驶的其他微型汽车一样安全。

因此，根据这种解释，福特公司的员工和管理者们也受制于组织力量和情境因素，类似于“挑战者号”航天飞机灾难所涉及的结构性秘密、模糊不清的信息以及外部环境压力。由于急于按时生产平托车，管理者根本没有把油箱设计上的问题视为严重的安全异常。他们遵循了标准程序，并按照惯例对车辆的总体安全性进行了评估。然而不幸的是，通过遵循标准做法，福特公司的人最终将追尾测试结果“正常化”，也就是将它们定义为可接受的风险，而没有将它们确认为严重的安全异常。

“挑战者号”和福特平托车案应该让我们警惕大型组织背景下机会视角的潜在局限性。机会视角假定实施白领犯罪的决定背后是理性，它假设人们观察或识别犯罪机会，并选择利用这些机会为自己谋利（或者，对于组织中的一些人来说，是为他们的组织谋利）。然而在大型组织中，人们可能在作出决策时并没有真正理解这些决策的意义。忽略或压制风险与一开始根本就没有看到风险是有区别的，"一致的无知"和结构性秘密也是有区别的。当组织的领导者有意识地去避免了解某些特定类型的信息，并希望因此减少或免除他们的法律责任时，就会产生"一致的无知"。而当某些类型的信息没有在组织中传播，从而导致组织的领导者不知道这些信息时，就会出现结构性秘密。"挑战者号"案和福特平托车案都提出了这样一种可能性，即在某些情况下，组织中的人员根本看不到他们的决定可能会给他人带来不可接受的风险，他们误解了警告信号并将其正常化。

当然，这种开脱罪责的推论不应走得太远。每当企业高管面临非法指控时，他们都会争辩说并非有意为之，但对这种辩解我们应该始终抱以极大的怀疑。正如我们在第五章和第六章所展示的，在大型企业工作的人经常会有意识地利用犯罪机会为自己或企业谋取利益。同样，企业高管试图以"一致的无知"为幌子进行掩盖隐藏的情况当然也并不少见。

大型组织中看似越轨或犯罪的案件似乎差不多都会自动产生相互矛盾的叙述。不管案件涉及的是不安全的消费品，还是危险的工作场所，或者是大规模的金融欺诈，这些叙述都为大型组织中行为者的意图提供了截然不同的解释。一方是消费者权益保护者、工会、调查记者和白领犯罪学者，他们从对大众人群的贪婪和罪恶的利益收割的角度解释企业高管的行为（Barnett，2013；Cullen et al.，2006；McLean and Elkind，2004；Pontell and Gels，2014；Shover and Hochstetler，2006；Tillman，Pontell，and Black，2018）；另一方则是企业的辩护者，他们争辩说错误总是会发生的，不幸事件是某种系统故障的结果，而不是故意实施的不当行为（Gioia，1992；Lee and Ermann，1999；Vaughan，2005）。当然，在任何具体的案例中，这两种表述中究竟哪一种正确，要取决于事实，但是，无论案件是否涉及犯罪行为或不幸事故，无论是在法庭上还是在舆论场中，组织环境都会使其道德和法律解释变得非常复杂。

我们认为，这种由结构带来的模糊性在现代社会的公司犯罪中发挥了重要作用，公司犯罪之所以屡禁不止，原因有几点。第一，模糊性使得企业领导者有可能构建形而上的逃避机制，从而减少甚至消除他们的罪责。

当然，高管们可能错误地认为没有人会追究他们的责任，但这仅仅意味着他们错误地判断了自己行为的潜在成本或风险，就像任何违法者都可能做的那样。重要的不是形而上的逃避或一致无知的努力总是必须奏效，而是企业领导者有理由相信它们在大多数时候都能奏效。对于企业犯罪人来说，相比于他们认识到风险行为一旦被发现往往会带来个人罪责的情形，这种相信在道德上更容易为他们的风险行为开脱。第二，模糊性加剧了公司犯罪事实的复杂性。举个例子，有个案件涉及51名工人的死亡，这些工人当时正在水塔的脚手架上工作，因脚手架倒塌而死亡。对于这个案件，显而易见的是他们在搭建脚手架时违反了职业安全与健康管理局的规定以及51名工人已经死亡，但不清楚的是违反规定是否真的导致脚手架倒塌。其他因素如天气状况，可能对此也有影响。调查此案的检察官最终认定，这个案件过于复杂，以致他们认为自己并不能够说服陪审团在排除合理怀疑的情况下相信该公司或其任何高管犯了罪（Braithwaite and Geis，1982）。最近的一个启示是，到目前为止卷入2008年金融危机的投资银行中还没有一个人被指控犯有刑事诈骗罪。尽管公众对政府救助投资银行的行为普遍感到愤怒，但没有起诉无疑向企业内部人士传递了这样一个信息，即企业围墙背后是安全的（Pontell and Geis，2014）。

小结

在本章，我们讨论了白领犯罪的机会既有象征性的维度，也有结构性的维度。白领犯罪机会的结构主要是由企业或行业的组织方式决定的。正如我们在前面几章所描述的，不同的组织形态会创造出不同类型的机会。白领犯罪机会的象征性维度是指潜在的犯罪人如何解释他们的非法活动。白领犯罪人几乎毫无例外地并不认为自己是犯罪分子。相反，他们认为自己是正直、守法、有道德原则的个体。为了个人利益而没有任何借口或正当理由地故意违反法律，这与传统的自我形象是不一致的。为了避免这种不一致，白领犯罪人经常使用中立化和道德解脱的技巧来为他们参与违法活动开脱或辩解。

用来为白领犯罪辩解的最常见的中立化手段可分为四种主要类型：否认责任、否认受害人、谴责定罪者以及更高的忠诚度诉求。由于大型企业的复杂特性，无论是处于高层还是低层的人们都可以否认自己要对不当行为承担个人责任。低层的人可以说他们只是在服从命令；高层人士可能会辩解说，不能指望他们了解大型组织中出现的每一个小问题，也不能指望他们对每一个小问题负责。同样，白领犯罪人很容易认为他们的行为不会真正伤害到任何人，不存在传统意义上遭受某种损失或伤害的个体受害人。当“受害人”是一个不露面的诸如联邦医疗照顾系统这样的政府机构时，否认受害人是很容易的。在企业高管和专业人士看来，政府机构理应受到谴责，因为他们制定了烦冗的规章制度，阻碍了正直的人们努力过上正当的生活。最后，白领犯罪人可以为自己找借口，认为有时遵守法律并不是他们最重要的道德义务。他们对股东、员工和客户负有义务，赚取利润和维持经营，保住员工的工作比遵守一些晦涩且可能被误导的政府监管更为重要。所有这些中立化技术都具有相同的功能，它们使犯罪人从道德上接受利用白领犯罪机会的行为。

如果白领犯罪人意识到他们的行为可能被定性为违法或者具有不合理的风险，那么中立化技巧对他们来说则是必要的。正是这种对潜在违法性的意识激发了犯罪人利用中立化技巧来削弱伴随参与犯罪活动而产生的道德耻辱感。但是，就像“挑战者号”航天飞机案和福特平托车案所显示的，我们有时候并不清楚组织领导人是否有这种程度的意识。在大型组织中，某些情况下越轨行为可能会变得正常化，也就是说，越轨或危险的行为可能不会被认为是越轨或危险的。相反，本应被解释为警告信号的信息却被错误地理解或重新解释为正常。

越轨行为的正常化包括三个因素：一是存在一个很难将重要的消息和信号与可以安全忽略的消息和信号区分开来的信息背景。这个问题的出现可能是因为信息本身模糊不清，或者是因为信息太多以致人们无法有效地吸收和评估。二是结构性秘密阻碍了信息向决策者和整个组织的流动。由于子单位之间的劳动分工和任务专业化，组织中某个部门的人员可能无法真正理解另一个部门的人员所做的工作的意义。三是组织要承受环境产生的压力或实现某些目标的期望。对于商业公司来说，压力主要来自市场和盈利的需要。对于其他类型的组织，比如美国航空航天局，这种期望可能在本质上是政治性的，但组织总是面临某种类型的工作压力（Gross，1978）。无论来源如何，外部产生的期望都会影响组织评估信息和作出决策的方式。它们可能会导致决策者淡化风险，特别是当风险被强加给其他人承担时（Friedrichs，2010）。综上所述，这些因素——信息背景、结构性秘密和工作压力——可以创造条件，使得在这一条件下大型组织中的人作出从外部看来显然是越轨或犯罪的决策。然而，从内部来看，这些决策看起来很正常或常规，并非不同寻常。

注 释

1 但是从另一个角度来说，这个行业还是赢了。该公司仍在营业，截至2017年春季，尽管吸烟人数有所下降，但其利润仍在飙升（Maloney and Chaudhuri，2017）。

第八章　机会的社会分配：阶层、性别和种族

在前几章，我们已经讨论了白领犯罪的机会是根据不同行业的经济和生产活动的性质而形成和分配的。某些类型的白领犯罪在某些行业中比其他行业更常见，因为从事这些类型的犯罪的机会是该行业的内在组成部分。例如，医疗保险体系的结构使某些类型的欺诈、欺骗和滥用信任成为可能，而这些行为在服装零售行业即使不是不可能，也是很难实施的。白领犯罪并不是均匀地分布在各个行业或职业中，这是一条只有少数例外的普遍规律。例外情况涉及所有商业企业共有的活动。例如，所有企业都必须进行财务核算，近年来，财务造假似乎已经蔓延到所有类型的企业和行业，甚至是一些市政当局（Partnoy，2003）。

正如白领犯罪的机会在各行各业之间分布不均一样，它们在人群中的分布也不均等。有些人比其他人更有可能获取白领犯罪的机会。在本章中，我们认为白领犯罪的机会受到社会阶层、性别和种族的强烈影响。这些社会特征之所以重要，原因并不复杂。大多数白领犯罪都发生在职业环境中。事实上，正是犯罪人的职业产生了实施不同类型白领犯罪的机会。例如，内幕交易要求某个人是某种组织的内部人士，或者能够获得内幕信息，这些信息必须来自组织内部的某些渠道。因此，大多数白领犯罪机会的获取是以获得某一职业岗位为基础的。由此可见，任何影响获得职业岗位的特征也会间接影响获得实施白领犯罪的机会。这一普遍规律甚至适用于黑社会非法市场中的职业岗位（Steffensmeier，1983）。社会阶层、性别和种族就是这样的特征。

不需要有多高的学历你就可以知道，职业结构长期以来是按照阶层、

性别和种族划分的（Kalev，2009），实施白领犯罪的机会也是按照同样的路径分层的。根据阶层、性别和种族，个人或多或少都有一些违法的机会。这些特征单独或共同影响着白领犯罪的机会结构。

例如，思考一下性别和“玻璃天花板”。“玻璃天花板”指的是女性晋升企业管理层时所面临的障碍。1991年，美国劳工部（Department of Labor）成立了一个名为“玻璃天花板委员会”（Glass Ceiling Commission）的组织来研究商界女性的问题。根据该委员会1995年发布的报告，尽管越来越多的女性进入劳动力市场，且女性的受教育程度有了实质性的进步（例如，获硕士学位的女性占所有获硕士学位的人的一半以上），但95%的高级管理人员是男性。20年后，情况有所改善，但女性在高层管理职位上的比例仍然很低。例如，2014年，女性在高管中只占14.6%，在高收入者中占8.1%，而在《财富》500强公司的首席执行官中仅占4.6%（Warner，2014）。

并非只有女性会撞到“玻璃天花板”，少数族裔也发现他们进入高层领导职位的通道经常受阻。“玻璃天花板委员会”（1995）的报告指出，在高级管理职位中，非裔、拉美裔和亚裔几乎不存在，白人整整占据了这些职位的97%。2014年，《财富》500强企业的首席执行官中，少数族裔（非裔、亚裔、拉美裔）仅占4%，截至2015年3月麦当劳（McDonald）首席执行官唐·汤普森（Don Thompson）卸任时，《财富》500强公司的非裔首席执行官的比例降至0.8%。作为参照对比，非裔美国人占总人口的14.2%。随着汤普森的离职，《财富》500强公司的非裔首席执行官总数从5人下降到4人（Berman，2015）。

因此，阶层、性别和种族是紧密耦合的社会特征，它们“反映了我们国家的整个社会历史……以及我们国家目前的社会结构，有些人的收入不平等，职业固化，但另一些人的福祉和物质成功则达到新的水平”（Harris，1991，pp. 97－98）。尽管女性和少数族裔在工作场所的地位并非一成不变，而且有证据表明在一些公司和行业中还有所改善（Kalev，2009），但目前的状况仍然是他们经常被局限于低层次和价值被低估的岗位。

当然，并不是所有的职业都是平等分层的，有些职业对女性和少数族裔更加开放。在本章中，我们将探讨实施白领犯罪的机会是如何围绕着阶层、性别和种族进行分层的。我们还将探讨这些特征如何影响白领犯罪的受害风险。

阶层、地位和白领犯罪

萨瑟兰最初将白领犯罪定义为“受人尊敬和社会地位较高”的人实施的犯罪，他开始努力关注“社会经济上层人士”（Sutherland，1983，p. 7）。《白领犯罪》中提供的大多数例子和案例研究都涉及有权势的人，包括诸如美国钢铁公司（U. S. Steel Corporation）、标准石油公司（Standard Oil Company）、宝洁公司（Procter & Gamble）和杜邦化学公司（DuPont Chemicals）这些美国资本主义中坚力量的领导人（Sutherland，1983，pp. 64 –65）。萨瑟兰描绘的颇具影响力的形象在接下来的几十年里形成了共鸣，即使在今天，对白领犯罪人的常见刻板印象仍然是把他（是的，“他”）刻画成一个拥有权力和声望的白人商人，一个美国企业精英中的富有成员。白人男性企业精英卷入白领犯罪的例子不胜枚举，也许除了玛莎·斯图尔特（Martha Stewart）以外，最近一系列公司丑闻的罪魁祸首几乎全都是上流社会的白人男性（Steffensmeier，Schwartz，and Roche，2013）。

然而，也有来自其他阶层和地位背景的人卷入白领犯罪。正如我们在第二章所展示的，在20世纪70年代中期，联邦法院系统中大多数被判犯有白领类犯罪的人都不能被称为上层企业精英。相反，他们似乎主要来自美国社会的中产阶级（Weisburd et al.，1991）。耶鲁大学、福斯特大学（Forst）和罗兹学院（Rhodes）研究样本的受试者中，有很多人与萨瑟兰创造白领犯罪这一术语时所设想的并不完全相同。萨瑟兰所认为的白领犯罪人和最近研究中的白领犯罪人之间的差异，部分原因在于美国社会中工作性质的变化。在萨瑟兰时代，白领办公室工作是地位很高的工作，但现在情况已经发生了变化。如今，劳动力市场被地位较低的文职和技术工作所主导。穿着漂亮的衣服去上班，在办公室里度过大部分的工作时间，已不再能保证有很高的社会地位或经济上的成功。许多白领工作不过是报酬微薄的穷途末路，并因女性比例偏高而被称为“粉领”职位（Weisburd et al.，1991）。

萨瑟兰交替使用地位和阶层这两个术语，并没有在概念上对它们进行任何明确的区分。然而现在的观点是，虽然地位和阶层是相关的，但二者并不完全相同。社会地位是一个相对的概念，从这个意义上说，人们可以根据收入、教育和职业的不同，被划分为拥有或高或低的社会地位。

与地位不同，阶层是指人们所拥有的职业地位的性质和结构关系，而不是相对于他人的地位。埃里克·奥林·赖特（Erik Olin Wright）发展了一种被广泛使用的阶层类型学。在赖特的类型学中，阶层取决于三个标准：（1）有固定资产的所有权；（2）有组织资产的控制权；（3）拥有技能或凭证资产（Wright，1997）。赖特将生产资料的所有者与非所有者、经理和管理者与其他人区分开来。我们大多数人属于非所有者阶层，因为我们只是为别人工作的雇员，对生产资料没有控制权。所有者确实可以控制生产资料，但在像美国这样的发达经济体中，他们实际上往往并没有行使太多的日常控制权。相反，在大多数现代公司中，控制权由职业经理人和管理者行使。关于白领犯罪，所有者和管理者之间的区分很重要。最严重的白领犯罪不一定是由那些公司的所有者实施的，而是那些能够利用和控制组织资源的人所为，如首席执行官（CEO）、首席财务官（CFO），甚至是高层部门经理和管理人员（Wheeler and Rothman，1980）。

各种白领犯罪在组织复杂性和后果严重性上存在差异。复杂程度更高的犯罪具有可辨别的模式，涉及使用组织资源，由多个参与者实施，并且持续时间长。犯罪的严重程度取决于受害者的人数、受害者的损失金额以及犯罪行为的地域影响。在耶鲁大学的研究中，研究人员发现他们调查的八种犯罪可以根据组织复杂性的构成要素分为三个层次（Weisburd et al.，1991，pp. 39－42）。具有复杂程度高的犯罪包括违反反垄断法和证券诈骗。邮件诈骗、虚假索赔和贿赂属于中等复杂程度，而税务诈骗、信用诈骗和银行贪污的复杂性通常较低。违反反垄断法犯罪和证券犯罪的严重程度也最高，而虚假索赔、信用诈骗、贿赂、税务诈骗和银行贪污的严重程度最低。平均而言，邮件诈骗往往会对受害人造成严重后果，因此在严重性上介于上述两类犯罪之间。

在耶鲁大学的研究中，最严重和组织最复杂的犯罪是违反反垄断法和证券诈骗。获得实施这类犯罪的机会似乎受到阶层的严重影响。在耶鲁大学的研究样本中，超过 70% 的反垄断犯罪人是公司的所有人或高管（71.3%）。在被判犯有证券诈骗罪的犯罪人中，公司所有人或高管的比例非常近似（68.4%）。对于所有其他犯罪，被定罪的只有 1/3 或更低比例的是公司所有人或高管（Weisburd et al.，1991，pp. 50 – 51）。换句话说，他们中的大多数人是雇员，几乎没有或根本没有监管权，在工作场所也几乎没有或根本没有权力。因此，对于那些在组织中担任某些职位的人来说，实施严重白领犯罪的机会似乎大大增加。

耶鲁大学的研究表明，在决定白领犯罪机会的获取方面，阶层比地位更加重要。但是地位和阶层是相关联的，因为地位提供了获得组织职位的机会，而在这些组织职位上，更有可能发生大规模的白领犯罪。上名牌大学或专业学校并获得法律或商业学位本身并不会让一个人成为一流的白领犯罪人——但可能会打开他通往此类职位的大门。惠勒（Wheeler）和罗思曼（Rothman）（1980，pp. 1420 – 1421）推测组织职位和个人地位相互结合起来促进和增加了白领犯罪：

> 组织被告的部分优势不是通过其组织从属关系本身产生的，而是因为被告的地位使其诉讼主张具有可信度。在我们的社会中，职业地位和组织中的地位往往是相辅相成的——如股票经纪人同时是公司的副总裁，律师同时是公司的总法律顾问。这种组织地位和职业地位的结合，促使盗窃的财产金额大大超过几乎任何其他类型的犯罪，而无论这些犯罪是否属于白领犯罪。

大规模的白领犯罪依赖于对组织资源的利用，而这种利用是由阶层促成的。因此，职业经理人和管理者最有机会去实施严重的白领犯罪。尽管耶鲁大学的研究被公认已经过时，但其中揭示的模型并不异常。我们在来自荷兰（the Netherlands）的一份由2008—2009年644名被起诉的白领犯罪人构成的研究样本中发现了类似的情况（Van Onna et al.，2014）。与耶鲁大学研究的犯罪人一样，荷兰的样本虽然多样化，但根据平均收入水平和住房拥有状况，样本中的犯罪人明显是中产阶级。在这些犯罪人中，只有少数是企业主（17.9%），另有1/4（24.5%）是个体经营者（通常是小雇主），而将近40%的样本被确认为董事、经理或合伙人。用赖特的术语来说（1997），这些管理者处于“相对矛盾的阶层定位”，因为他们共享两个对立阶级（所有者和雇员）的相互矛盾的客观利益。一方面，凭借他们的职业地位，他们在公司中处于重要的权力岗位；但另一方面，与直接所有权相比，他们仍然是缺乏最终控制权的雇员。

范·恩纳（Van Onna）和同事们（2014）在他们的研究样本中调查了不同类型的犯罪人实施的白领犯罪类型。这个被认定为“典型的”白领犯罪人的群体［“典型的”白领犯罪人可以与那些更符合萨瑟兰的定义的人画等号］与耶鲁大学研究中的证券犯罪人和反垄断犯罪人非常相似。

> 就社会人口学特征及其犯罪选择而言，“典型的”白领犯罪人类似于人们对白领犯罪人的刻板印象：他们有更高的收入、资产和负债；福利救济相对较少；并且在企业主、董事或经理等白领职位中所占比例过高。相对来说，他们经常因市场滥用欺诈（如内幕交易）和证券诈骗等传统白领犯罪而受到起诉。（Van Onna et al.，2014，p. 773）

白领犯罪中的性别差距：违法情况

犯罪学中最古老和最被广泛接受的发现之一是男性比女性更有可能成为犯罪人。事实上，性别被认为是犯罪的唯一最佳预测指标。这一概括似乎适用于所有社会和所有历史时期（Steffensmeier and Allan，2000）。就传统的街头犯罪而言，男性和女性犯罪率之间的差距并非在所有犯罪中都是一样的，其差距在某些犯罪中要比在其他犯罪中要小。例如，在 1995 年，因轻微财产犯罪被捕的女性比例为 35%。换句话说，在因为这些犯罪被逮捕的人中有 1/3 以上是女性。然而在抢劫等犯罪中，女性人数仅占被捕者的 8% 左右（也就是不到 1/10）（Steffensmeier and Allan，2000）。轻微财产犯罪中的男女性别差距较小，而暴力犯罪中性别差距较大。成年人的性别差距也比未成年人的性别差距更大（Smith and Visher，1980）。最后，研究表明，男女之间的差距随着时间的推移而缩小，尤其是在 1985 年后（Heimer，2000）。

性别也是白领犯罪的一个有力预测指标，与传统的街头犯罪一样，性别差距的大小取决于白领犯罪的类型。回顾第二章，在耶鲁大学的研究中，尽管被判违反反垄断法或证券诈骗罪的人中，女性只占不到 5%，但在被定罪的银行贪污犯中，女性几乎占了一半。在第二章中来自美国量刑委员会报告的数据清楚地表明，这种模式最近也没有改变。2006 年至 2012 年，女性在被判反垄断犯罪中所占比例不到 1%（见第二章表 2.4）。在耶鲁大学的研究中，与男性犯罪人相比，女性犯罪人更容易失业、受教育程度更低，而且是单身户主。她们的社会地位与男性犯罪人相比较低，因此她们的犯罪不太复杂，通常没有共犯，由此产生的犯罪收益也较低（Daly，1989）。[1]

其他研究的数据也显示出性别差距存在类似的变化，但它们也表明，对于某些类型的犯罪，性别差距可能会略微缩小。回想一下福斯特大学和罗兹学院的研究，在银行贪污犯中女性所占比例略低于 50%，但在被判犯有贿赂和税收犯罪的人中，女性仅占 10%。量刑委员会最新的数据表明，女性参与税务和贿赂犯罪的人数有所增加，因此现在因税收违法被定罪的人数中女性占 20% 左右，因贪污被定罪的人数中女性占 50% 以上（见第二章表 2.4）。

虽然女性参与某些类型白领犯罪的数量似乎略有增加，但她们在涉及利用或控制组织资源的白领犯罪中所占比例仍然非常小。例如，最近的一项研究利用注册欺诈审查员协会（Association of Certified fraud Examiners）收集的调查数据调查了三种不同类型的诈骗（资产挪用、腐败和欺诈性陈述）（Holtfreter，2005）。资产挪用被定义为员工盗窃或滥用组织资产，它与贪污类似。腐败涉及不法利用商业影响力谋取个人利益。欺诈性陈述包括伪造组织记录或文件。在这三种类型的诈骗中，欺诈性陈述需要更多地利用组织资源，与职业犯罪相比，更近似于组织犯罪。至于性别差异方面，与耶鲁大学的研究一致，霍尔特弗雷特（Holtfreter）（2005，p. 359）发现，进行资产挪用的个人“与那些进行欺诈性陈述的个人相比，是男性的可能性要小得多”。换句话说，与那些被控欺诈性陈述的人相比，在被控挪用资产的人中女性所占比例更高。然而，在资产挪用与腐败、腐败与欺诈性陈述之间，她并没有发现任何性别差异。

霍尔特弗雷特的研究强调了组织结构和白领犯罪机会之间的重要联系。这三种类型的欺诈在诸如公司规模、公开上市与私人交易企业以及内部合规系统等组织特征方面存在差异，例如，她发现资产挪用更多地发生在小型组织中，而腐败则更经常地发生在规模较大（通常是公开上市）的公司中。审计和匿名报告系统会发现公司内部的腐败（但并不能发现欺诈性陈述或资产挪用）。

另一项研究考察了安然事件和安然事件之后的财务丑闻中被告的性别分布情况，结果显示，女性被告的比例更低。凯瑟琳·布里基（Kathleen Brickey）（2008）收集了后安然时代（即2002年3月至2007年7月）所有被控诈骗的公司及其高管的数据。在这些案件的355名被告中，只有26名（7%）是女性。粗略看一下布里基的数据就会发现，大多数案件只有1名女性被告或没有女性被告。例如，在一宗涉及大型会计师事务所毕马威会计师事务所不当行为的案件中，22名男性被告中只有1名女性。著名的阿德菲亚（Adelphia）案中有6名被告，均为男性。布里基的研究中，女性被告最多的公司是南方保健（Health－South），该公司也有大量的个人被告（25名），其中1/5是女性。安然丑闻或许是过去10年中最臭名昭著的财务造假案件，共有33名个人共同被告，但其中只有3名是女性，包括安然助理财务总监、前首席财务官（也是共同被告）安德鲁·法斯托（Andrew

Fastow）的妻子莉亚·法斯托（Lea Fastow）。

达雷尔·斯蒂芬斯迈耶（Darrell Steffensmeier）及其同事最近的一项研究扩展并深化了布里基的分析，该项研究进一步揭示了后安然时代高层次公司诈骗中的性别差距（Steffensmeier et al.，2013）。这项研究调查了83起后安然时代的公司诈骗案件，这些案件最终由美国司法部公司欺诈特别工作组（CFTF）提起公诉。司法部公司欺诈特别工作组是在安然公司和世通公司丑闻之后组建的，专门针对高层次公司的诈骗案件。司法部公司欺诈特别工作组编制了一个起诉书数据库，其中包含了83起案件和涉入其中的436名犯罪人的丰富数据。研究人员利用从新闻来源以及其他政府工作报告和新闻公告中收集的其他数据补充了起诉书中的信息。他们能够确定被告的性别、职业岗位以及在各种犯罪中所起的作用。在436名被告中，只有37名是女性，占样本的9%。

与这些案件中女性涉案人数不多相比，一个更重要的发现可能涉及她们在诈骗阴谋中所起的作用。这些高层次的诈骗总是包括多个在犯罪网络中扮演不同角色的共谋者。研究人员将这些角色分为四个层面——头目、主要角色、中间角色和次要角色。在37名女性中，只有3名是头目，只有7名扮演主要角色，其余27名女性发挥了中间角色（8名）或次要角色（19名）的作用。事实上，在超过70%的案件中，根本没有女性参与这些犯罪集团。这项研究是首次以性别为基础对高层次公司诈骗进行系统分析，这也是萨瑟兰感兴趣的白领犯罪类型，对于严重白领犯罪中的性别差距来说，没有比这一研究结果更能说明问题的了。

上述引用的研究清楚地表明，在以组织为基础的关于某些白领犯罪类型的官方统计数据中女性所占比例较低。然而，究竟是什么原因导致了这种模式还有待解释。有几种可能。一种解释是，由于获得职业和组织岗位的机会是按性别划分的，因此女性参与某些类型的白领犯罪的机会比较少，特别是那些允许犯罪人利用组织作为武器来欺骗和密谋对付受害者的犯罪类型。也就是说，犯罪机会可能是由工作任职情况带来的。因此，限制准入或者缺乏工作任职机会可以解释女性在高层次公司诈骗案中比例偏低的部分原因，但这并不是全部原因。斯蒂芬斯迈耶和同事们（2013）认为，后安然时代参与公司诈骗的女性比例远远低于担任中高层管理职位的女性比例。换句话说，根据她们在管理职位上的比例，如果单纯的机会获取就是决定性因素的话，那应该会有更多的女性参与到这些诈骗案中。既然工作任职似乎不能说明问题，那必定有其他因素能够解释为什么女性参与这些高层次诈骗的程度相对较低。斯蒂芬斯迈耶和同事们（2013）提出另一种可能的解释是女性在进入大型组织中所发现的非正式网络方面受到限制。因此，尽管妇女进入管理岗位的正式通道正在改善，但她们仍然可能在被纳入非正式的权力网络以及由此而来的非法活动方面受到男性的歧视。

人们通常以个人主义的方式来对待性别和犯罪之间的关系，但这忽略了许多犯罪都是群体行为，涉及人们的合作网络。没有进入网络中的个人减少了犯罪机会的获取。对街头犯罪的研究表明，进入犯罪网络的通道是存在性别隔离的，女性在很大程度上被排除在网络之外，或仅限于扮演次要的辅助角色（Maher，1997；Miller，2001；Mullins and Wright，2003；Steffensmeier，1983）。白领犯罪中同样也会发生这种角色的性别隔离。在那项对司法部公司欺诈特别工作组案件的研究中，大多数妇女只扮演配角，被纳入主要是出于实用主义考虑。这些被纳入犯罪团体的女性在公司担任着实施诈骗所必需的战略性财务岗位。例如，由于许多诈骗涉及欺诈性陈述，这些关于财务数据的欺诈性陈述必须在官方文件和报告中发布，犯罪头目们有时必须获得在财务部门担任下属职务的女性的配合，以便实施犯罪。因此，在街头犯罪集团中发现的性别隔离过程似乎同样也适用于白领犯罪网络。在组织环境中实施的许多白领犯罪都涉及以共谋方式工作的人际网络。组织研究表明，即使女性在组织中获得了较高的地位，她们也经常被排除在男性主导的非正式社交网络之外（Gorman and Kmec，2009）。如果把这一情况，即将女性排除在非正式网络之外延伸到非法网络，那么就可以解释，为什么即使女性与男性拥有相同的职业岗位，她们参与白领犯罪的比例也比较低。

坦率地说，虽然男性可能愿意容忍女性在工作场所担任领导角色，但他们可能仍然不信任女性，并将她们排除在“老伙计”网络之外。因此，与男性相比，女性被邀请参与犯罪阴谋的可能性较小，这是用“限制准入”解释女性参与公司犯罪程度低的一种变化形式，它认为限制的是女性进入非正式网络的机会，而不是她们获得特定的组织角色。

不管是哪种类型的“限制准入”在起作用，我们注意到这种解释隐含的假设是，如果女性可以进入类似的岗位或网络，她们会像男性一样行事（Adler，1975；Simon，1975）。但是，即使同男性一样获得同样的职位并拥有同样的机会，女性的行为也可能与男性不同，或许女性只是比男性更加守法而已。进一步反思，还有另外一种可能性，那就是男性和女性的犯罪比例相似，但刑事司法制度和内部合规程序对女性犯罪人更加宽容（Pollock，1950）。

研究表明，尽管获得机会很重要，但这并不是白领犯罪性别差距所包含的唯一因素。男性和女性在参与犯罪和与刑事司法制度打交道方面有一些相同的路径，但某些犯罪途径的性别差异也很明显。白领犯罪的动机似乎因性别而异（Daly，1989；Zietz，1981）。在对后安然时代诈骗案件的分析中，研究人员发现，女性进入白领犯罪的主要途径之一源于她们与某个男性同案犯的亲密私人关系或情爱关系。这一关系路径是后安然时代许多涉入公司诈骗的女性的特征，它表明，女性参与高层次公司诈骗的动机可能与男性有本质上的不同（Steffensmeier et al.，2013）。

白领犯罪中女性数量稀少的另一个可能解释是，相较男性，女性受到了调查人员和检察官的不同对待。根据这一推理，调查人员和检察官并没有将女性视为潜在的犯罪掠夺者，因此以骑士精神对待她们。虽然关于女性步入白领犯罪的不同动机和路径的证据相当一致，但关于所谓骑士效应的证据则更为复杂。看似是对女性犯罪人的骑士态度，实际上可能反映了刑事司法人员对“典型”男性犯罪人的刻板印象（Silberman，1978）、家庭责任的司法关切（Daly，1994）或犯罪历史记录中有利于女性的判决差异等。一些研究已经发现，当女性犯罪人实施的犯罪与刻板印象不相符时，她们实际上会受到比男性犯罪人更严厉的对待（Chesney－Lind，1989；Sealock and Simpson，1998）。

综上所述，这些研究表明造成白领犯罪性别差异的不仅仅是犯罪机会。关于这一话题已经有很多书籍进行了讨论，并且形成了很多不同的观点。我们认为，男性和女性在看待白领犯罪机会的方式上存在差异。这些感知上的差异可能来自很多方面。例如，凭借自身的独特性进入高层管理职位的女性更容易被其他人看到。在这些职位上，她们可能会比男性受到更细致的关注，更不容易获得他人的“信任”从而一起参与非法活动，当非法行为发生时，她们会比男性同行更容易揭发别人。事实上，有些人认为女性可能比男性更适合“信任和安全的职位”，因为她们社会化程度更高，自控能力更强，在诚信和道德方面评价更高（Atkinson，2006）。女性是否有不同于男性的道德观念，即存在“不同的声音”（Gilligan，1993）？如果是的话，这会影响犯罪的许多方面，包括妇女参与违法行为的意愿、她们实施违法行为的动机以及她们在得知他人实施犯罪活动时的反应等。

斯蒂芬斯迈耶和阿伦（Allan）（2000）在他们的焦点关注性别化的理论中认为，女性在社会化的过程中接受了养育角色和义务，这一角色和义务强调社会关系的重要性和对他人的社群主义取向。通过对这些义务的吸收同化，女性发展出照顾者的身份。此外，女性对美和美德的关注与人们刻板印象中犯罪分子的肮脏形成对比，使得犯罪人或违法者的角色与女性理所当然的身份不符（Steffensmeier et al.，2013）。根据焦点关注的性别化理论，女性对基于美貌、美德和照顾的身份认同也会影响她们的风险偏好，使她们比男性更不愿意冒险。因此，除卖淫或非法堕胎等某些与性别有关的犯罪外，女性应该比男性更少参与各种形式的犯罪。最后，管理学文献还强调了风险规避和道德性，以解释董事会中女性比例较高的公司诈骗水平较低的原因；同时补充了一个论点：性别多样性通过扩展董事会的专业知识、经验、兴趣、观点以及创造力等，会促进更加有效的监督（Cumming，Leung，and Rui，2015）。

目前还没有研究可以直接检验这些观点，但其他犯罪研究的统计数据和结果提供了丰富的信息。例如，我们知道，30多年来，女性参与白领犯罪的人数一直在上升（Atkinson，2006；Simon，1975），并且随着越来越多的女性进入受信任的职位，主要是较低层次的服务岗位，这种风险也并行发展。如果女性正常任职，而不仅仅是低端岗位（如银行出纳员）的象征，那么她们应该不会显得那么突出，更多与有着类似职位的其他人交往，这可能会增加她们对白领犯罪机会以及这类违法行为中立化的了解和接触。回想一下我们对布里基（2008）数据的分析，我们发现南方保健公司的女性共同被告人数最多。医疗保健行业不像其他行业那样存在性别分层。然而，这些可能并不是解决行业结构如何影响犯罪机会问题的最佳数据，因为数据库中的大多数公司都是服务行业供应商（电信、金融服务、零售）。大多数公司被告中没有女性作为共同被告，这可能表明服务业的垂直分层程度相对较高，使得女性不愿意参与或被排除在非法“圈层”之外。

事实上，布里基（2008）和斯蒂芬斯迈耶等人（2013）收集的数据甚至可能夸大了女性参与公司犯罪的比例。如果他们的数据涉及环境违法或医疗和安全违法案件，这些通常与性别分层程度更高的基础制造业有关，那么他们可能会发现女性共同被告人数更少。尽管布里基和司法部公司欺诈特别工作组的数据很有趣，但它们并没有告诉我们，处于类似职位的女性和男性是否会同等可能地利用违法机会，或者性别多样性是否有可能在总体上增加或减少女性白领犯罪。对于这些问题，米歇尔·豪（Michelle Howe，2003）的研究为我们提供了一些线索。她调查了 77 名受访者（包括学生和管理者）是否愿意参与三种类型的公司犯罪：价格操纵、贿赂和环境犯罪（Howe，2003）。在不同的犯罪类型中，犯罪条件在实验结果上有差异，她的研究表明，性别本身并不影响总体的犯罪决定（即女性和男性似乎同样愿意犯罪）。然而，男性和女性的犯罪决定受到不同因素的影响（例如，宗教信仰对女性更重要），而且不同因素的影响程度因性别而异。

白领犯罪中的性别差距：受害情况

我们已经讨论并提出证据表明白领犯罪机会是由性别决定的，但我们尚未讨论的是白领受害情况如何因性别而异。格伯和威克斯（Gerber and Weeks，1992，p. 325）指出，他们甚至找不到“一项专门针对女性作为公司犯罪受害者的研究”，借此提请人们注意该主题研究的匮乏。此后不久，索克基（Szockyj）和福克斯（Fox）（1996）从该领域的学者那里收集了一组原创论文，这些学者借助案例研究，重点关注性别角色（如就业、消费）、男性和女性社会化程度、法律保护、排斥和获得补偿（如工会会员资格）等方面的差异是如何影响当代公司受害模式的。研究发现，英国的历史记录显示了维多利亚时代僵化的刻板印象和制度性的性别歧视增加了中产阶级白人女性被诈骗受害的风险。罗布（Robb）（2006，p. 1062）认为，这些女性几乎肯定会成为受害目标，因为她们缺乏经验（因此“容易受骗”），而且女性股东被排除在任何主管监督的董事会之外：

> 有相当多的证据表明，骗子和贪污犯非常了解女性的弱点，因此寻找女性作为受害者。例如，在19世纪60年代，一位黑心的公司发起人艾伯特·格兰特（Albert Grant）就编制了寡妇、未婚女性和其他小投资者的名单，向他们发送传单宣传推广他不靠谱的投机买卖……这些女性不仅缺乏商业经验和智慧，而且一旦出现诉争，她们也没有能力与他对簿公堂。

在维多利亚时代的社会中，女性的脆弱更加突出——女性被警告要远离不受监管的资本市场，但同时她们的投资又备受追捧。

正如维多利亚时代女性被诈骗受害的风险因性别刻板印象和制度性性别歧视而加剧一样，这些同样的因素在现代白领犯罪受害的性别模式中继续发挥作用。显然，男性和女性都可能成为白领犯罪的受害人，但他们所遭受的白领犯罪伤害的类型并不完全相同。相反，白领犯罪受害类型的不同遭遇受到文化规范和基于性别的刻板印象的影响。例如，与节育、健康和美容相关的药品、消费品和服务，如化妆品、减肥产品和整容手术，面向女性的营销力度远远高于男性。当然，发生这种情况的部分原因是营销人员认识到并希望利用女性受文化影响而形成的对外表的关注和敏感。如果这些产品和服务是危险的或以误导性的方式进行广告宣传，那么女性相应地比男性更容易受到伤害（Croall，2009）。不幸的是，尽管药品和化妆品制造商对其产品的安全性进行了声明，但仍然有许多误导性广告和危险产品的例子（Lister，2005）。道康宁公司（Dow Corning）在民事诉讼中被认定以“欺诈、恶意和压制”的方式销售硅胶乳房植入物，伤害了许多女性（Croall，2009，p. 134）。同样，由罗宾斯公司（A. H. Robins）生产的宫内节育器“达尔康盾”（Dalkon shield）也使数百万妇女“遭遇严重感染、不孕甚至死亡”（Mintz，1995，p. 191）。美国联邦贸易委员会2011年进行的一项调查（2013）显示，与男性相比，女性成为消费者欺诈受害人的可能性几乎高出20%，这一差异主要归因于欺诈性减肥产品（2.6%的女性是此类欺诈的受害者，而男性仅为1.6%）。当然，男性也会消费减肥和美容产品以及选择性整容手术，但与女性的比例不同，他们对这些类型的白领犯罪的敏感性相应地更低一些。相比之下，男性比女性更有可能从事高风险职业，如建筑和采矿业，在这些行业中，他们面临的工作场所安全违规风险更高。

总之，白领受害人的性别特征反映了白领犯罪的性别特征。文化的关注焦点和制度性的性别隔离影响了女性在获得特定类型的职业、专业和组织职位方面的差异，这转而又影响了女性获取白领犯罪机会的可能性。这些关注焦点和制度实践也影响着妇女消费的产品和服务类型以及她们在市场上体验的互动类型，这些消费和互动模式转而又使她们比其他人更容易不同程度地受到某些形式的白领犯罪的伤害。男性也是如此。他们的消费模式和所从事的不同类型的经济活动使他们比其他人更容易不同程度地受到某种形式的白领犯罪的伤害。

种族和白领犯罪：违法情况

与性别一样，无论数据是如何收集的（例如，自我报告、受害报告、官方统计数据），种族都是一个与传统犯罪高度相关的特征。种族与犯罪之间的关联强度因犯罪类型、罪行严重程度以及是否参与犯罪或犯罪频率而存在差异。一般来说，与白人相比，其他种族成员的犯罪率更高，更有可能参与更加严重的犯罪类型，也更容易成为长期的惯犯（Harris and Shaw，2000）。然而，当我们把视角从传统的街头犯罪转向白领犯罪时，种族和犯罪之间的关系发生了引人注目的变化。

在美国，典型的犯罪格式塔是，画面前方一个少数族裔的犯罪人被一片守法的白人面孔海洋所衬托（Harris and Shaw，2000）。然而，正如耶鲁大学的研究表明的那样，一个人越是接近萨瑟兰描绘的“精英”犯罪人，其画像变化、移位和排列就越多。这并不是说白领犯罪是一种纯粹的“白人”的犯罪。正如我们在第二章所展示的，对于某些较低级别的白领犯罪类型，例如虚假索赔、邮政诈骗和信用诈骗，很大比例的犯罪人是非白人，并且有一些证据表明非白人正在越来越多地涉入中高级的白领犯罪，如反垄断犯罪和证券诈骗（参见第二章）。然而，现实的情况是，参与反垄断犯罪和证券诈骗的绝大多数仍然为白人男性。实际上，就后安然时代的高层次的公司诈骗而言，非白人罪犯的数量几乎为零。斯蒂芬斯迈耶及其同事研究的 436 名被告中（2013），只有 6 名是非裔美国人，仅仅略微高于 1%。毫无疑问，这主要是因为公司首席执行官、总裁和其他高层管理人员绝大多数是白人和男性。

哈里斯和肖（Harris and Shaw，2000）发现，在耶鲁大学的数据中，黑人在较低级别的罪犯中所占比例很高，约为 2.5∶1。与此同时，白人在中等级别的罪犯中占比很高，约为 2.7∶1。中等级别犯罪人接受大学教育的可能性也远远大于低级别的犯罪人。图 8.1（Harris and Shaw，2000，p.156）展示了传统街头犯罪与白领犯罪之间假定的种族比例。

机会的社会分布

同样，人们可能想知道是否仅凭机会理论就可以解释犯罪模式中的这些种族差异。哈里斯早期关于性别、种族的著作和文稿表明，并不仅仅只有机会在发挥作用（Harris，1976，1977；Harris and Hill，1982）。关于谁会犯罪的社会刻板印象可能会影响潜在犯罪人对犯罪机会的认知以及他们是否会利用这些机会。当他人发生违法行为时，刻板印象还会影响人们如何应对这一违法行为（如作为领导者、商业伙伴或合伙人，以及司法代理机构）。根据哈里斯和肖（2000，p. 156）的说法，图 8. 1 中描绘的抛物线关系表明：

> 种族或种姓差异网络在阶级层次的极端边缘影响最大。具有讽刺意味的是，白人和黑人很可能有一些罕见但理论上非常重要的共同点：就实施犯罪而言，他们明显地、或许是高度理性地，并不感到害怕。一方面，白人可能会认为他们因犯罪被抓或受到严厉惩罚的概率非常低。另一方面，作为一个黑人，如果他觉得“这就像一个项目计划，只不过他们免费为你提供食物”，那么他很有可能会认为，在因犯罪被捕时，没有什么可以损失的。

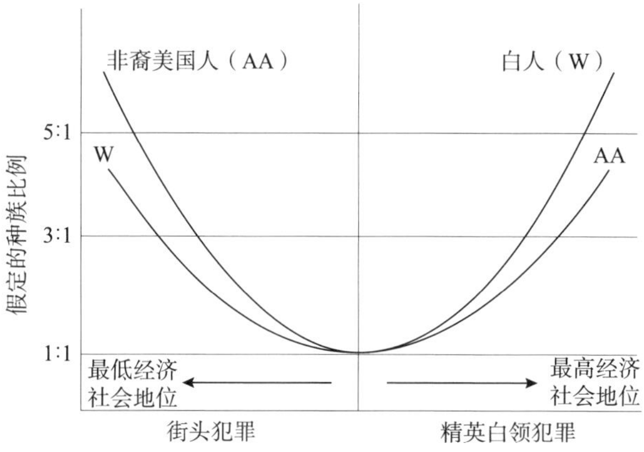

图 8. 1　种族、犯罪和社会经济地位（SES）的可能关系

关于种族和白领犯罪之间关系的一个重要问题是，它是否可以被归结为社会阶层的问题。或许，非裔美国人在精英白领罪犯中所占比例如此之低，仅仅是因为在中上层社会中，非裔美国人相对较少。换句话说，能否将种族与白领犯罪的关联简化为社会阶层与白领犯罪的关联？虽然这仍然是一个悬而未决的问题，但有些人认为最终答案是否定的（Harris and

Shaw，2000）。社会地位优越的白人比社会地位优越的非裔美国人拥有更多的机会去实施某些类型的白领犯罪。

有几个可能的原因可以解释为什么社会地位优越的白人会有更多的机会。首先，和女性一样，非裔美国人能进入公司高层的情况非常罕见。与女性类似，他们可能会觉得，自己会遭受额外的审查和监督：有人在盯着他们的一举一动。因此对他们来说，在计算潜在白领犯罪机会的成本和收益时，必须更加重视被发现和被暴露的可能性。白人经理和高管则不必太担心被人监视，因为他们并不突出。其次，非裔美国人经理可能无法像白人经理那样获得如此多的社会资本。与女性一样，他们可能不像白人那样融入非正式的职业和组织网络中。对组织中职业流动的研究确实支持了这一解释。与白人男性相比，非裔美国男性无法获得人们用来晋升到管理职位的同样的关系网和赞助机会。相反，他们必须依靠更正式的晋升机制，如通过教育和工作经验积累人力资本以获得晋升（Smith，2005；Wilson，2012）。由于非裔美国人缺乏进入非正式网络以获得晋升的机会，他们似乎也无法进入高层白领犯罪的非正式网络。而进入这些网络就能获得自由和权力，获得实施大规模白领犯罪的权力（Hagan，1994，p. 101）。

种族和白领犯罪：受害情况

社会阶层和种族之间的关系对白领受害人群体也有影响。由于非裔美国人在下层社会中占有一定比例，他们也很可能遭受针对穷人和弱势群体的白领犯罪的影响。遗憾的是，其中一些是最为严重的白领犯罪，包括环境犯罪、违反工作场所安全规定以及更平常的消费者欺诈。

并非所有的社区都是平等的。在美国，垃圾场、危险废弃物的收集设施、焚烧炉、化工厂、造纸厂和其他污染行业几乎从未坐落于上层社会所在社区。相反，几十年来它们一直位于经济上处于不利地位和政治上无权势的少数族裔社区（Bullard，1990）。这些社区的居民面临的暴露于环境毒物和危险废物的风险更高。

用来描述这种情况的术语是环境种族主义。很明显，种族和社会阶层在环境规划和决策中发挥着关键作用（Bullard，2000）。污染最严重的是那些最贫穷并且主要由少数族裔居住的城市环境，这也并不令人感到奇怪。例如，在洛杉矶地区，超过70%以上的非裔美国人和50%的拉丁美洲人生活在空气污染严重的地区，与此相比，只有1/3的白人生活在这一地区（Bullard，2000，p. 224）。这一比例模式并不是洛杉矶甚至加利福尼亚州所独有的，而是在全美国都能发现。空气污染不是少数族裔社区面临的唯一环境风险。美国总会计署（U. S. General Accounting Office）发现，危险废弃物设施的选址与一个地区的种族和社会经济地位之间有着很强的关联（Bullard，2000，p. 32）。危险废弃物设施或潜在污染行业靠近少数族裔社区的选址并不一定意味着该特定社区的居民已成为环境犯罪的受害者。然而，由于环境犯罪在某些行业比其他行业更为常见（Epstein and Hammett，1995；Hammett and Epstein，1993），住在附近的人必然面临更高的受害风险，通常情况下，这些人是少数族裔。

同样，少数族裔更有可能从事与工作有关的疾病、伤害和死亡等风险较高的职业和行业（Leeth and Ruser，2006）。根据美国劳工统计局的数据，利斯（Leeth）和鲁泽（Ruser）发现，美国非裔和西班牙裔男性的工伤死亡率比白人高出35%。换句话说，每3名白人在工作中死亡，就有4名美国非裔和西班牙裔工人死亡。死亡率的这种差距很大，但并不完全是由少数族裔和白人之间的职业差异造成的（Leeth and Ruser，2006）。即使在危险职业中，美国非裔和西班牙裔男性的工伤死亡率也比白人男性高出35%。正如我们在第六章所指出的，并非所有与工作有关的伤害和死亡都是违反职业安全规定的结果，大部分是意外事故造成的。然而，在某种程度上，与工作相关的死亡是由违反安全规定造成的，少数族裔工人比白人工人更有可能成为这些违规行为的受害者。正如利斯和鲁泽所说，安全也是有种族划分的。

是什么原因导致了少数族裔在环境和职业上受到伤害的风险升高？我们的机会视角提示了两个重要因素：近距离接触和缺乏监管路径。正如前面提到的，少数族裔遭受环境和职业违法伤害的比例高于白人，这是因为他们往往离这些违法行为发生的场所或环境更近。由于一些原因，他们比白人更有可能在这些违法行为集中的社区或行业内生活或工作。缺乏监管路径指的是少数族裔群体成员和社区呼吁国家对潜在犯罪人实施控制和监督的能力相对较低。少数族裔社区往往缺少经济和政治权力。由于缺乏权力，他们无法抵制污染企业在其社区附近选址，潜在的犯罪人在犯罪决策时也会考虑到这一点。布拉德（Bullard）（2000）对此想法提供了一个特别直截了当的例子。他引用了一家名为塞雷尔协会（Cerrell Associates）的公司为加利福尼亚废物管理委员会（California Waste Management Board）准备的一份报告，该报告聚焦于危险废弃物焚化炉的选址问题，详细介绍了最有可能对焚烧炉组织有效抵制的社区类型。根据塞雷尔协会的报告：

> 所有社会经济群体都倾向于对主要设施在附近选址表示不满，但是中上社会经济阶层拥有更好的资源来实现他们的反对意见。中上社会经济阶层的社区不会位于拟建地点的1英里和5英里半径内。（quoted in Bullard，2000，p. 225）

正如布拉德指出的那样，如果焚烧炉不设在中上层社会经济社区附近，那么留给它们的唯一去处就是下层社会经济社区，而这些地区的少数族裔比例非常高。这就如我们在第六章所指出的，跨国公司将“社会和环境风险”从富裕的发达国家转移到世界上欠发达（和受保护）的地区（Van Wingerde，2015，p. 260）。

小结

本章讨论了白领犯罪机会的分布是如何受到社会阶层、性别和种族的影响的，这些人口统计特征与白领犯罪的发生和受害情况有着密切的关系，这应该不会太让人吃惊。所有这三个方面都与职业结构有着明显的联系，而职业决定了白领犯罪机会的获取。要区分阶层、种族和性别的不同影响是困难的，因为性别和种族都与阶层地位密切相关。因此，通常很难确定什么是独立于社会阶层的种族或性别影响（Harris and Shaw，2000）。种族和性别对白领犯罪的重要性似乎取决于具体情况。例如，在组织内部，性别可能通过影响与阶层相关的职业岗位的获取而对白领犯罪产生间接的影响。由于玻璃天花板的存在，担任高层管理职位的女性或少数族裔并不多，因此他们无法获得高层管理人员可以利用的犯罪机会；甚至当他们晋升到高层管理职位时，女性和少数族裔仍可能被排除在实施高层公司诈骗的非正式网络之外。然而，在组织之外，性别可能对犯罪产生直接影响，女性恰恰因为其性别被排除在某些类型犯罪团伙之外，而不是因为她们的阶层地位（Steffensmeier，1983；Steffensmeier et al.，2013）。少数族裔成员可能面临类似的障碍。因此，阶层、种族和性别对犯罪的影响是复杂而多变的。

长期以来，社会阶层一直被认为是影响个人参与犯罪的重要因素。在萨瑟兰之前，犯罪学家通常认为犯罪集中在较低的社会阶层。但是，正如萨瑟兰及其追随者所展示的那样，传统观点是错误的。犯罪遍及整个阶层结构，而且不同的阶层实施的犯罪形式是不同的。

虽然关于阶层与犯罪之间的联系的研究因许多方法上的困难而变得复杂，但就目前可以确定的情况来说，传统的严重掠夺性的街头犯罪形式似乎在较低的社会阶层中更为常见（Braithwaite，1981；Harris and Shaw，2000）；而对于严重的白领犯罪来说，阶层和犯罪之间的联系是相反的，来自上层阶层的人明显占主导地位。

一方面，虽然社会地位和社会阶层相关，但它们并不完全是一回事。个人可以根据某些标准，如教育、收入和职业声望，或多或少地拥有社会地位，在这个意义上讲，社会地位是一个相对的概念；另一方面，在这里使用的“社会阶层”是一个关系概念，指的是个人是否拥有对组织的资产和资源的控制权。最严重和最复杂的白领犯罪往往是由控制组织资产和资源的人，即所有者、经理和主管实施的（Wheeler and Rothman，1980）。因此，在白领犯罪中，真正重要的不是社会地位本身，而是犯罪人在组织中的职位。正如前面提到的，上一所知名大学并获得商科或法律学位并不一定会让一个人有机会犯下严重的白领犯罪，但它可以提供一个进入能实施犯罪的职业或组织职位的机会。

正如本章和第二章调查数据所显示的，现在和过去一段时间以来，女性在重大白领犯罪中的比例非常低。我们所说的“重大”是指组织复杂、对受害者造成严重和广泛后果的犯罪。违反反垄断法、证券诈骗以及最近的财务造假都是重大白领犯罪的典型例子。根据耶鲁大学的数据，在20世纪70年代，女性在反垄断犯罪者中所占比例不到1%；根据凯瑟琳·布里基和达雷尔·斯蒂芬斯迈耶收集的数据，2000年以来曝光的一系列会计欺诈案件中，女性所占比例同样很小。女性在低级别、简单的白领犯罪中表现更突出，如银行贪污。

尽管白领犯罪中的许多性别差距可以用公司高层职位中女性相对缺乏来解释，但这并不能解释所有的差距。除获得领导职位的能力水平不同之外，可能还涉及男性和女性其他方面的差异。研究发现，即便男性和女性实施相同类型的白领犯罪，他们这么做也是出于不同的原因（Daly，1989；Zietz，1981）。也就是说，有时男性和女性似乎会遵循不同的白领犯罪动机路线。女性不太可能利用白领犯罪机会的原因还有其他方面，比如具有更强大的自我控制能力、更低的风险偏好、自己受到更严格审查的认知，或者对潜在受害者有更强烈的同情心。在这一点上，目前尚不清楚犯罪中的性别差距在多大程度上是由职业歧视造成的，又在多大程度上是由男性和女性之间的其他社会因素差异或心理差异造成的。

在种族和白领犯罪方面，我们也面临着类似的情况。白人在严重的白领犯罪人中的比例明显过高。与白领犯罪中的性别差距一样，种族差距当然在很大程度上也是由于获得适当类型职业岗位方面的差异造成的，但是也可能涉及其他差异。在大型组织中获得领导职位的非裔美国人与白人的犯罪率相同还是更低，这仍然是一个悬而未决的问题。

最后，我们在讨论受害问题时提出了一项警告。务必要记住，对于某些形式的白领犯罪，从个人角度考虑受害情况可能会产生误导。正如萨瑟兰（1983）很久以前指出的，白领犯罪的一个显著特征就是受害的广泛性。例如，第五章所讨论的涉及汽车零部件的价格操纵案就会以这样或那样的方式影响几乎所有购买或使用汽车的人。认为这种犯罪对某个性别、种族或族群的影响比对另一个性别、种族或族群影响更大，这是没有任何实际意义的，除非从微不足道的意义上说，它对汽车用户的影响比对依赖公共交通工具的人的影响更大。某些类型的证券犯罪，如内幕交易、股票操纵和财务造假，情况往往也是如此。这些犯罪影响经济的总体运行，由于每个人都在一定程度上受到经济起伏的影响，所以每个人（甚至那些自己没有持股的人）都可能受到这些白领犯罪类型的影响。

此外，对于某些类型的白领犯罪，真正的受害者是政府项目或其他组织。针对联邦医疗照顾和医疗补助项目以及其他医疗保险公司的诈骗是那些直接使组织而非个人受害的白领犯罪的绝佳例子。同样，在2008年抵押贷款诈骗丑闻中，购买欺诈性抵押贷款支持证券的不是个人投资者，而是银行、保险公司和养老基金组织。白领犯罪的受害者可以是组织、公司和政府本身，这一点对于此类犯罪的控制具有重要意义。与大多数个人犯罪受害者不同，组织受害者拥有强大的政治和经济权力。组织有经济和政治资本来提起民事诉讼，敦促开展有力的调查，甚至游说制定新的法律法规，所有这些活动都会影响白领犯罪的机会结构。

注　释

1 荷兰的研究揭示了略微不同的模式（Van Onna et al.，2014）。虽然与男性相比，女性总体上明显较少参与犯罪，但她们在典型的白领犯罪人群体中所占比例（18.6%）要高于其他轨迹群体：成年初犯（15.8%）、成年惯犯（7.4%）和典型犯罪（4%）。

第五部分

白领犯罪的控制、预防和未来

我们应该没有必要再争论白领犯罪对个人和国家，乃至对世界构成的严重威胁。萨瑟兰（1940，p. 1）所称的“与商业相关的犯罪”的破坏性影响已经被反复和公开地证明：金融丑闻导致了数十亿美元损失，环境灾难要耗费数十亿美元去解决，工作场所发生的灾难带来的精神和身体代价是如此可怕，以至于完全难以用金钱估量。白领犯罪是一个严重的社会问题，任何关注新闻的人都应该清楚这一点。鉴于这一问题的规模和严重性，人们可能会设想控制白领犯罪将是各级政府的首要任务，但这种想法是错误的。显然，更多的政治关注和刑事司法资源被用于控制街头犯罪，而不是室内犯罪。

然而，尽管美国官方对白领犯罪的反应可能用“软弱无能”来描述最为恰当（Shover and Hochstetler，2006），但它们也并非完全缺失，并非完全无效。在本书的最后部分，我们将描述控制和预防白领犯罪的不同方法。存在不同的方法是有意义的，因为它代表了白领犯罪与其他犯罪的另一个不同之处。对街头犯罪的控制虽然不完全由刑事司法制度负责，但在很大程度上还是归属于刑事司法制度。我们期望警察发现和逮捕那些实施街头犯罪的人、法院给他们定罪、矫正系统使他们丧失再犯能力或者改过自新。我们希望所有这些措施都能使我们和我们的街道更加安全。

刑事司法制度也参与了对白领犯罪的控制，但由于第九章所讨论的各种原因，这一司法制度在应对白领犯罪的实施者方面并不十分有效，而且很可能永远不会非常有效。不过，其他一些控制和预防白领犯罪的方法很有前景，包括监管、民事司法制度、各种法外措施和情境犯罪预防策略。单独来看，这些方法都不是“灵丹妙药”，但综合起来，它们在某些领域发挥了作用。与其他评论者一样，我们在此主张用多元化的方法来控制和预防白领犯罪。

第九章　法律控制：刑事司法、监管和民事司法制度

法律救济

传统的街头犯罪几乎完全由刑法控制，但在白领犯罪方面，另外两种法律制度——监管和民事法律也可以发挥作用。这些制度以不同的方式运作，具有不同的哲学方法、法律标准、管制和制裁方法。在本章，我们将重点介绍这些不同的法律制度，以及它们如何与机会结构相关联。我们区分了不同的法律干预措施和不同的制裁对象（个人与组织）。然后，我们讨论了法律的一些失误和局限，特别是过度刑事化的危险（即不必要地扩大刑法的适用范围）、不起诉和延迟起诉协议的出现，以及一些人所谓的创造性遵守或抵制文化。如果法律被认为是不合理、不必要的限制或过度惩罚，公司可能会通过不守法来“反击”并挑战法律制度。另外，由于大部分监管领域并不是非黑即白，而是处于灰色地带，企业可能会寻找法律漏洞来为自己谋利。最后，我们强调并评估了作为建立信任和加强合规的一种方法和工具的回应性监管。我们在本章结束时就如何改变法律制度，以便更有效地打击白领和公司犯罪提出了建议。

刑事司法制度

毋庸置疑，预防和控制犯罪是刑事司法制度的两个主要目标和功能。与其他类型的犯罪人一样，白领犯罪人也可以通过刑事诉讼程序被追究责任。刑法被用来惩罚违法者，并传达这样一个信息，即所涉行为是有害的，道德上是令人厌恶的，是不可容忍的。长期以来，法律哲学家们一直认为，法律和惩罚是社会契约的一部分，在此契约中，个人放弃一定程度的自由以换取免受伤害的保护并享有和平与安全（Beccaria，1983）。从这个角度来看，当个人违反法律时，他的行为违背了公共利益，因此社会既有必要也有责任惩罚他的违法行为，并阻止他今后再做出对他人有害的行为。

惩罚违法行为对于维护和保护社会安定是必要的，但它只有在合理的司法制度背景下才能有效运作，也就是说，这一制度是公平的，不会被滥用（Bentham，1948）。由于执法者总是存在滥用职权和腐败的可能，因此社会已经制定了许多保障措施来保护个人权利和自由。例如，刑法有很高的证据标准。要判被告人有罪，必须按照严格的程序规则来收集和处理证据，必须排除合理怀疑。此外，被告人有许多法律权利保障他们免受执法者滥用权力的侵害，这些权利包括免于不合理搜查和扣押、聘请律师、陪审团审判、与证人对质以及不被强迫自证其罪等。刑法要求有证据证明犯罪者有意实施违法行为，并且是怀着有罪的心态实施这些行为（犯罪意图）。

这些法律保障措施可以保护每个人免受刑事司法工作人员滥用权力的侵害，但同时它们对那些被指控白领犯罪的人也特别有帮助。白领犯罪案件中的被告尤其受益于这一要求：检察官必须排除合理怀疑地证明被告的行为具有犯罪意图（Benson and Kerley，2000）。换言之，检察官必须证明被告明知自己的行为是非法的，但仍故意实施这一行为。当然，这一法律标准也适用于普通的街头犯罪人，但在他们的案件中这个标准通常更容易得到满足，因为街头犯罪人实施的抢劫、入室盗窃、袭击和盗窃等罪行涉及明显违法的身体行为。但在许多白领犯罪案件中，情况并非如此。例如，我们在讨论医疗保健欺诈时指出，当医生向医疗补助项目递交虚假索赔申请时，欺诈性的事实其实并不明显，因为从表面上看，虚假索赔看起来就像是合法索赔。在白领犯罪案件中，合法性表象造成违法行为难以被侦破，这是制约该领域刑事司法制度有效性的主要因素。

即使医生的虚假索赔被发现，医生也总是可以说自己只是犯了一个错误，或者只是一次办公室由其他人造成的事故。虽然这种无罪主张可以在法庭上被推翻，但要做到这一点并不一定容易。确切地说，它要求检察官和调查人员收集与被告心理状态相关的额外证据。这一额外的工作要耗费时间、精力和资源。在白领犯罪案件中，辩护律师利用被告固有的模棱两可的心理状态，试图构建出对事实有利的解释以提交给陪审团。有利的解释是指被告人心理状态显得模棱两可、不能满足排除合理怀疑的证据要求的解释。在白领犯罪案件的法庭审理中，被告人的心理状态几乎无一例外地成为一个关键和有争议的问题（Benson，1985；Benson and Kerley，2000；Katz，1979；Mann，1985）。

尽管白领犯罪案件给侦查人员和检察官带来了特殊的问题，但成功的起诉时有发生，而且一旦成功，就能够向其他人发出强有力的威慑信号。在一个备受关注的案件中，梅西能源公司（Massey Energy）首席执行官唐·布兰肯希普（Don Blankenship）因牵涉美国近 40 年来最致命的、造成 29 名矿工死亡的煤矿爆炸案而被起诉，并被判有罪，入狱一年。尽管对他的起诉和定罪与矿工的死亡没有直接关联（即他没有被指控谋杀），但布兰肯希普被指控犯有一项轻罪，即共谋故意违反上大支煤矿（Upper Big Branch mine）强制性的联邦矿山安全和健康标准，以及对美国证券交易委员会（SEC）和投资者撒谎的两项重罪。2016 年 4 月 6 日，布兰肯希普因共谋故意违反矿山安全而被判入狱一年，并被处以 25 万美元罚款。他的轻罪指控成立，而两项重罪被判不成立。

对高管的起诉极其罕见，但在这个特殊案件中，检察官指控了一名首席执行官，他已经充分了解矿工面临的日常风险，却无视矿山安全法规，同时还从矿山利润中获得经济利益。

> 如何衡量这种罪行呢？被告是美国最大的煤炭公司之一的首席执行官，这家大型企业市值数十亿美元，其股票在纽约证券交易所上市交易，被告拥有大量私人飞机，在全国各地豪华度假酒店举行豪华董事会，并拥有大量资源支持其采矿业务。他完全有机会安全合法地经营上大支煤矿，但他却积极共谋违反保护煤矿工人生命的法律。尽管他在实施被定罪的犯罪阴谋时已经非常富有，但他如此贪婪，以至于为进一步充实他的银行账户而故意危及工人的生命。对于如此可怕的不法行为，什么样的惩罚才算足够？在美国，我们还没有听说过其他大公司的首席执行官因违反工人保护法而被定罪的案例，因此很难找到直接的参照点。但是可以将这种犯罪与其他更常见的犯罪进行比较。以下哪种情况更糟糕：是一个贫穷的、未受过教育的年轻人因为没有其他机会而贩卖毒品，还是一个处于权力巅峰的千万富翁高管决定让他的员工每天玩“俄罗斯转盘赌”游戏？是该年轻人在一次毒品交易中持枪——从而获得五年强制性的最低刑期，还是这位首席执行官日复一日危及数百人的生命？是盗窃钱财，还是践踏保护人类生命的法律？在每种情况下，提出问题就是回答问题。在任何公正的评估下，只有判处多年监禁才能真正反映被告罪行的严重性并提供公正的惩罚，而法律要求法院这样做。当然，其他法律规定也使得这样的判决不可能出现。法律规定，故意违反矿山安全和健康标准最多只能判处一年监禁。(United States Sentencing Memorandum，2016，pp. 2 – 5)

尽管刑法在布兰肯希普案中得到了成功的运用（虽然并非没有争议[1]），但在公司背景下，刑事诉讼可能非常具有挑战性（Stone，1975）。公诉人不仅很难证明某人的行为带有犯罪意图，通常也很难准确判断谁应对公司内部的决策负责。组织中的决策往往是分散的，不是由任何某一个人掌握。决策者可以采取“一致的无知”来保护自己免受刑事责任（Katz，1979）。因此，现实情况就是“个人责任经常被公司责任所取代，而公司责任现在已成为一种简单易行、包罗万象的工具”（Fisse and Braithwaite，1993，p. 1）。当被告人是组织而非个人时，往往难以对违法者适用刑法。正如西莉亚·韦尔斯（Celia Wells）（1993，p. 15）所观察到的，法律的语言“假定国家强制是针对个人实施的，个人可能带来的伤害将损害其他特定的个人。公司活动并不符合这一范式”。因此，刑法最经常被成功地用于打击个体白领犯罪人——那些为了一己私利而亲手实施欺诈、伪造、贪污和其他犯罪的人。

尽管刑法采用了法人人格的概念来代替自然人，并通过公司责任拓宽了法律的适用范围，但检察官仍然难以在刑事法庭上对公司提起诉讼（Benson et al.，1998）。因此，针对公司提起的刑事诉讼相对较少也就不足为奇了。近年来，美国联邦政府以“增强威慑”为目标，已将重点转向起诉负有责任的公司官员和管理人员。美国量刑委员会为组织的量刑制定了新的更严格的量刑指南，美国司法部也为起诉公司制定了新的指南（Cullen et al.，2006）。正如我们在第八章所讨论的，司法部公司欺诈特别工作组（CFTF）确实调查并起诉了许多涉及21世纪初参与公司财务造假的个人。然而，即使公司决策者重新受到关注，对公司内部个人的刑事起诉仍是罕见的，它代价高昂，而且往往不成功。正如克林纳达（Clinard）和耶格尔（Yeager）在他们的经典著作《公司犯罪》最新导言中指出的，针对公司监管责任人（即董事会成员）的刑事诉讼非常罕见（Clinard and Yeager，2006，pp. xxxvi – xxxvii）。

通常情况下，对重大公司犯罪人物的成功定罪会被提起上诉（玛莎·斯图尔特是一个明显的例外，因为她选择不提起上诉并服刑），有时还会被上级法院推翻。事实上，许多法律学者就认为，安然公司的杰弗里·斯基林（Jeffrey Skilling）有“合理”的机会可以推翻2006年对他的一些指控的定罪，因为政府没有交出有利于他的辩护证据，而且斯基林的定罪中还存在其他严重的法律瑕疵（Hawn，2008）。斯基林也确实多次提起上诉，政府最终同意将他的刑期从24年减为14年。作为减刑的回报，斯基林同意不再对有罪判决提出反对（Wilbanks，2013）。

当政府着手将公司作为刑事犯罪嫌疑人时，大多数成功的起诉并没有抓住大鳄，而是抓住了规模较小且相对较新的公司（Cullen et al.，2006，p. 360；U. S. Sentencing Commission，1993—2004）。部分原因可能是《美国量刑指南》中有关自我报告的条款。根据该指南，公司如果存在自我报告、与当局合作或承担责任的情形，就有资格获得减轻处罚。因此，减轻处罚可能对那些能够从该规定中获益的公司具有吸引力。

但是，如果公司所犯的罪行相当严重——即使减轻处罚也仍然属于高额罚款范围——上述规定就会压制公司的自我报告。阿尔伦（Arlen）（2012，p. 349）在她对《美国量刑指南》的批评中指出，自我报告条款有悖常理地奖励了那些最容易被当局发现的不老练的罪犯（更年轻和更小型的公司）。从国家当局的角度来看，这些公司也是最不麻烦的违法者，因为与安然和通用汽车公司相比，它们的违法行为的范围往往较小，后果也不是特别严重。

作为控制白领犯罪和公司犯罪的一种手段，刑事司法制度难以适用，也并没有取得非常大的成功。具有讽刺意味的是，保护我们个人自由免受政府权力滥用和压迫的法律保障也使我们更容易受到白领犯罪分子的伤害。然而，尽管存在这些问题，刑事司法制度仍然可以在打击白领犯罪中发挥重要作用。与我们将在下面讨论的民事司法制度和监管制度相比，刑事司法制度可以施加的制裁非常具有侮辱性——尤其是针对那些倾向于认为自己非常传统和守法的罪犯。因此，刑法具有产生巨大威慑作用的潜力，但很少有经验证据来确定这种潜力是否真正转化为威慑作用。最近的一项荟萃分析试图回答这个问题——具体来说，正式的法律干预是否能"阻止"公司犯罪（Simpson et al.，2014；Schell et al.，2016）。这项研究考察了一系列广泛的干预措施，包括法律、惩罚性制裁、监管机构的非惩罚性措施、监管政策，并评估了这些干预措施是否针对个体的经理/雇员、公司或地理区域。然而，结果远非定论。惩罚性制裁（与刑事司法处罚相关）在方向上倾向于威慑，但对个人或公司自身来说几乎没有统计学上的意义。同样，关于"法律"（特定法律要素、新法、修改后的法律）对威慑的影响作用，研究结果显示的也是一种威慑的总体趋势。然而，在那些观察到重大发现的案例中，有几个是措施本身引起的（结果与预期恰恰相反）。

换句话说，制定新的法律或修改旧法会带来更多的犯罪，而不是更少。

由于荟萃分析关注的不仅仅是作为犯罪控制和预防来源的刑法和刑事司法干预措施，所以在接下来的部分里我们还会重点讨论与民事和监管司法程序相关的结果。但是，在转向讨论这些其他正式的法律机制之前，我们有必要讨论一下不起诉和延迟起诉协议（N/DPAs），它们是联邦检察官可以使用的相对较新且被利用得越来越多的工具。这些协议逐步扩大了检察官的传统角色，“从事后注重惩罚扩展到事前强调遵守”（Kaal and Lacine，2014，p. 2）。不起诉和延迟起诉协议是公诉人和公司犯罪人之间的协议，司法部或证券交易委员会在协议中同意不起诉一个刑事案件（NPA），或根据双方商定的一系列特定条件推迟起诉（DPA）。如果一家公司遵守协议的条件（通常涉及诸如治理变更、公司承认犯罪行为和认可错误，以及在协议期间承担额外的报告和监督职责），该公司就可以免予刑事起诉。

出于许多法律和政策方面的原因，不起诉和延迟起诉协议存在争议。虽然协议的双方参与者都看到了好处，但批评人士认为，这种做法存在三个主要问题：（1）大多数协议都未能在公司内部实现有意义的结构或道德改革（Garrett，2014）；（2）在某些领域签订不起诉和延迟起诉协议（例如《反海外腐败法》执法）导致执法的质量低于其数量（Koehler，2015）；（3）这些协议把检察官变成了法官和陪审团，破坏了三权分立原则（Epstein，2006）。

有利的一面在于，不起诉和延迟起诉协议被视为一种手段，可以获取对公司的影响力和控制权，以确保该公司更好地全面合规，从而避免公司因为刑事指控带来的有害附加后果，包括公司死亡。安达信（Arthur Andersen）的破产就是一个例证（Kaal and Lacine，2014，p. 10）。因此，支持者认为不起诉和延迟起诉协议实际上是双赢的，这种协议具有通用性和灵活性，并且由于协议提供了比其他法律选择更大的确定性和终局性保障，公司实际上可能更倾向于不起诉和延迟起诉协议，而不是辩诉交易或民事诉讼（Noked，2012）。

另一些人对这些协议持高度怀疑的看法，认为它们缺乏透明度，削弱了威慑作用，并减轻了与起诉和定罪相关的负面宣传（耻辱）的可能性

（Noked，2012；Mokhiber，2005，引用于 Alexander and Cohen，2015）。布兰登·加勒特（Brandon Garrett，2014）还观察到，检察官和公司之间的协议保护了公司内部那些对犯罪负有个人责任的人员。但是，即使像加勒特这样对协议进行了广泛的实证分析的批评家，也并不主张取消不起诉和延迟起诉协议。他认为，协议的内容可以更加全面和严格，以迫使公司进行结构性改革。亚历山大（Alexander）和科恩（Cohen）（2015，p. 591）在另一项实证分析中，通过比较上市公司和司法部通过不起诉和延迟起诉协议和辩诉交易达成的486项和解得出结论，虽然这两种协议在结构上相似，但也存在一些显著的差异。首先，不起诉和延迟起诉协议的出现和发展不能替代辩诉交易。两位作者注意到，不起诉和延迟起诉协议的流行与辩诉交易使用的减少并无关联。其次，使用不起诉和延迟起诉协议的犯罪类型及犯罪人似乎有所不同。与辩诉交易相比，不起诉和延迟起诉协议的犯罪严重程度（根据《美国量刑指南》中的犯罪标准衡量）更高，但辩诉交易的罪责程度更高。最后，亚历山大和科恩（2015）表明，不起诉和延迟起诉协议往往比辩诉交易要求更多的非金钱制裁。这些结果与卡尔（Kaal）和拉桑（Lacine）（2014）的分析一致，揭示了与不起诉和延迟起诉协议执行相关的重大治理转变。他们也不确定观察到的变化是否会长期持续下去。

总之，不起诉和延迟起诉协议的总体影响很难评估。这些协议的使用率越来越高，遍及不同的犯罪类型和联邦机构，在打击公司犯罪斗争中越来越常见。然而，目前还缺乏对公司累犯和长期效果等重要成果的循证研究，这表明在不起诉和延迟起诉协议与其他干预和控制措施的对比中，相对来说哪一个更成功，最后结论还有待分晓。

民事法律的执行

要使刑法发挥作用，人们必须相信违法行为会被发现并受到惩罚。此外，该制度还必须以高效和公平的方式运作。然而，正如我们一再指出的那样，白领犯罪的一个显著特征是很难被发现，而且即使不法行为被发现，要起诉白领犯罪案件中的不法行为人也往往困难重重，特别是当不法行为人是一家实力雄厚的公司时。由于这些障碍，人们通常会通过刑法以外的手段来寻求法律救济，比如民法，它要求的证明责任的证据标准相对较低（即要求提供优势证据而不是排除合理怀疑的证据）。此外，尽管惩罚可能会给被告带来经济上的代价，但并不涉及剥夺自由。因此，被告受到的法律保护和正当程序的保护较少。正如我们从20世纪末最臭名昭著的案件之一中所知道的那样，前橄榄球运动员兼演员O. J. 辛普森（O. J. Simpson）在刑事审判中被判无罪，但在民事审判中被判对其前妻妮可·布朗·辛普森（Nicole Brown Simpson）和她的同伴罗纳德·戈德曼（Ronald Goldman）的死亡负责（应受处罚）。

尽管辛普森谋杀案与更常见的白领犯罪形式有很大的不同，但民事法庭的审理程序是相似的。政府（作为行动代理人）会选择对公司违法人提起民事诉讼而不是刑事诉讼。例如，我们的反垄断法既有刑事条款，也有民事条款，在考虑证据的质量和案件的严重性后，政府有更大的余地为犯罪选择最合适的司法程序。民事司法缺乏刑事诉讼的惩罚性和耻辱性，因为它有不同的目标。使犯罪人丧失行为能力、威慑犯罪人和潜在犯罪人、惩罚犯罪人是刑事司法制度的主要目标，与此不同，民事司法的目标是对受害者的损害进行赔偿和修复，而这主要是通过罚款实现的。

相较于刑事起诉，国家更经常对公司提起民事诉讼（更不用说那些针对公司犯罪人提起侵权之诉的权利人了），尽管经验证据还比较粗略，但这些案件可能更容易成功（Simpson，2002）。政府需要满足的证据标准大大降低，而法律改革使得要求违法者提供文件和强制信息变得更加容易。惩罚性制裁（双倍和三倍的损害赔偿）加上各种民事救济措施（如罚款和法院禁令），增加了被告结案的压力。此外，负有责任的个人，无论是在组织外（如信用卡诈骗犯）还是在组织内（如未能保护员工免受危险物质侵害的所有人），都可以被起诉和受到惩罚。政府和受害者都可以提起民事诉讼，尽管个人原告挑战公司被告比政府代表他们起诉要困难得多。不幸的是，民事诉讼对原告个人来说可能代价过于高昂，尤其是在败诉的情况下，他们还必须为被告支付诉讼费用。

尽管民事诉讼是可行的和适当的，但其使用取决于被害人认识到自己的受害情况并能够确定责任人。正如我们前面所讨论的，当违法者和受害者之间的关系更直接时，这种联系就更容易建立。例如，机械修理工拿了钱却没有修理好该解决的麻烦；侵吞财物的人从其雇主那里偷钱；医生从医疗照顾项目中过高索赔；财务顾问没有将客户的钱用于投资，而是据为己有。在这类案件中，受害人可能需要一段时间才能确定自己是否受到了侵害，但一旦犯罪行为暴露，就比较容易确定每个案件中的犯罪者。这是刑事起诉在那些涉及个人犯罪者和受害者之间有直接互动的白领案件中更为常见的原因之一。然而，当作恶者是一家公司时，往往更难确定受害者是谁，以及谁应对损害承担责任。

但是，我们从经验上对民法和公司威慑了解有多少？在前面讨论的荟萃分析中，罚款被列入惩罚性制裁的范畴，因为它是民法中一个重要的补救措施。同样，制定新的法律或修改民事性质的法律也被纳入“法律”干预的范畴。因此，上述研究结果也与此相关。法律和制裁似乎能起到威慑作用，但充其量也只是适度的作用。正如佩特诺斯特（2016，p. 383；Yeager，2016a）所言，这不应该让我们感到惊讶：

> 公司或公司内部个人受到正式法律惩罚的风险很小（人们认为这一风险很小），有了延迟起诉和不起诉协议，惩罚的成本很低，强调利润最大化的公司文化会奖励违规行为，公司犯罪的回报很可能远远超过成本。

尽管有改变管理者或公司行为的政策和干预措施的具体实例，例如《萨班斯—奥克斯利法案》，（*Sarbanes-Oxley*，SOX）——耶格尔（Yeager，2016a）引用了《萨班斯—奥克斯利法案》出台后大量公司“重述”的案例作为证据——但目前尚不清楚具体的法律、政策或实践在大多数情况下对大部分的违法者能起到怎样的效果。事实上，荟萃分析揭示了特定干预措施和处理方式的效果因犯罪类型和分析单位而存在一些差异（Simpson et al.，2014）。

监管制度

美国的监管制度是为了监督和控制经济机构的行为而发展起来的。在监管制度中，控制往往说服力更强，惩罚性更小（例如，同意不再违法的协议、产品召回、罚款或警告）（Clinard and Yeager，2006，p. xiii），其目的是让违法者遵守法律。行政法是美国针对公司违法最常见的法律救济方式，但它远非一个单一的体系。许多监管机构有权调查刑事案件，并对公司违法者追究民事责任。监管机构通常会将刑事案件移交给美国检察官进行起诉。弗兰克（Frank）和隆巴尼斯（Lombness）（1988）提出，关于监管制度目前有四种观点，每种观点对于该制度如何运作都有自己的假说。这些不同的观点可以分为司法模式、法理模式、冲突模式和经济模式。

司法模式的拥护者认为，监管制度的首要目标是对经济机构进行社会控制。犯罪学家们尤其借鉴了埃德温·萨瑟兰（Edwin Sutherland，1983）的研究成果，他对公司犯罪人的研究表明，公司的运作通常在刑法的权限之外，相反，违法者受到民事和监管法规的约束。萨瑟兰认为，这种差异并不是因为白领犯罪与传统街头犯罪相比，其危害性在道德上模糊不清，也不是因为对白领犯罪人的罪责有所困惑（1983，pp. 52－53）。相反，萨瑟兰认为，公司犯罪案件是被“行政隔离”的，处理方式也不同，因为那些有钱有势的犯罪人要求并获得了优待（1983，p. 6）。正是从这一传统出发，犯罪学家从刑事司法的视角来研究民法和监管法。“司法模式下的研究描述了调查、裁决和惩罚的过程，重点关注自由裁量权、正当程序和效力问题”（Frank and Lombness，1988，p. 5）。然而，由于监管制度与刑事司法制度有很大不同（检查员对比警察；行政法庭对比刑事法庭；强调合规对比强调惩罚），这种比较充其量也只是表面的比较（Garner，2007；Scott，1989）。

监管的法理模式认为监管法规是对一系列社会问题的回应，是立法者认识到这些问题并采取行动的结果，这在一定程度上类似于以问题为导向的警务工作，一个特定的问题引起立法者注意，然后立法者制定政策和法律来“解决”该问题。显然，有些问题比其他问题更容易“立法”（产品安全法律相对于全球变暖），而立法者面临的一个关键挑战是如何在法律和其他解决问题的社会策略（如公众意识运动）之间寻找适当的平衡。从某种意义上讲，法理模式是一种自由主义的方法，因为它假定政府以法律形式施加的控制能够改善社会状况。

弗兰克和隆巴尼斯提出的另一种监管模式是冲突模式。这种模式以冲突理论为基础，假设社会是由相互竞争和相互冲突的利益群体组成的。监管领域（机构、法律、政策、程序和结果）只是群体利益之间权力斗争的众多场所之一。在群体之间的竞争性斗争中，强者通常会获胜。监管法律最初似乎是对社会弱势群体利益（如工人健康和安全）做出回应，但最终被篡夺、扭曲和操纵用以保护企业主的利益、权利和特权。

最后，在过去的30年里最突出的监管模式是经济模式。这种模式采用功利主义的“成本－效益”策略来评估总体上监管的收益是否超过其成本。监管机构在提出重大举措时必须进行成本－效益分析。然而，是否可以准确评估监管的各种成本和效益（尤其是不易量化的社会成本）还很不明确。最近对犯罪成本进行量化的尝试证明了这种方法既有用，但也存在弱点（Cohen，2000）。当代关于监管的争论大多集中在监管是否“有效”上。反对监管的批评者声称，商业监管（尤其是“社会”形式的监管）是低效的，而且通常对自由市场体系来说代价高昂（Shover，Clelland，and Lynxwiler，1986）。一个不受约束的体系——或者至少是一个约束尽可能少的体系——将比一个受到法律限制、禁锢的体系以更少的成本创造出更大的社会效益。另一个阵营的评论者则断言，如果任其自行其是，企业自然会追求自身利益（追逐利润），而很少顾及社会公益。对于持经济观点的批评者来说，为了迫使公司正确行事，“做正确的事情”，对公司进行监管是必要的。

监管作为控制白领犯罪的一种手段是否奏效，在很大程度上取决于人们对监管制度采用的视角或模式。例如，基于司法模式的观点，监管制度应该抓住并惩罚违法者。从这个角度来看，监管控制可以被合理地视为一种明显的失败。一方面，监管公司的检查人员太少以致无法对公司进行“监督”，而在法律的适用方面又存在过多的自由裁量权；所实施的制裁既不确定也不够严厉，不足以震慑公司违法者，而且很少有案件因为更严重的法律后果而被挑选出来（如移交刑事执行），尽管这也可能因犯罪类型而有所差异（Simpson，Garner，and Gibbs，2007）。另一方面，当他们面临监管程序不公平和有偏见的指控时，一些监管者会采取严格的“法条主义”的执行方式。这种方式减少了自由裁量，降低了不公平感，但同时也丧失了灵活性。所有违法者，无论所处环境如何都获得了类似对待（Bardach and Kagan，1982），最终结果是毫无意义的规则执行，而不是对白领严重违法行为的控制。

然而，从法理模式的视角来看，监管可以说已经取得了某种程度的成功，因为许多社会代价高昂的公司行为已经被重新定义为社会问题并附加了法律救济，这些法律救济似乎对拟解决的问题（如财务造假和股票诈骗、健康和工人安全、环境污染、消费品安全）的严重程度产生了积极影响。例如，尽管职业安全与健康管理局经常被批评为软弱无能的机构，但职业安全法规无疑对工人的生命安全产生了积极影响。50 年前，工人受伤的比例估计是现在的三倍（Cullen et al.，2006，p. 298）。然而，将有害的公司行为重新定义为一个社会问题是一项艰巨的任务，可能会产生意想不到的负面后果。如果政府单方面将某些以前合法的活动重新认定为非法活动，并且在没有得到被监管实体的同意和支持下这样做，那么这种行为可能会增加公司欺骗、隐瞒和共谋的可能性。如果监管者采取法条主义的方式进行执法，就更可能发生像这样的隐秘抵制行为（Makkai and Braithwaite，1994）。对抗性和犯罪性的商业亚文化发展出“为不合规提供合理化，并传播有关法律抵制和反击方法的知识”（Braithwaite，1989，p. 343）。

这个问题并不是监管制度所独有的，也是刑法中的一个问题（Simpson，2002）。同样，如果公司及其支持者认为监管过于严格且效率低下，那么经济方法也可能助长反抗和抵制。企业学会了与监管者博弈，利用监管中的灰色地带，同时显得对社会负责（McBarnet，2005）。

根据冲突模式，监管是一个存在争议的领域。强大的公司利用政治上的支持者推动它们自己的立法议程。支持和反对监管的力量展开一场科学智慧的较量，双方都利用自己的成本效益评估和科学专家来证明自身的立场就是"真理"。例如，最近有人引用一位反对气候变化的官员的说法，"你有你的科学，我有我的科学"（Simpson，2006，p. 68）。当行业、监管者、公司和社会公众对行为的规范性标准和行为的道德不法性缺乏共识时，那么作为控制手段的监管就可能是无效的。

与刑事司法制度一样，作为控制白领和公司犯罪手段的监管制度既有优势也有弱点。与刑事司法制度相比，监管制度有三个方面尤为重要：主动性、专业性和较少的法律限制。

在我们的法律传统中，刑事司法系统被认为主要是一种被动的控制力量。当有人违法时，警察出现并立即采取行动，找到违法者并将其绳之以法。除了邪恶犯罪（黄赌毒）等少数例外情况，警方一般不会通过主动追查违法行为来执法。相反，他们会等到有人投诉时才做出反应。然而，监管机构应该首先防止伤害的发生，而不仅仅是在它们发生后做出反应。例如，职业安全与健康管理局的检查员可以要求企业主改善危险的工作条件，即使实际上还没有人受到伤害。正如我们还要在下一章更详细解释的，监管制度的主动性使其有时比刑事司法制度更适合于情境犯罪预防。

监管制度的第二个优势是，监管机构及其代理人通常具有特定行业活动领域的专门知识。例如，美国环境保护署关注的是生产工艺对环境的潜在有害影响，美国职业安全与健康管理局聚焦于工作场所安全，而美国证券交易委员会则负责证券业务。专业知识使监管机构能够比大多数刑事司法人员更好地发现和理解复杂的公司犯罪。

监管机构的最后一个优势是，与警方相比它们与被监管实体的互动不受同警方一样的法律约束。例如，警方对一家企业进行搜查之前必须获得一份搜查令，该搜查令必须以那里有犯罪发生的合理根据的证明为基础。而监管机构则有权进入营业场所并在其专业领域内进行检查，以查找违规行为。由于监管机构无须获得搜查令就可以进入和检查企业，因此他们可以在损害实际发生之前采取行动，而不必等到坏事发生。根据所涉机构的不同，监管机构的检查能力不限于对营业场所的实地搜查。更准确地说，它们的权力通常延伸到搜索记录、档案和其他类型的文件证据。

不幸的是，监管机构往往无法充分利用其相对于刑事司法机构的调查和预防优势，因为与被监管群体的规模相比，它们人手不足，资金也不足。政府未能为监管机构分配足够的资源，这一直是而且仍然是监管作为控制白领犯罪和公司犯罪手段的一个根本弱点。例如，建立一个保护工人安全的机构是一回事，但给予该机构足够的资源来提供真正实现这一目标所需的可靠监督则是另一回事。

监管的另一个根本性的弱点是制裁力不足。监管机构可以实施的制裁根本没有刑事制裁那样有威慑力。根据不同情况，监管机构可以处以巨额罚款、发出暂停和终止令或强制召回昂贵的产品。然而，在商界人士看来，这些制裁所带来的威胁与犯罪和监禁的威胁相比微不足道。简而言之，对于一家市值数十亿美元的公司来说，数百万美元的罚款在大多数情况下并不值得担心。

基于这些重大局限，我们可能会认为监管制度在预防和控制公司犯罪方面是一种相对无力和低效的机制。在监管缩紧时期（如特朗普政府执政时期），这种情况尤其可能发生。当然，与其他司法制度相比，行政司法似乎更容易受到政治变迁的影响。然而，在辛普森和同事进行的荟萃分析中（2014；Schell - Buseyet al. ，2016），监管政策展现了一种显著的威慑效果，尽管这种效果规模不大，而且仅限于公司层面。在该项荟萃分析中，监管政策被广泛衡量，包括检查、机构资源和监管政策变化（如放松监管）对公司违规行为的影响。监管政策的威慑作用并没有在个体管理者或地域层面上得以重复，因此，建议把预防和控制资源仅仅集中在监管部门是不明智的。但是，提高和强化所有的法律救济有其概念上和经验上的合理性——不是作为单独和独特的控制机制，而是作为混合和协调的监管战略的一部分。在接下来的部分，我们将讨论回应性监管。

回应性监管

作为对国家当局所面临的应对违法者采取何种策略（惩罚或劝导）以及何时采取相关策略这一难题的回答，艾尔斯（Ayres）和布雷思韦特（Braithwaite）（1992）利用博弈论和经济监管理论并结合大量实证研究，提出了回应性监管策略。回应性监管背后的理念是，“一刀切”的方法不可能适用于所有犯罪人和所有情况，监管也不应该是一种非此即彼的二元策略。相反，监管必须是灵活的、动态的、合作的（直到合作没有意义为止）和尊重的。被监管群体和监管者为了实现合规这一共同目标而紧密联系在一起。

回应性监管的核心是一个执法金字塔，它突出了道德和自我监管的关键作用，以及正式的法律监督和惩罚的分级（沿着金字塔上向上移动）。正如布雷思韦特所解释的，在金字塔的宽阔的底部是最具包容性、协作性和合作性的方法，以确保人人遵守法律；沿金字塔向上每一层都有更坚决和更严厉的干预措施——表面上是为更恶劣和不合作的违法者保留的。

虽然回应性监管和执法金字塔的理念已经被测试、修改、挑战和扩展（Kolieb，2015；Grabosky，2012；Neilsen and Parker，2009），但其基本的组成部分和原则仍然保持未变。回应性监管已在全球范围内广泛采用，但并非没有担忧和挑战，只是更多的是针对执法金字塔，而不是回应性监管本身（Mascini，2013；Parker，2013）。如果我们回到本章所讨论的荟萃分析，将很难从我们迄今为止的报告中提出任何政策建议（Paternoster，2016）。然而，一套包括各种不同且不能相互分离的干预措施的解决对策，无论是在个体还是公司层面都显示出一致的威慑效果。重要的是，这些结果也最不容易受到发表偏好和糟糕的方法设计的影响（Schell - Busey，2009）。因此，虽然我们不可能对每一种解决策略的独特作用进行分解，也不可能确定威慑是通过执法金字塔的分层多管齐下的方法实现的，还是通过与刑事、民事或监管相关的、作为多元干预措施一部分的某种特定工具或杠杆来实现的，但我们还是可以得出这样的结论：与执法金字塔相一致，综合解决策略似乎比任何单一解决方法在预防公司犯罪方面都更加有效。

小结

刑事司法、民事司法和监管制度代表了控制企业和专业人员危害行为的不同路径。这些路径都不能作为解决白领犯罪问题的灵丹妙药，每一种路径均有其优势和不足，但综合起来，它们代表了针对白领犯罪和公司犯罪的传统防线，并共同构成了回应性监管策略的关键组成部分。传统的司法制度取得了一些成功。正如我们上面所指出的，虽然工伤和死亡还没有完全从工作场所中消除，但至少在美国和其他发达国家，工伤和死亡的数量已经显著减少，这个进步未来应该继续发展并扩大到发展中国家。

虽然我们分别介绍了这三种法律控制制度，但我们知道它们在实践中可以相互配合。我们在认识到一些领域已经取得进展的同时，要看到在其他领域仍有很长的路要走，特别是在不断发展和变化的金融欺诈形式方面，法律控制似乎往往落后于趋势，2001 年的财务造假和 2008 年的抵押贷款诈骗丑闻清楚揭示了这一点。越来越多的人使用计算机技术来为白领犯罪提供便利，这种现象也呈上升趋势，因此，我们需要考虑新的控制路径。在下一章，我们试图通过考察法外控制对公司不法行为的潜在有效性以及情景犯罪预防理论对白领犯罪和公司犯罪的适用性来实现这一目标。

注 释

1 在狱中，布兰肯希普公开发表了一份声明，称自己是“政治犯”（Associated Press, 2016）。

第十章　白领犯罪的机会及其情境预防：法律与法外控制的应用

机会、刑法和法规

从机会的视角来看，法律和法规是可以用于影响和控制白领犯罪机会的最好工具。回想一下白领犯罪的几个特征（犯罪人可以合法地接触受害人，与受害人空间上分离，合法性表象），这些特征使得特定犯罪手段（如欺骗、滥用信任、隐瞒和共谋）的使用成为可能。此外，这些特征和手段也影响着运用法律和法规来阻断白领犯罪的机会。

监管法规影响白领犯罪机会的一种方式是设定“合法”准入的界限。例如，许多职业要求个人获得学位或证书才能提供服务，企业通常必须在国家或地方当局注册后才能营业，对于签订合同的主体有年龄限制，等等。这些法规的作用是限制某一类主体可以合法接触特定类型的受害者或犯罪机会。尽管这些法规并不能阻止那些有合法准入资格的人员滥用职权，但至少可以让那些有犯罪动机的人难以从一开始就获得合法途径。

法规也可以用来增加潜在犯罪人欺骗潜在受害者的难度或风险。例如，法规要求承包商为拟议的工作提供书面评估，这让他们更加难以（但肯定不是不可能）言行不一。安然丑闻之后通过的《萨班斯—奥克斯利法案》提供了另一个例子。《萨班斯—奥克斯利法案》中的一项内容要求首席执行官和首席财务官必须对公司的财务记录进行核实证明（Cullen et al.，

2006，p. 323）。如果不这么做或证明财务报告记载虚假就可能使高管遭受刑事处罚。实际上，这项新要求使公司高管以假装不知情来逃避对财务造假承担责任变得更难。还有其他的例子，比如电器上的能效标签或食品上的营养标签。当然，制造商和零售商可以尝试在这些标签上撒谎和欺骗——例如，就像大众汽车在其“绿色汽车”排放率上所做的——但如果谎言被曝光，后果就会随之而来。此外，与没有法律要求的标签相比，制造商和零售商面临的欺骗行为被曝光的风险似乎更大。一般而言，法规帮助减少白领犯罪的最佳方式之一是提高透明度，使潜在犯罪人更难欺骗消费者和其他受害人。

法律与法律控制的局限性

克里斯托弗·斯通（Christopher Stone，1975）是最早提请人们关注多元路径中法律无法控制公司不当行为的批评者之一，他认为将传统法律形式应用于公司存在麻烦。然而，斯通的观察也适用于其他类型（非公司）的白领犯罪。一些白领犯罪随着新技术的发展而出现，比如随着互联网发展起来，出现了网络诈骗这样的犯罪。因此，当各种新的机会出现时，法律需要具有灵活性和适应性。普通法能够适应不断变化的社会条件，这一点令人印象深刻，但当发展（如互联网）真正具有创新性时，普通法就无法快速适应这种新的、广泛的全球现象所带来的潜在风险。

> 数字时代的变化如此之快……使传统的法律改革过程显得效率低下。例如，为适应计算机用户身份验证技术的最新发展而进行立法改革可能要花几年时间，届时所涉技术发展可能已经过时，改革也不再适用。（Grabosky，Smith，and Dempsey，2001，p. 185）

马尔科姆·S. 索尔特（Malcolm S. Salter）以安然案例为参考（引自Hawn，2008，p. 3），认为许多法案都是“创新性的新思想和新金融工具，对此不存在既定的解释，或者说它们并不符合旧的原则”。

这些批评证实了我们在前一章所指出的，法律似乎常常落后于技术发展，这些批评表明，各种形式的法律在限制白领犯罪机会方面——充其量——是边缘化的，偶尔还可能因为其局限性（灰色地带）或通过其对认知方式的影响而增加犯罪机会。在下面这个部分，我们将讨论依靠法外策略控制白领犯罪的替代性补救措施。

法外救济

不以法律控制为中心的白领犯罪预防策略主要侧重于减少犯罪机会。常规活动理论认为，犯罪是由三个相互关联的事件在同一时间、同一地点交织而成的：有动机的犯罪人、合适的目标和缺乏有能力的监护人（Cohen and Eelson，1979）。从这个视角来看，可以通过以某种方法降低目标的适宜性、提高监护水平或减少犯罪人的动机来预防犯罪。可以通过目标硬化（使其更难达到目标）来降低目标的适宜性。可以通过提供更多或更有效的监控来提高监护水平。预防工作也可以聚焦于有动机的犯罪人，但这可能比提高监护水平和硬化犯罪目标更难实现。不过，从实践的角度来看，情境犯罪预防理论预测，任何破坏犯罪三要素的干预措施都会减少犯罪。

通过提高公众对特定犯罪形式的认识和加强对受害者的保护可以降低许多传统形式的白领犯罪的风险。例如，飓风桑迪（Hurricane Sandy）过后，美国司法部就向公民发出了关于诈骗性救济工作的警告；信用卡公司要求持卡人在使用信用卡前打电话“激活”信用卡，远程使用信用卡时还需要提交信用卡背面的安全码；鼓励消费者不要使用借记卡通过电话或互联网远程购买商品，因为欺诈者更容易获得未经授权的银行账户信息；任何拥有电子邮件账户的人都熟悉关于电子邮件诈骗的常见警告，对于那些使用互联网的人，我们会警告不要回复或外泄任何个人信息（如银行账户信息或社会保障号码）以应对“网络钓鱼”。就白领犯罪控制而言，消费者教育是目标硬化的一种形式。

为了防止员工（和消费者）盗窃，百货公司在 20 世纪末期采用了许多新的方式来展示商品（锁在玻璃柜中），以提供更好的控制（Abelson，1989）。如今，企业使用摄像头、警报器、安全密码和警卫；限制对敏感信息和产品的接触；潜在的雇员在就业前接受面试、心理测试和评估，以确定犯罪风险（以及其他事项）。员工受到同事的监视，可疑行为可通过热线匿名举报。对账目、费用报表、法律认可的政策和程序进行随机审计，再加上其他类型的监控，都会影响人们对犯罪机会客观和主观的感知。这些策略都不是万无一失的，但它们确实改变了潜在犯罪人的算计，而且我们似乎可以有把握地认为有时它们减少了犯罪。

显然，有许多创造性的策略可以防止白领犯罪，从简单的（计算机密码）到复杂的（跟踪数据以发现任何不寻常的活动）。例如，美国证券交易委员会现在使用复杂的数据分析来追踪股票的买卖，寻找可能表明存在某种形式的内幕交易或其他股票欺诈的异常模式（Robinson，2013）。在联邦贸易委员会（FTC），消费者保护局维护着一个网站，消费者可以在该网站上就欺骗性或欺诈性商业行为提出投诉。这些投诉会与执法部门共享，并且在年底时，联邦贸易委员会向消费者发布一份记录了收到的投诉的种类和数量的报告。这些预防计划具有灵活性和及时性，能够对新形式的白领犯罪做出快速反应。它们也超出了我们的司法系统的范围，因此是减少白领犯罪机会的一种更广泛、更全面的方法。然而，它们往往忽视有动机的犯罪人。

在《犯罪、羞耻和重返社会》（*Crime*，*Shame*，*and Reintegration*）一书中，约翰·布雷思韦特（John Braithwaite）（1989）认为，控制犯罪的关键在于社会是否有能力向公民传达行为的不法性，并以让人羞耻的方式对行为做出反应，同时让犯罪人重新融入社会。尽管他的讨论更多集中于累犯而不是行为人最初的犯罪决定，但他的主要观点［也与边沁（Bentham）持有共同的观点］是，除正式司法之外，还有其他替代方法可以在控制各类犯罪方面发挥巨大作用的潜力。这些替代方法建立在这样一种理念之上，即个人通常是嵌入在某种社会网络（宗教组织、家庭、邻里、公司、专业协会）中的，这些网络可以在法律程序之外（或与其结合）对个人施加羞辱和惩罚，与法律程序一样，这些控制措施的有效性，也会影响白领犯罪的机会。

法外社会控制可以采取很多不同的形式。最基本的形式是强调正确的规范和价值观的社会化（通过父母、同伴、学校、教会和企业）。道德标准是任何促进儿童和成人亲社会行为的社会控制系统的支柱，也是执法金字塔（第九章中讨论）的基础，但即使在最好的环境下，社会化也可能失败。在白领犯罪中，对与错的标准可能不明确，因为这些犯罪通常是新颖的，它们的法律地位可能暂时模糊不清，而这一点在传统犯罪中是不存在的。例如，在什么情况下，次级贷款的掠夺性放贷应该被视为道德上不可接受的行为，而不仅仅是一种激进的商业行为？许多公司犯罪的法定犯（mala prohibita）属性使得传达这类犯罪的严重性及其后果的努力变得复杂。然而，国家白领犯罪中心（National White Collar Center）在2010年开展的一项全国性调查表明，公众确实认识到白领犯罪的严重性（Huff，Desilets，and Kane，2010）。具体来说，受访者认为白领犯罪比传统犯罪类型稍微严重一些；对组织犯罪的看法比个人犯罪更为严厉；涉及地位高的人（即处于受信任地位的人）的犯罪被认为比地位较低的人犯下的罪行更严重。另一项研究利用2015年的全国调查数据也发现了类似的结果（Simpson et al.，2017）。在这项研究中，大多数类型的身份盗窃、金融欺诈以及针对消费者的不公平和欺骗行为的严重程度被列为与入室盗窃相当或更严重。此外，涉及组织犯罪人的犯罪被认为比涉及个人犯罪人的犯罪更为严重。

犯罪学家知道，最大的犯罪风险可能出现在那些几乎没有道德共识的犯罪中。在20世纪80年代的股市丑闻（通常是高学历的工商管理硕士犯下的）之后，一些颇受好评和有影响力的研究生项目在传统课程中采用了道德培训模块，或者增加了商业道德的特定课程，以此向未来的管理者介绍他们在工作场所容易面临的各种道德（和法律）困境。同样，许多公司将道德规范和道德培训作为不可或缺的组成部分编入其内部合规培训项目。尽管培训项目是否对犯罪产生影响还没有定论（Schell - Busey, 2009）——部分原因是执行这些培训项目的人是否“认真”遵守道德规范还存在争议——但很明显，这种干预方式在普及性和合法性上都有所提高。然而，一些受人尊敬的学者认为整个商业道德运动是失败的（Clinard and Yeager，1980）。

因为大多数白领犯罪发生在组织内部，所以思考组织内部的社会控制系统如何能够影响白领犯罪的机会就非常重要。布雷思韦特（1989, p. 143）认为，当对白领犯罪的惩罚“使羞耻感最大化，……并传达白领犯罪和街头犯罪一样为社会所憎恶”这个信息时，组织环境就能够有效地羞辱犯罪人。当然，有羞辱的可能性并不等于实际羞辱了犯罪人。那么，什么样的做法对公司的羞辱是有效的呢？有一种方式是通过负面宣传来制裁个人和公司违规者（Fisse and Braithwaite，1983），而判断宣传是不是有效工具的方法是观察公司公共关系部门在负面事件后如何展开攻势［例如，可以想一下富国银行（Wells Fargo）现在是如何在电视广告中兜售它对诚信和客户满意度的新承诺的］。管理人员也担心自己的非法活动被其他重要的人发现，如家人、朋友和商业伙伴。事实上，辛普森的研究表明，管理人员从事非法企业活动的意图会受到重要他人潜在的非正式制裁的显著抑制——这种影响等同于或实际上大于正式法律制裁的威胁（Simpson，2002；Simpson，Garner，and Gibbs，2007）。

史密斯（Smith）、辛普森（Simpson）和黄（Huang）（2007）认为，非正式制裁和正式制裁相互作用会降低公司犯罪的风险。管理人员对负面的非正式后果（预期结果）的认知会影响他们对正式制裁威胁的认知，这反过来又会降低他们参与三种公司犯罪（价格操纵、环境犯罪和贿赂）的意愿。因此，正如艾尔斯和布雷思韦特（Ayres and Braithwaite，1992）所主张的，预防和控制白领犯罪的最佳方式是通过执法金字塔实现的。非正式的控制和制裁作为第一套（也是最重要的一套）控制措施在金字塔的底部运作，随后沿金字塔向上是各种更具惩罚性和“正式”的干预措施。此外，第三方政策工具的互补组合可以支持和扩展国家以外的控制机制（Gunningham，Grabosky，and Sinclair，1998）。

情境犯罪预防理论

情境犯罪预防理论（SCPT）关注的重点是如何降低犯罪机会对潜在犯罪人的吸引力，并采取多元化的路径来实现这一目标。所谓多元化，是指情境犯罪预防理论认为在控制犯罪方面，不应该把所有的鸡蛋放在一个篮子里，无论它是刑事司法制度、监管制度、民法、市场、专业协会，还是其他任何法律或法外的控制机制。相反，我们应该根据我们所面临的情境，认识到并利用所有这些机制不同组合的有效之处。

为了预防任何特定类型的白领犯罪，我们需要了解它的机会结构，然后想办法干预和修改这一特定结构。从潜在犯罪人的视角来看，犯罪机会具有五个维度或特征（Cornish and Clarke，1986）：

1. 实施犯罪所需的努力；
2. 与实施犯罪相关的被发现的风险；
3. 从犯罪中获得的收益；
4. 可能刺激犯罪行为的情境条件；
5. 犯罪人可以用来为其行为辩护的借口。

简而言之，从犯罪人的视角来看，如果犯罪（包括白领犯罪）容易实施、被发现的风险低、回报诱人、受到周围环境的鼓励并且容易被正当化，那么这些犯罪就更具吸引力（Benson，Madensen，and Eck，2009）。正如我们在第五章和第六章中通过分析白领犯罪的具体类型所希望阐明的那样，这些条件（对于那些正在考虑实施白领犯罪的人来说）常常都能满足。

在继续讨论如何将情境犯罪预防理论适用于白领犯罪之前，我们需要阐明白领犯罪机会结构的另一个重要而独特的方面。“机会结构”这一术语指的是那些稳固或固定的东西，例如，被人所知夜间无人居住并且没有报警系统的房子就代表着一个固定的机会。从潜在入室行窃者的视角来看，目标就在那里等着他利用。然而，就白领犯罪而言，机会结构几乎总是与此不同。也就是说，机会并不是因为物理对象没有受到保护而出现，而是来自某种合法的商业活动或程序。在我们看来，程序创造了机会。医疗保健从业者向医疗保险公司提出索赔的程序就是一个很好的例子，它创造了某些类型的犯罪机会。

因此，白领犯罪机会几乎总是涉及两个过程的交集。第一个是在商业或政府管理领域通常要被遵循的合法流程，第二个是“寄生”于第一个流程之上的非法过程（Benson，2012）。例如，我们可以回想一下伦敦银行间同业拆借利率丑闻，无良的交易员利用了为不同类型的金融交易设定利率而建立的制度系统。因为设定伦敦银行间同业拆借利率的过程是如此的随意和不安全，交易者比较容易将其滥用为自己谋取私利（Enrich，2017）。同样，一度充斥于次级抵押贷款市场的欺诈和剥削也代表了对合法抵押贷款市场应用流程的颠覆。从广泛的战略角度来看，预防工作要求对合法的流程进行调整，使个人很难采取与合法流程相关的寄生行为。因此，为了预防白领犯罪，我们需要开发很难复制的合法流程或者提高非法使用流程被发现的可能性。这正是英国银行业协会（British Banking Association）在伦敦银行间同业拆放利率丑闻曝光后所试图做的，他们承诺改革伦敦银行同业拆借利率的设定流程（Kuchler and Masters，2012）。不幸的是，已经实施的改革能否有效防止未来对伦敦银行同业拆借利率的欺诈性操纵，还有待观察（Powell，2014）。用我们在本书中使用的概念框架来解释这一点，预防涉及使白领罪犯很难或很复杂地维持合法性表象，或表现出模棱两可的心态，或两者兼而有之（Benson et al.，2009；Benson and Madensen，2007）。

为了实现这些目标，我们可以借鉴并拓展情境犯罪预防理论的基本原理（Clarke，1983）。情境犯罪预防理论建议，为减少任何特定类型的白领犯罪，我们应该努力改变其机会结构，使其：

1. 需要耗费更多精力来实施犯罪；
2. 增加实施犯罪被发现的风险；
3. 减少与犯罪相关的收益；
4. 减少任何激发犯罪的情境因素；

5. 增加为犯罪辩护或开脱的难度。

根据犯罪类型的不同，其中一些目标可能比其他目标更容易实现，但并非每一个案件都必须满足所有这些目标。要实现这些目标，必须认识到白领犯罪有多种不同的形式。医疗保健欺诈的实施方式与抵押贷款欺诈不同。我们需要对这些差异保持敏感，并高度关注特定的犯罪形式（Benson and Madensen，2007）。可以有效减少医疗保健欺诈的方法在抵押贷款欺诈情形中可能是没有用的，因为这两种犯罪具有不同的机会结构。

就普通街头犯罪而言，通常会通过阻止犯罪人接触犯罪目标的方式来加大实施犯罪所需耗费的精力。因为白领犯罪是基于专业化的接触，所以对于许多类型的白领犯罪来说，简单地阻断接触并不是一种选择，尤其是当犯罪是基于对合法职业角色的滥用时。然而，在某些情况下，也可以在一定程度上变通使用这一策略。例如，法律法规要求从业人员在从事某一职业之前必须获得执照或证书，这实际上阻碍了他们和犯罪目标的接触。诚然，拥有许可执照的人可以滥用许可执照，但许可执照要求限制了从事特定行业的人数和类型。联邦医疗照顾和医疗补助服务中心（Center for Medicare and Medicaid Services，CMS）已经对这一策略开展了更为复杂的应用，该中心是负责监督这两个联邦医疗保健项目运作的政府机构（King，2014）。联邦医疗照顾和医疗补助服务中心有一个将医疗保健服务提供者区分为高、中、低风险类别的系统。例如，基于以往的经验，联邦医疗照顾和医疗补助服务中心已经确定新注册的家庭医疗保健服务和新注册的耐用医疗设备、假肢、矫正器及其用品供应者存在很高的欺诈和滥用风险（King，2014）。因此，相较于其他低风险的服务提供者，如执业医师和门诊手术中心等，这些服务提供者要受到更多的审查和监督。

这些程序和控制机制增加了潜在犯罪人的精力耗费，也有可能改变犯罪人计算特定犯罪的成本和收益的方式。白领犯罪人不仅要考虑潜在的法律后果（罚金和监禁时间），还要考虑潜在的职业后果（失去执业证书或执照）（Benson and Madensen，2007）。在富国银行和大众汽车的案例中，公司领导人都因为各自机构的丑闻而丢了工作。同样，欺诈性医疗保健服务提供者受到的惩罚之一是被排除在联邦医疗照顾和医疗补助系统之外。

对于与消费者相关的欺诈，可以通过一种强化目标的形式来增加犯罪实施的难度。消费者欺诈要想奏效，犯罪人必须以某种方式欺骗受害者，使其认为犯罪人的行为是合法的。受害者必须接受犯罪人对现实有利的歪曲。这种情况在21世纪初经常发生，当时掠夺性抵押贷款的经纪人和银行家说服急切的购房者接受对他们非常不利的条件贷款（Nguyen and Pontell，2010）。然而，只要消费者能够进行自我教育，使自己不容易被欺骗，犯罪人的工作就变得更有难度。能够识别现实被歪曲的个人可以避免成为许多类型白领犯罪的受害者。例如，在购买产品或服务时了解自己的交易对象、从朋友和邻居那里获得推荐以及从参考资料或美国商业信用局（Better Business Bureau）那里核实，这些简单的事情都可以帮助你避免与有意欺骗你的人合作，并在有人试图行骗时帮助你识别。

对于白领犯罪而言，提高犯罪被发现的风险尤其重要，因为一旦犯罪被揭露，通常很容易确定负有责任的个人或组织（Braithwaite and Geis，1982）。曝光对白领犯罪人是一种威胁，对于白领犯罪人来说，将自己的名字与任何看起来令人不快或声名狼藉的东西联系在一起都是件麻烦事，因为他们的公众形象和自我形象是正直、有道德和守法的公民。此外，公司领导人必须时刻注意不良宣传给公司盈利能力和市场份额带来的潜在负面影响。因此，尽管公司高管对媒体的抨击如此麻木不仁，他们仍然无法避免受到市场的惩罚。即使在从未真正实施正式制裁的情况下，潜在负面宣传的威胁也可以起到威慑作用（Fisse and Braithwaite，1983）。

然而，为了提高被发现的风险，我们不能仅仅寄希望于自由的媒体揭露不法行为。我们需要创造性地思考并设计出针对特定机会结构的策略。创造性思维的一个很好的例子就是联邦农作物保险项目（Federal Crop Insurance Program，FCIP）的实施。联邦农作物保险项目旨在为农民抵抗洪水和自然灾害等风险提供保险。值得注意的是，它还为农民提供了农作物歉收的保险。一些农民利用这一项目的简单计谋是为农田A的歉收投保，之后，农民将从农田A中收获的农作物记录为农田B的收成，然后向联邦农作物保险项目提出索赔，要求对农田A的“歉收”进行赔偿（Shover and Hochstetler，2006）。事实上，农民从农田A的收成中得到了两次报酬——一次来自联邦农作物保险项目，另一次来自市场。联邦农作物保险项目中的白领犯罪取决于“歉收”索赔看似正常，以及项目管理者不能或不愿意区分有效索赔和无效索赔。犯罪人试图创建看起来正常的申请，他们希望他们的欺诈性申请能与所有合法的申请混在一起。因为在众多合法申请中只夹杂着少量的欺诈性申请，所以检查每一个申请以确定其可信度可能并不划算。根据肖维尔和霍奇斯特勒（2006，pp. 102 - 103）的建议，联邦风险管理局（Risk Management Agency，RMA）想出了一个有效的方法。2001 年，联邦风险管理局开发了一个计算机程序，用来识别联邦农作物保险项目中因农作物歉收而提出的索赔申请，这些索赔由位于其他大多数农民都获得丰收的县的生产者提出。索赔申请可疑的生产者收到信函，被告知联邦正在对欺诈行为进行调查。一年后，对这些农民的赔偿支出大幅下降，仅仅是曝光的威胁似乎就起到了威慑作用。

计算机硬件和软件的进步，加上数据分析的兴起，代表了提高被发现风险的另一种方式。举例来说，对某些类型的证券案件，如内幕交易和市场操纵的侦查，往往取决于揭露人们之间隐秘的联系并识别异常行为模式（Robinson，2013）。对美国证券交易委员会来说，揭露内幕交易案件之间的关联几乎总是涉及通话记录。不到十年前，美国证券交易委员会的调查人员可能要花几个月的时间来分析通话记录，以确定两个或两个以上的人是否在联系，但现在有了软件，调查人员可以更快地确定不同的电话号码是否拨打了同一个电话（Partnership for Public Service，2013）。数据分析也可以用于识别“异常业绩”，如无论市场是好是坏，一家对冲基金报告的业绩都明显优于其竞争对手（Robinson，2013）。一旦这种不寻常的模式被识别出来，就可以着手调查，以确定其是否涉及欺诈或其他类型的白领犯罪。总的来说，数据分析是一种工具，可以用来帮助美国证券交易委员会比过去更快、更容易地发现某些类型的违法行为（Partnership for Public Service，2013）。联邦医疗照顾和医疗补助服务中心也使用数据分析来识别欺诈性的服务费用索赔（King，2014）。作为《平价医疗法案》的一部分，联邦医疗照顾和医疗补助服务中心设立了诈骗预防服务中心（Fraud Prevention Service，FPS）。诈骗预防服务中心使用“预测分析技术”来审查索赔申请，并在支付之前寻找可疑模式。目前我们还不清楚诈骗预防服务中心的运行情况如何，但它的存在是欺诈者和控制者之间竞赛的又一例证（King，2014）。当然，与任何执法工具一样，数据分析不会自动激活。机构工作人员必须获得机构领导的使用授权才能使用数据分析，并且必须对数据分析结果采取行动以使潜在犯罪人可以明显觉察到被发现的危险，这往往是控制各类白领犯罪的薄弱环节。执法工具是有用的，但使用这些工具的意愿会随着时间的推移而摇摆不定，有时还不够坚定（Yeager，2016b）。

其他类型的犯罪则需要一些其他的策略。例如，反垄断犯罪是基于组织内部或组织之间的共谋。这些罪行很难被发现，因为它们隐藏在公司的神秘面纱后面，只有内部人员才知情❶。促进和保护“吹哨人”的法律，如 1989 年的《美国吹哨人保护法案》（*U. S. Whistleblower Protection Act*）可能对该类案件有所帮助。它们增加了组织内部人员打破等级并将有关非法活动的信息带到组织外部的可能性。当然，这样的法律运行效果如何只是一个经验上的问题，它们肯定不会完美无缺。组织对“吹哨人”进行报复，有时“吹哨人”会付出沉重的代价（Miethe and Rothschild，1994；Rothschild and Miethe，1999）。然而，这里的重要教训是，暴露的威胁是白领犯罪人非常敏感的事情，这是一个对社会有利的工具。

减少犯罪的回报是预防普通街头犯罪的一个非常有效的方法。例如，需要代码或密码才能使用的所谓“智能产品”会使看起来有价值的物品对小偷来说毫无价值。如果汽车上的 CD 播放器被取出后就无法播放，那么从车上偷一个 CD 播放器是没有意义的。因为大多数白领犯罪不涉及物品，所以这一策略在很多情况下可能并不适用。不过，这一策略在某些情况下可能也会发挥作用。例如为了防止侵占或挪用财产，组织机构通常会要求超过一定金额的支票申请或交易要有多人签名。尽管个别雇员或高管有可能利用他或她的职位从公司窃取相对少量的资金，但由于需要多重签名，想要盗取大笔资金变得更加困难并且风险更大。实际上，挪用财产的潜在

❶ 指举报人。——译者注

回报已经减少了。

电视犯罪节目经常把犯罪分子描绘成冷酷无情、精于算计、偷偷接近无辜受害者的掠夺者。但是在现实中，许多犯罪是由于犯罪人感受到受害者的某种挑衅造成的（Felson，2002）。从犯罪人的角度来看，犯罪可能代表了一种对受害者先前的轻蔑或过失进行报复的方式（Black，1983）。犯罪控制专家已经认识到，为了防止普通街头犯罪，减少可能助长犯罪活动的情境性挑衅是有帮助的（Benson and Madensen，2007）。例如，不允许酒吧在欢乐时光以买一送一的价格供应饮料，可能会减少周五喝醉并最终打架斗殴的人数。

与一些街头犯罪不同，大多数白领犯罪并非出于一时冲动。基于其复杂性，犯罪人需要进行规划，而不是作出冲动决策。因此，对许多类型的白领犯罪来说，减少挑衅的想法可能并不起作用。不过，也有一些形式的白领犯罪可能是由于受害者的挑衅而导致的。例如，盗用公款者有时会觉得他们受到了雇主的不公平对待，他们拿到的钱是他们应得的（Cressey，1953）。类似地，欺骗医疗保险公司的医生可能会认为这样做是正当合理的，因为他们认为保险公司对他们不公平，或者系统效率低下使得报销程序过于烦琐（Vaughan，1983）。为了消除这些感觉，医疗照顾和医疗补助项目都试图为医生设计简单、方便、快捷的索赔处理系统。通过简化合法索赔的申请程序，这些项目希望能减少因挫败和压力而提出的非法索赔的数量。

从医疗照顾和医疗补助项目的经验中可以汲取的教训是，当大型企业实体以一种被认为不公平的方式与个人互动时，它们就有可能遭到报复。个人可能试图欺骗或以其他方式对抗大型组织，因为他们感到挫败，而且对抗一个组织比对抗一个人更情有可原（Coleman，1982）。如果组织未能公平对待员工，那么当它发现自己成为员工、客户和消费者实施的白领犯罪的受害者时，并不应该感到惊讶。

最后，清除借口应该是另一个重点领域。因为白领犯罪人自诩为道德高尚、品行端正的公民，所以他们不会轻易从事明显的违法活动。白领犯罪人不愿意将自己或其行为视为有罪的（Benson，1985），他们只是不想看到自己的行为是错误的。在他们眼里，他们做的任何事都是正当的，他们在为自己的不当行为寻找正当理由方面非常有创造力（Box，1983；Geis，1977；Shover，2007；White，Bandura，and Bero，2009）。他们必须如此，因为借口和正当理由是导致犯罪的因果链中的必要条件。因此，白领犯罪人不仅必须感知到犯罪机会，还必须能够用道德上可接受的措辞来定义这种机会。

白领犯罪人心理构成的这一特征，既为刑法控制提供了机会，也构成了障碍。如果刑法可以用来向潜在的白领犯罪人传达某种特定形式的行为在道德上是错误的，那么就可以减少这种特定类型的白领犯罪。如果白领犯罪人不能用道德上可接受的措辞来定义他们的行为，那么他们就不太可能从事这种行为。我们需要培育守法的文化而不是抵制法律的亚文化（Braithwaite，1989）。不幸的是，正如我们在第七章所提到的，白领犯罪人特别擅长规避或转移刑法的道德约束。

此外，我们还必须认识到，在组织环境中实施的白领犯罪很少是单独行动者所为，相反，是一群人为了实现某种组织目标而共同努力的结果。这些情况的集体属性改变了他们的心理层面，因为现在我们不是在和那些脱离社会、只考虑自己的个人道德主体打交道，在群体中，人们相互交流、相互依赖、相互进步，久而久之，就会形成一种集体道德解脱，这种解脱允许群体从事有害的活动而没有任何个人觉得要为此负责（White et al.，2009）。几十年来对集体行为的研究表明，当人们处于群体之中时，他们经常会做一些独处时永远不会做的事情（Turner and Killian，1987）。

最后，正如萨瑟兰很久以前所指出的，白领犯罪猖獗的原因之一是美国社会在工商业控制方面存在标准冲突（Sutherland，1983）。工商界和那些监管工商界有害行为的人之间的冲突似乎永无休止，这阻碍了公众形成反对白领犯罪的强烈共识。我们还需要认识到，美国文化的核心价值观，比如追求财富和个性化的成功，为白领犯罪提供了持续的动力来源（Messner and Rosenfeld，1997；Weisburd et al.，1991；Wheeler，1992；Benson and Cullen，2017）。因此，清除借口的策略尽管有潜力，但不太可能一蹴而就。

小结

在本章，我们探讨了如何运用情境犯罪预防理论来分析法律和法外控制机制对白领犯罪机会的影响，回顾了不同的法律制度（刑事、民事和监管）如何对白领犯罪机会产生不同的影响。我们还表明，法外因素，特别是与司法程序相结合的因素，可以通过对机会的影响来降低白领犯罪的风险。预防白领犯罪必须面对的关键问题是：（1）犯罪人对目标的合法接触；（2）犯罪人行为的合法性表象。这些特征使得受害人和执法人员很难在第一时间就发现许多白领犯罪，然后采取措施加以预防。

在某些情况下，可以通过职业许可或某些政府项目准入的法规来控制对目标的合法接触，例如，准许医疗保健提供者进入医疗照顾和医疗补助系统。在其他情况下，可以通过硬化目标来减少接触。教育节目和新闻报道向消费者提供他们可能遇到的各种形式的欺诈和剥削的信息，就是这种情境预防的例子。

合法性表象有时可以通过在经济交易中寻找异常模式的策略来消除。证券交易委员会、联邦医疗照顾和医疗补助服务中心现在都使用复杂的数据分析程序来发现各自领域的可疑活动。要判断这些程序在揭露犯罪，甚至更重要的是在阻止潜在犯罪人犯罪方面成效如何，可能还为时过早。但是，我们似乎有理由得出这样的结论，如果没有这些努力，事情会更糟。

最后，虽然白领犯罪的控制是一项艰巨且永无止境的任务，但我们也注意到，这项任务并非毫无希望。正如普通的街头犯罪永远不会完全消除一样，白领犯罪也永远不会消失，但特定的形式和类型可以在某些时候、某些地方是可以减少的。我们认为，实现这一目标的最佳途径是思考白领犯罪的机会，然后根据情境犯罪预防的原则，尝试实施战略战术以破坏或改变这些机会。

第十一章　白领犯罪的机会及其未来

白领犯罪的概念从一开始就含混不清并问题重重（Croall，2001，pp. 143－44；Weisburd et al.，1991，p. 170）。在某种程度上，围绕白领犯罪所产生的这种概念上的模糊性随着时间的推移越来越严重。当萨瑟兰第一次提出这个术语时，学者们主要争论的是这个概念是否应该严格限制在刑事立法所涵盖的活动中，还是应该更广泛地解释为包括违反监管法规但不一定是刑法典意义上的非法活动（Sutherland，1945；Tappan，1947）。这是一场关于什么应该被视为犯罪以及什么是犯罪学家合法研究对象的辩论。然而，在随后的几年里，关于犯罪人是谁，甚至犯罪人是什么样的人的争论不断涌现。研究的重点是否应该局限于个人，还是将组织本身视为犯罪人也是有意义的？（Braithwaite and Fisse，1990；Cressey，1989）就个人而言，对于哪些人应被列入白领犯罪范畴，学界也存在分歧。它是否应该只局限于"受人尊敬和社会地位较高"的人？还是说，我们应根据最近的研究结果，承认许多社会地位不高的人所犯的罪行，无论从哪个角度看，似乎也都是白领犯罪？（Benson and Moore，1992；Croall，1989；Weisburd et al.，1991）因此，关于白领犯罪概念的争论已经从关注什么应该被视为犯罪扩展到思考犯罪人是谁或是什么样的人。在某种程度上，犯罪学家花费如此多的时间讨论白领犯罪的本体论地位，这有点奇怪，因为犯罪本身就是一个社会建构的概念（Croall，1989，p. 145）。

在本书中，我们尽量避免深陷于这些争论，而是选择了一种更具包容性的方法，一种从不同阶层结构和不同违法程度来认识犯罪人和犯罪行为的方法。这种方法的优点是可以对不同的犯罪人和犯罪行为进行更多的比较，它还使我们能够分析从事非法活动的各种机会，并探索这些机会与职业、组织和美国社会结构之间的关系。但是对白领犯罪采用包容性方法的主要原因是，它可以让我们关注我们认为更重要的问题：理解利用欺骗、滥用信任、隐瞒和共谋作为刑事犯罪手段的机会。

因此，我们认为，与其试图确定谁是或不是白领犯罪人，或试图弄清楚什么应该或不应该被视为白领犯罪，不如关注职业、组织、行业和政府项目如何创造条件，让一些人可以为了自己的利益而欺骗或滥用他人或组织的信任。虽然我们确实无法从经验上证明这一点，但我们预计，与具有弱势背景的人相比，中上层社会的人更容易使用这些手段。社会经济地位较低的人可以利用欺诈手段骗取税收、福利申请和其他许多方面的利益。另外，社会经济地位处于中上层的人也偶尔会实施暴力犯罪，但我们认为涉及欺诈的犯罪所占比例会随着社会经济地位的提高而上升。换句话说，社会地位和我们通常所认为的典型的白领犯罪之间有很强的关联，不过，对社会地位和犯罪之间的关系的更好的理解是将其视为连续统一体，而不是一分为二的。

在最后这一章，我们回顾一下本书探讨的主要议题，主要聚焦于机会以及机会是如何被职业活动和组织结构所塑造的这一主题。然而，我们必须认识到白领犯罪的机会结构并不是一成不变的。产品、服务和业务形式在不断发展，也有新的发明，技术变革是常态。这些发展和变化为欺骗创造了新的机会，公平地说，也为控制欺骗创造了新的机会。因此，随着新形式的白领犯罪出现，我们在这里所说的终将过时。尽管推测未来的趋势方向总是有风险的，但我们还是要冒险讨论一下关于白领犯罪未来方向的一些问题。最后，我们对本书观点所带来的政策启示进行了一些思考。

关于欺诈的再思考

回顾一下，欺骗是对认知事实的有利歪曲，它可以通过不同的方式实现，包括美化、伪装和隐瞒。在任何特定白领犯罪中使用的欺诈手段的类型部分地取决于罪犯和目标之间的关系。试图销售产品或服务的犯罪人通常会使用美化手段来欺骗受害人，使他们做一些不符合其最大利益的事情。犯罪人试图通过欺诈性地美化其产品或服务的性能，使它们看起来比竞争对手的更好，比真实情况更好。例如，在2008年美国房地产市场崩溃之前的几年里，房地产经纪人和抵押贷款经纪人会利用美化的方式来说服潜在的购房者，让他们相信次级贷款符合他们的最佳利益，而实际上这些贷款很可能变成财务陷阱。相比之下，试图从政府项目中攫取利益的犯罪人更可能使用伪装而不是美化的方式。例如，医疗保健欺诈的犯罪人向联邦医疗照顾或医疗补助项目提交索赔申请，他们希望这些索赔申请看起来就像每天收到的所有其他合法索赔申请一样。最后，还有隐瞒。作为一种欺骗形式，当犯罪人不想让其他人，尤其是政府、媒体或社会公众，知晓他们活动的真实性质时，就会使用隐瞒的手段。如电子垃圾的非法处理是由电子垃圾的经纪人和交易商共同完成的，他们合谋制作发票，隐瞒有关运输集装箱中垃圾性质的信息，然后违反国家和国际法律法规，将电子垃圾运往第三世界国家，如加纳（Ghana），在那里以危害环境和人类健康的方式进行处理（Bisschop，2015）。串通投标和价格操纵是其他形式的白领犯罪，它们依赖于犯罪人向执法人员和公众隐瞒活动的能力。在一个典型的串通投标场景中，公司提交合同标书表面上是为了与其他公司竞争，但这些公司事先已串通一气，在它们内部之间分配低价。从外部来看，竞标过程似乎是合法的。

白领犯罪的特征

不管采取什么形式——美化、伪装或隐瞒——欺诈的要点是帮助犯罪人维持合法性表象，这是白领犯罪的第一个显著特征，也是白领犯罪难以控制的原因之一。与大多数所谓的传统街头犯罪，如抢劫、入室盗窃、汽车盗窃和人身攻击不同，白领犯罪并不明显，它们通常不会留下明显的犯罪痕迹，甚至连受害人都可能不知道发生了犯罪，更不用说执法者了。因此，控制白领犯罪的工作必须从侦查、发现犯罪这一问题着手。

白领犯罪的第二个重要特征是犯罪人可以合法接触犯罪目标或受害人。在这里讨论的所有白领犯罪中，犯罪人不必担心如何接触犯罪目标。他们有合法的权利，并有权参与其犯罪行为所产生的各种活动。例如，医生应该治疗患者并向医疗保险公司提交索赔申请，抵押贷款经纪人应该帮助购房者申请贷款，银行应该发放贷款，制造商和零售商店应该宣传和推广它们的产品。这些都是正常和预期的经济活动，而它们为白领犯罪机会提供了基础。白领犯罪人利用他们的职业岗位以非法方式从这些合法活动中赚取利益。

与合法性表象一样，专业化的接触途径在以下几个方面使白领犯罪的控制变得复杂。一是它使得运用标准预防犯罪工具——阻止犯罪人接触目标——变得困难。许多传统犯罪可以简单地通过使犯罪人难以接触犯罪目标而得到预防，为了预防白领犯罪，这个总体策略必须加以修改。实际上有两种方法可以解决这个问题：第一，我们可以尝试限制接触犯罪目标所需的职业或组织职位的准入，实现这一目标的一种方法是设置职业许可标准。第二，我们可以制定程序，阻断非法利用职位及与其相关资源的机会。这种形式的阻断在概念上与第一种方法不同，但两者都有助于减少某些类型的犯罪。

二是专业化的接触途径也以另一种方式使犯罪控制变得复杂，无论采取何种机制来控制白领犯罪人的非法活动，都必然会影响其守法同行的合法活动。以医疗保健欺诈为例，一种更好地控制它的方法是，医疗照顾和医疗补助项目在赔付之前花更多的时间对索赔申请进行审查，这样做可能有助于项目更有效地识别欺诈性索赔，但也会减慢诚信医生获得报销的速度。诚信的医生似乎对这种状况不会感到满意。正如斯帕罗（Sparrow）（1996，1998）所指出的，处理索赔的公司承受着快速处理的压力。因此，由于白领犯罪根植于合法的活动当中，使用任何特定的控制措施所带来的好处总是不得不与使用该措施的成本相平衡，它的使用将使那些守法者的愿望和创造力受到影响（Weisburd et al.，1991，pp. 191－192）。

三是虽然犯罪人可以合法地进入犯罪地点、靠近犯罪目标，但他们在空间上与实际受害人往往是分离的。决定不投资必要的安全设备的公司老板甚至可能永远不会到访工人受伤的工厂；合谋操纵价格的高管们实际上从来没有和那些必须支付额外费用的人打过交道；骗取医疗补助的医生是通过计算机网络来行骗的，他们的办公地点与医疗补助项目的主要办公室相隔数百英里甚至数千英里。空间上的分离为白领犯罪和犯罪人的隐蔽性提供了便利，使得人们难以看见犯罪活动，因为犯罪不是发生在特定的时间和地点，也不涉及犯罪人和受害人之间可见的互动。犯罪人和受害人的分离是白领犯罪的另一个特征，它使白领犯罪有别于人们对犯罪的刻板印象。

控制的问题和可能性

在某种程度上，白领犯罪是一个令人惊讶的问题，因为实施白领犯罪的人被认为是守法的、高度理性的，并且对刑事制裁的耻辱很敏感。他们肯定比普通的街头犯罪人更害怕被抓进监狱（Braithwaite and Geis，1982）。被公开谴责为犯罪分子的可能性应该对那些在遵守规则方面有利害关系并关心其公众形象的人起到强大的威慑作用（Geerken and Gove，1975；Zimring and Hawkins，1973）。因此，惩罚的威胁应该能够阻止白领犯罪。然而，白领犯罪几乎无处不在。为什么这种犯罪这么难以控制呢?

当然，一个主要的因素是肖维尔和霍奇斯特勒（2006）所说的缺乏“可靠的监督”。许多实施白领犯罪的人根本不认为他们会被抓住并受到惩罚。他们之所以对自己会产生这样的安全假设，主要有以下几个原因：首先，犯罪本身很难被发现。如果处理得当，许多白领犯罪会混入持续的经济交易流动之中，不会因为异常或值得关注而凸显出来。因此，整个刑事司法程序可能永远无法启动。还有其他因素不利于建立可靠的监督机制。

另一个非常重要的因素是白领犯罪人对法律本身的影响。与普通街头犯罪人不同，实施白领犯罪的人和组织在制定规范其行为的法律方面发挥着积极作用。每当州或联邦政府试图对企业的不当行为施加更严格的控制或更严厉的惩罚时，他们就会进行斗争。他们雇用说客并呼吁立法者尽其所能削弱控制措施的实施。例如，几年前通用汽车公司的案例就暴露了该公司的一种保密文化，明知汽车的点火开关有缺陷而仍然将其出售给消费者。随着案件调查的展开，人们并不清楚有多少员工知晓这一缺陷。首席执行官玛丽·巴拉（Mary Barra）在提交给国会的报告中宣称，只有一名工程师知道这个问题（Vlasic and Ivory，2014）。然而，面对众多消费者的伤亡，通用汽车并没有选择召回有问题的汽车。不幸的是，就像大规模企业丑闻中发生的那样，通用汽车从未在刑事法庭上受到审判。相反，通用汽车与联邦检察官达成了延迟起诉协议，同意和解并支付罚款以避免上法庭（Blau，2016）。这个案例与20世纪80年代末90年代初的一个案例相似，当时费尔斯通轮胎公司（Firestone Tire Company）生产了一种有缺陷的轮胎，用于福特“探索者”汽车（Ford Explorers）。这款轮胎在高速行驶时容易碎裂，可能造成数百人死亡、多人受伤（Cullen，2006）。当发现福特和费尔斯通都知道轮胎有问题，但没有召回它们，也没有通知车主他们面临的危险时，公众愤怒了，美国国会议员也愤怒了。国会针对此次事件举行了听证，高管们受到了公开的谴责，有人提议通过立法将制造和销售存在严重安全缺陷的车辆定为犯罪。然而，由于美国商会、轮胎行业、汽车工业和其他制造商的大力游说，该法律始终未能通过（Cullen，2006）。不幸的是，这个故事并不陌生。萨瑟兰本人也指出，商业机构几乎总是抵制将刑法的强制实施作为一种控制手段（Sutherland，1983）。由于通用汽车的案件仍在进行中，我们不知道是否会有新的法律将这类行为定为犯罪，但过去的经验并不乐观。

当然，公司并非总能成功避免其行为被定为犯罪。

再次，打击白领犯罪的法律有很多，但这些法律的执行力度并不尽如人意。因其隐蔽性和复杂性，白领犯罪难以被侦查和起诉（Benson，2001a；Benson and Cullen，1998；Braithwaite and Geis，1982）。将这些案件诉诸法庭既花费高昂又耗费时间，检察官必须有选择性地决定哪些案件值得努力，哪些不值得（Benson，2001b；Benson，Cullen，and Maakestad，1990；Maakestad et al.，1987）。因此，刑法在打击白领犯罪方面并没有发挥应有的作用。

除刑法之外，还有其他形式的法律控制，包括监管法规和民法。作为一种控制手段，监管既有优势也有不足。也许监管最重要的优势，以及它与刑法的一个主要区别，就是监管具有主动性。监管首先寻求的是防止伤害的发生，而不是如刑事司法制度受到限制的那样，只有在犯罪人触犯法律后才对其做出反应。不利的一面是，监管制裁并不具有刑事司法制裁的杀伤力和威慑力，整个监管体系比刑事司法体系受到企业的影响要大。公司既可以影响监管法规的制定方式，也可以影响监管法规的执行方式。尽管如此，由于其主动性，监管控制比刑法更符合我们的机会观点。从机会的角度来看，对于任何类型的犯罪，包括白领犯罪，对其进行控制的最有效方法不是抓捕和严厉惩罚犯罪人。相反，改变机会结构以降低犯罪本身对潜在犯罪人的吸引力会更加有效，成本也更低。监管通过使白领犯罪人更难以隐瞒自己的活动或更难以进行欺骗而做到这一点。

白领犯罪的未来

我们在这本书的开篇就指出，我们今天所说的“白领犯罪”其实并不是新事物，可以在整个历史记录中找到有关这种犯罪或类似犯罪的证据，最早可以追溯到圣经时代，甚至可能更早。虽然无法证实，但我们怀疑，交易中欺诈和骗术的使用很可能与贸易本身的发明同时出现。事实上，考虑到我们的灵长类祖先经常使用欺骗手段，这种手段很可能在人类社会交往的进化过程中更早地出现过（Mitchell and Thompson，1986）。事实上，进化论认为，作为一种生存和捕食的技术，欺骗几乎可以追溯到生命本身的起源（Dawkins，2004），如果历史记录是准确的，那么很久以前，人们就已经认识到这是人类群体中的一个问题。回想一下，贪污罪在古希腊是众所周知的，而在但丁（Dante）的《神曲·地狱篇》中，腐败的政客和欺诈的顾问都受到了严厉谴责（Chevigny，2001）。

虽然以欺骗为基础的犯罪并不是美国犯罪学研究的重点，但它们的危险性似乎已被公众认识到。数量惊人的研究表明，公众认为某些形式的白领犯罪与传统的街头犯罪同等严重，并且这种看法已经持续一段时间了（Cullen，Chouhy，and Jonson，未出版文章；Cullen，Hartman，and Jonson，2009）。我们认为，公众对白领犯罪构成的威胁的认识是正确的，它很可能在未来仍然是一个重大的社会问题。有几个原因让我们持悲观态度。

第一，因为工作性质的变化，比以往任何时候都多的人有机会进入“纸面欺诈的白领世界”（Weisburd et al.，1991，p. 183）。计算机、传真机、扫描仪、复印机、互联网以及其他各种电子信息处理技术在各行各业的爆炸式增长，使得越来越多的普通人能够接触到白领犯罪的基本工具。这些都是可以用来欺骗其他人以及制造对现实有利的扭曲的工具。

第二，助长白领犯罪的另一个情况是伴随着福利国家而来的国家慷慨援助的巨额增长（Shover and Hochstetler，2006；Weisburd et al.，1991）。在第五章，我们集中讨论了针对医疗照顾和医疗补助项目的欺诈行为，因为它们是政府项目中规模最大，可能也是最重要的欺诈场所。然而，如果认为欺诈仅限于联邦医疗照顾项目，那就太天真了。至少有数百个甚至是数千个其他政府项目为数以百万计的人和组织分配财政和其他类型的福利。例如，每年有数百万大学生申请政府支持的学生贷款。正如我们在第十章提到的，一些美国农民（传统的美国方式的象征）并不诚实，在联邦农作物保险项目中试图欺骗政府。所有这些项目都依赖于纸质申请表或如今的电子申请表，必须防范欺诈行为。

第三，在现代世界，人们的社会地位是根据他们的资历来评估的（Collins，1979）。我们的个人价值不是由我们个人的价值观或特征决定的，而是由我们的学历、奖项、成就、掌握的技能和简历上列出的以往经历决定的，这就是经济学家所说的人力资本。毫不奇怪，这种情况会造成压力，使我们吹嘘或伪造证书以使自己在纸面上看起来更好，同时也导致一开始就为了提高我们获得证照的机会而作弊（Weisburd et al.，1991）的行为。

第四，代理人-客户关系的兴起也助长了白领犯罪机会的增加。我们必须越来越多地雇用或依靠专家来帮助我们在生活中游刃有余。专业化是当今的趋势，我们不能全靠自己。我们发现自己不得不信任医生、财务顾问、机械师、保险代理人、养老基金经理、抵押贷款经纪人和许多其他专业人士（Shapiro，1990）。所有这些代理人-客户关系都会带来滥用信任的可能。随着越来越多的人进入更多的代理人-客户关系，几乎可以肯定，滥用信任的情况会越来越多。

当今世界的一个流行语是全球化，它代表着一种政治、经济和社会现实，正以各种方式越来越显著地影响着我们的生活。就我们而言，全球化最重要的方面涉及全球生产和交换体系的发展。相信大家都知道，“美国制造”的标签从只适用于小部分商品，到越来越多地适用于我们日常生活中使用的服务。从汽车到银行，从药品到玩具，从包装纸到电子设备的技术支持，我们购买的很多东西都来自其他国家。从白领犯罪机会理论的视角来看，这种发展使得监督和控制变得更加困难（Grabosky，2009；Shover and Hochstetler，2006）。我们为控制商品的设计、测试、制造和分销方式以及管理工人的待遇方式而制定的所有法律和法规，在公司走出国门后，将失去大部分效力。对于跨国公司来说，剥削工人、污染环境以及制造有缺陷和危险产品的机会总可以在某些地方寻找到，正如肖维尔和霍奇斯特勒（2006，p. 105）精准指出的那样，“松散的监督对某些国家来说是一种发展工具”。

但是，正如格拉博斯基（Grabosky，2009）所指出的，全球化在白领犯罪控制方面并非全是坏事。国家之间关于共享监管框架的国际协议现在在经济和生产活动的许多领域都很常见。因此，为应对跨国公司犯罪而进行“跨国的”公司犯罪控制的可能性不再只是幻想，而是越来越成为现实（Braithwaite Drahos，2000），这是一个积极的发展。

在最近一轮财务和抵押贷款行业的公司欺诈案中，安然案和其他类似案件最令人不安的一点是采用了新形式的欺诈。安然高管们创造的复杂的财会方案代表了新的和创造性的信息隐藏方式（McLean and Elkind，2004；Swartz，2003）。这些新的欺诈形式使安然公司的领导得以躲避侦查，并使这些欺诈持续数年之久。最近，抵押贷款行业也出现了新形式的抵押贷款欺诈（Gibeaut，2007；Vickers and Burke，2006）。在20世纪80年代储贷危机中实施的许多犯罪代表了银行欺诈的新形式（Calavita 和 Pontell，1990）。所有这些案例都应该提醒我们注意有关白领犯罪的一个重要问题：它是随着时代的发展而不断演变的（Sparrow，1996）。

当然，白领犯罪在这方面并非独一无二，普通街头犯罪也随着时代的变化而变化（Felson，2002）。火车抢劫、撬盗保险箱和扒窃等作为犯罪几乎已经销声匿迹，而信用卡盗窃和现在的身份盗窃则越来越普遍。尽管如此，我们仍怀疑白领犯罪技术的发展比普通街头犯罪要更为持久和迅速。这主要是因为白领犯罪总是基于某种合法的经济活动，而合法的经济世界是不断变化和演变的。因此，白领罪犯总是有新的素材可以利用。

白领犯罪是不断变化和发展的，因此我们不应该对我们控制或减少白领犯罪的能力过于乐观。除其不断变化的属性外，还有其他原因使我们应该谨慎地制定白领犯罪控制政策。我们需要认识到，政策变化总是蕴含着风险，它们可能会产生意想不到的后果和负面影响（McGarrell and Gibbs，2014；Weisburd et al.，1991，p. 190）。这在白领犯罪控制方面尤其如此，因为白领犯罪总是基于某种合法的经济活动。我们为控制某一行业的非法或有害活动而制定的政策可能会在无意中增加开展合法活动的难度和成本，同时带来更多的非法机会。所以，简而言之，白领犯罪的控制问题是复杂的。但是，我们不希望给读者留下这样的印象，即这是毫无希望的，我们无计可施。通过关注特定的犯罪或具体的危害形式，我们可以而且已经取得了一些进展。实事求是地看待我们预防白领犯罪能力上的局限并不等于听天由命。重要的是我们要继续研究白领犯罪问题，并不断寻找新的应对方法。

总结

白领犯罪是以欺骗为基础的，而欺骗可以通过多种不同的方式实现，白领犯罪的特征为欺骗提供了便利。这些特征包括对受害人或目标的合法接触、合法性表象以及与受害人或目标在空间上分离。这些特征使白领犯罪的控制在许多方面不同于普通街头犯罪的控制。两者的主要区别在于，对于白领犯罪来说，问题在于发现犯罪而不是找到犯罪人，普通街头犯罪则并非如此。我们不能仅仅因为没有看到犯罪，就认为不存在犯罪（Sparrow，1998）。正如马尔科姆·斯帕罗敏锐地指出的，问题总是比你想象的要严重。控制白领犯罪的关键首先取决于理解合法的经济活动如何创造欺骗、滥用信任和共谋侵害他人的机会，其次取决于将多元化工具汇聚于控制的手段资源体系并予以编排使用的能力和政治意愿。

因为合法经济活动的世界在不断演变，我们需要接受白领犯罪也将继续演变的事实。随着技术、市场和行业的变化和发展，新的白领犯罪形式将会出现。技术和经济变革总是创造新的机会，这意味着我们的控制策略和机制也必须改变，以跟上时代的步伐。我们需要将白领犯罪控制视为犯罪人和社会之间进行的一场持久的竞赛。

参考文献

[1] Abelson, Elaine S. 1989. *When Ladies Go a – Thieving: Middle – Class Shoplifters in the Victorian Department Store*. New York: Oxford University Press.

[2] Adler, Freda. 1975. *Sisters in Crime: The Rise of the New Female Criminal*. New York: McGraw – Hill.

[3] Akpinar, Tim. 2010. "The Seaman's Manslaughter Statute." Retrieved July 2, 2014 (www. workboat. com/newsdetail. aspx? id = 4294987724).

[4] Albanese, Jay S. 1995. *White – Collar Crime in America*. Englewood Cliffs, NJ: Prentice Hall.

[5] Albanese, Jay S. 1999. "The Mafia Mystique: Organized Crime." pp. 265 – 285 in *Criminology: A Contemporary Handbook*, 3rd ed., edited by Joseph F. Sheley. Belmont, CA: Wadsworth.

[6] Alexander, Cindy R., Jennifer Arlen, and Mark A. Cohen. 2001. "Evaluating Data on Corporate Sentencing: How Reliable Are the U. S. Sentencing Commission's Data?" *Federal Sentencing Reporter* 13: 108. Available at SSRN (http: //ssrn. com/abstract = 269356 or http: //dx. doi. org/10. 2139/ssrn. 269356). Revised, April 2001.

[7] Alexander, Cindy R. and Mark A. Cohen. 2015. "The Evolution of Corporate Criminal Settlements: An Empirical Perspective on Non – Prosecution, Deferred Prosecution, and Plea Agreements." *American Criminal Law Review* 52: 537 – 593.

[8] Anonymous. 2007. "Medicare Fraud Strike Force Convicts Owner of Miami Durable Medical Equipment Company of Defrauding Medicare." Retrieved September 10, 2008 (www. usdoj. gov/criminal/pr/press_releases/2007/06/06 – 28 – 07gvalladares – convict. pdf).

[9] Arlen, Jennifer. 2012. "The Failure of the Organizational Sentencing Guidelines."

U. Miami L. Rev 66: 321. Retrieved (http://repository. law. miami. edu/umlr/vol66/iss2/2).

[10] Associated Press. 2014. "Turkey Mine Disaster: 2 More Arrested after 301 Killed." Retrieved July 2, 2014 (www. cbc. ca/news/turkey - mine - disaster - 2 - more - arrests - after - 301 - killed - 1. 2647141).

[11] Associated Press. 2015. "Ex - BP Exec David Rainey Not Guilty of Lying in Oil Spill." *CBS News. com*, June 5. Retrieved April 4, 2017 (www. cbsnews. com/news/ex - bp - exec - david - rainey - not - guilty - of - lying - in - oil - spill/).

[12] Associated Press. 2016. "Appeals Court to Review Ex Coal CEO Blankenship's Case." *IEN*, October 26. Retrieved July 14, 2017 (www. ien. com/safety/news/20838521/appeals - court - to - review - excoal - ceo - blankenships - case).

[13] Atkinson, Phyllis. 2006. "Women and White - Collar Crime." *Deloitte & Touche South Africa.* Retrieved September 9, 2008 (www. deloitte. com/dtt/press_release/0, 1014, cid%3D135645%26pv%3DY,00. html).

[14] Ayres, Ian and John Braithwaite. 1992. *Responsive Regulation.* Oxford: Oxford University Press.

[15] Babiak, Paul and Robert Hare. 2006. *Snakes in Suits: When Psychopaths Go to Work.* New York: Regan Books.

[16] Babiak, Paul, Craig Newmann, and Robert Hare. 2010. "Corporate Psychopathy: Talking the Walk." *Behavioral Sciences and the Law* 28: 174 - 193.

[17] Bandura, Albert. 1999. "Moral Disengagement in the Perpetration of Inhumanities." *Personality and Social Psychology Review* 3: 193 - 209.

[18] Bandura, Albert. 2004. "The Role of Selective Moral Disengagement in Terrorism and Counterterrorism." pp. 121 - 150 in *Understanding Terrorism: Psychosocial Roots, Consequences, and Interventions*, edited by F. M. Mogahaddam and A. J. Marsella. Washington, DC: American Psychological Association Press.

[19] Barak, Greg. 2012. *Theft of a Nation.* Lanham, MD: Rowman & Littlefield Publishers.

[20] Bardach, Eugene and Robert A. Kagan. 1982. *Going by the Book.* Philadelphia: Temple University Press.

[21] Barlow, Hugh D. 1993. "From Fiddle Factors to Networks of Collusion: Charting the Waters of Small Business Crime." *Crime, Law and Social Change* 20: 319 - 337.

[22] Barnett, Harold C. 2013. "And Some with a Fountain Pen: Mortgage Fraud, Securitization, and the Sub – prime Bubble." pp. 104 – 129 in *How They Got Away with It: White – Collar Criminals and the Financial Meltdown*, edited by Susan Will, Stephen Handelman, and David C. Brotherton. New York: Columbia University Press.

[23] Barrett, Paul M. 2014. "Who Runs Freedom Industries? West Virginia's Chemical Spill Mystery." *Bloomberg Business Week*, February 3. Retrieved September 10, 2014 (www.businessweek.com/articles/2014 – 01 – 30/west – virginia – chemical – spill – mystery – who – runs – freedom – industries).

[24] Barstow, David and Lowell Bergman. 2003. "At a Texas Foundry, an Indifference to Life." *New York Times*, January 8, 2003, p. A1.

[25] Beccaria, Cesare. 1983. *An Essay on Crimes and Punishment*. Boston: Branden Books.

[26] Benson, Michael L. 1984. "The Fall from Grace: Loss of Occupational Status among Convicted White Collar Offenders." *Criminology* 22: 573 – 593.

[27] Benson, Michael L. 1985. "Denying the Guilty Mind: Accounting for Involvement in a White – Collar Crime." *Criminology* 23: 583 – 608.

[28] Benson, Michael L. 2001a. "Investigating Corporate Crime: Local Responses to Fraud and Environmental Offenses." *Western State University Law Review* 28: 87 – 116.

[29] Benson, Michael L. 2001b. "Prosecuting Corporate Crime: Problems and Constraints." pp. 381 – 391 in *Crimes of Privilege: Readings in White – Collar Crime*, edited by Neal Shover and John P. Wright. New York: Oxford University Press.

[30] Benson, Michael L. 2012. "Evolutionary Ecology, Fraud, and the Global Financial Crisis." pp. 299 – 306 in *Contemporary Issues in Criminological Theory and Research: The Role of Social Institutions*, edited by Richard Rosenfeld, Karen Quinet, and Crystal Garcia. Belmont, CA: Wadsworth.

[31] Benson, Michael L. and Francis T. Cullen. 1988. "The Special Sensitivity of White – Collar Offenders to Prison: A Critique and a Research Agenda." *Journal of Criminal Justice* 16: 207 – 215.

[32] Benson, Michael L. and Francis T. Cullen. 1998. *Combating Corporate Crime: Local Prosecutors at Work*. Boston: Northeastern University Press.

[33] Benson, Michael L. and Francis T. Cullen. 2018. "Subterranean Values, Deception, and White – Collar Crime." pp. 99 – 124 in *Delinquency and Drift Revisited: The Criminology*

of David Matza and Beyond: Advances in Criminological Theory, edited by Thomas G. Blomberg, Francis T. Cullen, Chistoffer Carlsson, and Cheryl Lero Jonson.

[34] Benson, Michael L. , Francis T. Cullen, and William J. Maakestad. 1990. "Local Prosecutors and Corporate Crime." *Crime and Delinquency* 36: 356 – 372.

[35] Benson, Michael L. , Jay Kennedy and Matthew Logan. 2016. "White – Collar and Corporate Crime." pp. 92 – 110 in *The Handbook of Measurement Issues in Criminology and Criminal Justice*, edited by Beth M. Huebner and Timothy S. Bynum. Hoboken, NJ: John Wiley & Sons, Inc.

[36] Benson, Michael L. and Kent R. Kerley. 2000. "Life Course Theory and White – Collar Crime." pp. 121 – 136 in *Contemporary Issues in Crime and Criminal Justice: Essays in Honor of Gilber Geis*, edited by Henry N. Pontell and David Shichor. Upper Saddle River, NJ: Prentice Hall.

[37] Benson, Michael L. , William J. Maakestad, Francis T. Cullen, and Gilbert Geis. 1998. "District Attorneys and Corporate Crime: Surveying the Prosecutorial Gatekeepers." *Criminology* 26: 505 – 518.

[38] Benson, Michael L. and Tamara D. Madensen. 2007. "Situational Crime Prevention and White – Collar Crime." pp. 609 – 626 in *International Handbook of White – Collar and Corporate Crime*, edited by Henry N. Pontell and Gilbert Geis. New York: Springer.

[39] Benson, Michael L. , Tamara D. Madensen, and John E. Eck. 2009. "White – Collar Crime from an Opportunity Perspective." pp. 175 – 194 in *The Criminology of White – Collar Crime*, edited by Sally S. Simpson and David Weisburd. New York: Springer.

[40] Benson, Michael L. and Sarah L. Manchak. 2014. "The Psychology of White – Collar Crime," in *Oxford Handbooks Online in Criminology and Criminal Justice.* New York: Oxford University Press. Retrieved October 10, 2017 (http://www.oxfordhandbooks.com/view/10.1093/oxfordhb/9780199935383.001.0001/oxfordhb – 9780199935383 – e – 008).

[41] Benson, Michael L. and Elizabeth Moore. 1992. "Are White – Collar and Common Offenders the Same? An Empirical and Theoretical Critique of a Recently Proposed General Theory of Crime." *Journal of Research in Crime and Delinquency* 29: 251 – 272.

[42] Benson, Michael L. , Shanna Van Slyke and Francis T. Cullen. 2016. "Core Themes in the Study of White – Collar Crime." pp. 1 – 21 in *The Oxford Handbook of White – Collar*

Crime, edited by Shanna Van Slyke, Michael L. Benson, and Francis T. Cullen. New York: Oxford University Press.

[43] Benson, Michael L. and Esteban Walker. 1988. "Sentencing the White – Collar Offender." *American Sociological Review* 53: 294 – 302.

[44] Bentham, Jeremy. 1948. *An Introduction to the Principles of Morals and Legislation*. New York: Macmillan.

[45] Berman, Jillian. 2015. "Soon Not Even 1 Percent of Fortune 500 Companies Will Have Black CEOs." *Huffington Post*, February 2. Retrieved June 20, 2017 (www. huffingtonpost. com/2015/01/29/black – ceos – fortune – 500_n_6572074. html).

[46] Bero, Lisa A. 2005. "Tobacco Industry Manipulation of Scientific Research." *Public Health Reports* 120: 200 – 208.

[47] Bidgood, Jess and Sabrina Tavernise. 2014. "Pharmacy Executives Face Murder Charges in Meningitis Deaths." *New York Times*, December 17, 2014. Retrieved May 4, 2017 (www. nytimes. com/2014/12/18/us/new – england – compounding – center – steroid – meningitis – arrests. html).

[48] Birnbaum, S. Elizabeth and Jacqueline Savitz. 2014. "The Deepwater Horizon Threat." *New York Times*. Retrieved July 2, 2014 (www. nytimes. com/2014/04/17/opinion/the – deepwater – horizon – threat. html).

[49] Bisschop, Lieselot. 2015. "Facilitators of Environmental Crime: Corporations and Governments in the Port of Antwerp." pp. 246 – 259 in *The Routledge Handbook of White – Collar and Corporate Crime in Europe*, edited by Judith van Erp, Wim Huisman, and Gudrun Vande Walle. New York: Routledge Taylor & Francis Group.

[50] Black, Donald. 1983. "Crime as Social Control." *American Sociological Review* 48: 34.

[51] Blau, Max. 2016. "No Accident: Inside GM's Deadly Ignition Switch Scandal." *Atlanta Magazine*, January. Retrieved July 10, 2017 (www. atlantamagazine. com/great – reads/no – accident – inside – gms – deadly – ignition – switch – scandal/).

[52] Blumstein, Alfred, Jacqueline Cohen, Jeffrey A. Roth, and Christy A. Visher, eds. 1986. *Criminal Careers and Career Criminals*, Vol. 1. Washington, DC: National Academy Press.

[53] Board, Belinda Jane and Katarina Fritzon. 2005. "Disordered Personalities at Work." *Psychology, Crime & Law* 11: 17 – 32.

[54] Boddy, Clive R. 2011. "The Corporate Psychopaths Theory of the Global Financial Crisis." *Journal of Business Ethics* 102: 255 – 259.

[55] Boudette, Neal E. and Andrea Fuller. 2014. "General Motors Recall: A Burden of Proof." *Wall Street Journal.* Retrieved July 2, 2014 (http://online.wsj.com/articles/general – motors – recall – a – burden – of – proof – 1403478781).

[56] Bowyer, J. Barton. 1982. *Cheating: Deception in War & Magic, Games & Sports, Sex & Religion, Business & Con Games, Politics & Espionage, Art & Science.* New York: St. Martin's Press.

[57] Box, Steven. 1983. *Power, Crime, and Mystification.* London: Tavistock Publications.

[58] Braithwaite, John. 1981. "The Myth of Social Class and Criminality Reconsidered." *American Sociological Review* 46: 36 – 57.

[59] Braithwaite, John. 1984. *Corporate Crime in the Pharmaceutical Industry.* London: Routledge & Kegan Paul.

[60] Braithwaite, John. 1985. "White Collar Crime." *Annual Review of Sociology* 11: 1 – 25.

[61] Braithwaite, John. 1989. "Criminological Theory and Organizational Crime." *Justice Quarterly* 6: 333 – 358.

[62] Braithwaite, John. 2016. "In Search of Donald Campbell: Mix and Multimethods." *Criminology & Public Policy* 15: 417 – 437.

[63] Braithwaite, John and Peter Drahos. 2000. *Global Business Regulation.* Cambridge: Cambridge University Press.

[64] Braithwaite, John and Brent Fisse. 1990. "On the Plausibility of Corporate Crime Control." *Advances in Criminological Theory* 2: 15 – 37.

[65] Braithwaite, John and Gilbert Geis. 1982. "On Theory and Action for Corporate Crime Control." *Crime & Delinquency* 28: 292 – 314.

[66] Branham, Vernon C. and Samuel B. Kutash. 1949. *Encyclopedia of Criminology.* New York: Philosophical Library.

[67] Brickey, Kathleen. 2008. Major Corporate Fraud Prosecutions, March 2002 – July 2007. Private data used with permission.

[68] Brodeur, Paul. 1985. *Outrageous Misconduct.* New York: Pantheon.

[69] Brook, Yaron and Alex Epstein. 2002. "Paralyzing America's Producers: The Government's Crackdown on American Businessmen Is Devastating Our Economy." *Capitalism Maga-*

zine. Retrieved December 20, 2007 (www. capmag. com/article. asp? id = 2093).

[70] Brown, Phil and Edwin J. Mikkelsen. 1990. *No Safe Place: Toxic Waste, Leukemia, and Community Action*. Berkeley: University of California Press.

[71] Bullard, Robert. 1990. *Dumping in Dixie: Race, Class, and Environmental Quality*. Boulder, CO: Westview Press.

[72] Bullard, Robert. 2000. "Anatomy of Environmental Racism." pp. 223 – 231 in *Environmental Discourse and Practice: A Reader*, edited by Lisa M. Benton and John R. Short. Oxford: Blackwell Publishers.

[73] Burns, Ronald G. and Michael J. Lynch. 2004. *Environmental Crime: A Sourcebook*. New York: LFB Scholarly Publishers.

[74] Calavita, Kitty. 1983. "The Demise of the Occupational Safety and Health Administration: A Case Study in Symbolic Interaction." *Social Problems* 30: 437 – 448.

[75] Calavita, Kitty and Henry N. Pontell. 1990. "'Heads I Win, Tails You Lose': Deregulation, Crime, and Crisis in the Savings and Loan Industry." *Crime & Delinquency* 36: 309 – 341.

[76] Calem, Paul S., Jonathan E. Herschaff, and Susan M. Wachter. 2004. "Neighborhood Patterns of Subprime Lending: Evidence from Disparate Cities." *Housing Policy Debate* 15 (3): 603 – 622.

[77] Calhoun, Craig and Henryk Hiller. 1992. "Insidious Injuries: The Case of Johns – Manville and Asbestos Exposure." pp. 259 – 284 in *Corporate and Governmental Deviance: Problems of Organizational Behavior in Contemporary Society*, 4th ed., edited by M. David Ermann and Richard J. Lundman. New York: Oxford University Press.

[78] Carson, Rachel. 1962. *Silent Spring*. Boston: Houghton Mifflin.

[79] Catalyst. 2006. "2005 Catalyst Census of Women Corporate Officers and Top Earners of the Fortune 500." Retrieved September 5, 2014 (www. catalyst. org/knowledge/2005 – catalyst – census – women – corporate – officers – and – top – earners – fortune – 500).

[80] Catan, Thomas, Jeffrey A. Trachtenberg, and Chad Bray. 2012. "U. S. Alleges E – Book Scheme." *Wall Street Journal*. Retrieved May 16, 2014 (http: //online. wsj. com/news/articles/SB10001424052702304444604577337573054615152).

[81] Center for Global Development. 2016. "CGD Europe Seminar: Unearthing Toxic Waste Dumping in the Horn of Africa, June 21." Retrieved April 4, 2017 (www. cgdev. org/

event/cgd – europe – seminar – unearthing – toxic – waste – dumping – horn – africa).

[82] Checker, Melissa. 2005. *Polluted Promises: Environmental Racism and the Search for Justice in a Southern Town.* New York: New York University Press.

[83] Chesney – Lind, Meda. 1989. "Girls' Crime and Woman's Place: Toward a Feminist Model of Female Delinquency." *Crime and Delinquency* 35: 10 – 27.

[84] Chevigny, Paul G. 2001. "From Betrayal to Violence: Dante's Inferno and the Social Construction of Crime." *Law & Social Inquiry* 26: 787 – 818.

[85] Chibnall, Steven and Peter Saunders. 1977. "Worlds Apart: Notes on the Social Reality of Corruption." *British Journal of Sociology* 28: 138 – 154.

[86] Christensen, Ronald. 1967. *Projected Percentage of U. S. Population with Criminal Arrest and Conviction Records.* Washington, DC: U. S. Government Printing Office.

[87] Clarke, Ronald V. 1983. "Situational Crime Prevention: Its Theoretical Basis and Practical Scope." pp. 225 – 256 in *Crime and Justice: An Annual Review*, edited by Michael Tonry and Norval Morris. Chicago: University of Chicago Press.

[88] Cleckley, Hervey M. 1982. *The Mask of Sanity.* New York: New American Library.

[89] Cleveland, Cutler J. 2013. "Deepwater Horizon Oil Spill." Retrieved July 2, 2014 (www. eoearth. org/view/article/161185/).

[90] Click On Detroit. 2014. "GM CEO Mary Barra Testifies Again on Capitol Hill about Ignition Recall." Retrieved July 2, 2014 (www. clickondetroit. com/news/gm – ceo – mary – barra – to – testify – again – on – capitol – hill – about – ignition – recall/26532480).

[91] Clinard, Marshall B. and Peter C. Yeager. 1980. *Corporate Crime.* New York: Free Press.

[92] Clinard, Marshall B. and Peter C. Yeager. 2006. *Corporate Crime.* New Brunswick, NJ: Transaction Publishers.

[93] Coffee, John C., Jr. 2002. "Understanding Enron: It's about the Gatekeepers, Stupid." *The Business Lawyer* 57: 1 – 2.

[94] Cohen, Lawrence E. and Marcus Felson. 1979. "Social Change and Crime Rate Trends: A Routine Activity Approach." *American Sociological Review* 44: 588 – 608.

[95] Cohen, Mark A. 1998. "Sentencing the Environmental Criminal." pp. 229 – 252 in *Environmental Crime: Enforcement, Policy, and Social Responsibility*, edited by Mary Cliffords and Terry E. Edwards. Gaithersburg, MD: Aspen Publications.

[96] Cohen, Mark A. 2000. "Measuring the Costs and Benefits of Crime and Justice."

pp. 263 –316 in *Measurement and Analysis of Crime and Justice*, Volume 4. Washington, DC: National Institute of Justice.

[97] Coleman, James S. 1982. *The Asymmetric Society.* Syracuse, NY: Syracuse University Press.

[98] Coleman, James W. 1987. "Toward an Integrated Theory of White – Collar Crime." *American Journal of Sociology* 93: 406 –439.

[99] Coleman, James W. 1989. *The Criminal Elite.* New York: St. Martin's Press.

[100] Collins, Randall. 1979. *The Credential Society: An Historical Sociology of Education and Stratification.* New York: Academic Press.

[101] Commoner, Barry. 1971. *The Closing Circle: Nature, Man, and Technology.* New York: Knopf.

[102] Congressional Research Service. 2014. "Deepwater Horizon Oil Spill: Recent Activities and Ongoing Developments." Retrieved September 12, 2014 (http://fas.org/sgp/crs/misc/R42942.pdf).

[103] Conklin, John E. 1977. *Illegal but Not Criminal: Business Crime in America.* Englewood Cliffs, NJ: Prentice – Hall.

[104] Corkery, Michael. 2016. "Trump Expected to Seek Deep Cuts in Business Regulations." *New York Times.* Retrieved January 18, 2017 (www.nytimes.com/2016/11/10/business/dealbook/trump – expected – to – seek – deep – cuts – in – business – regulations.html).

[105] Cornish, Derek B. and Ronald V. Clarke. 1986. "Opportunities, Precipitators, and Criminal Decisions: A Reply to Wortley's Critique of Situational Crime Prevention." *Crime Prevention Studies* 16: 41 –96.

[106] Cressey, Donald. 1953. *Other People's Money.* New York: The Free Press.

[107] Cressey, Donald. 1989. "The Poverty of Theory in Corporate Crime Research." pp. 31 – 55 in *Advances in Criminological Theory*, edited by William S. Laufer and Freda Adler. New Brunswick, NJ: Transaction.

[108] Croall, Hazel. 1989. "Who Is the White – Collar Criminal?" *British Journal of Criminology* 29: 157 –174.

[109] Croall, Hazel. 2001. *Understanding White Collar Crime.* Buckingham: Open University Press.

[110] Croall, Hazel. 2009. "White - Collar Crime, Consumers, and Victimization." *Crime, Law and Social Change* 51: 127 - 146.

[111] Cullen, Francis T., Robert Agnew, and Pamela Wilcox. 2014. "Critical Criminology: Power Peace and Crime." pp. 284 - 294 in *Criminological Theory: Past to Present*, 5th ed., edited by Francis T. Cullen, Robert Agnew, and Pamela Wilcox. New York: Oxford University Press.

[112] Cullen, Francis T., Gray Cavender, William J. Maakestad, and Michael L. Benson. 2006. *Corporate Crime under Attack: The Fight to Criminalize Business Violence.* Newark, NJ: LexisNexis Matthew Bender.

[113] Cullen, Francis T., Cecilia Chouhy, and Cheryl Lero Jonson. Unpublished manuscript. "Public Opinion About White - Collar and Corporate Crime," in *The Handbook of White - Collar Crime*, edited by Nicole Leeper Piquero. New York: John Wiley and Sons.

[114] Cullen, Francis T., Jennifer L. Hartman, and Cheryl Lero Jonson. 2009. "Bad Guys: Why the Public Supports Punishing White - Collar Offenders." *Crime, Law, and Social Change* 51: 31 - 44.

[115] Cumming, Douglas, T. Y. Leung, and Oliver Rui. 2015. "Gender Diversity and Securities Fraud." *Academy of Management Journal* 58 (5): 1572 - 1593.

[116] Daly, Kathleen. 1989. "Gender and Varieties of White - Collar Crime." *Criminology* 27: 769 - 794.

[117] Daly, Kathleen. 1994. *Gender, Crime, and Punishment.* New Haven, CT: Yale University Press.

[118] Davidoff, Steven M. 2013. "Why So Few Women Reach the Executive Rank." *NY Times. com.* Retrieved July 2, 2014 (http://dealbook. nytimes. com/2013/04/02/why - so - few - women - reach - the - executive - rank/).

[119] Dawkins, Richard. 2004. *The Ancestor's Tale: A Pilgrimage to the Dawn of Evolution.* Boston: Houghton Mifflin.

[120] Dowie, Mark. 1987. "Pinto Madness." pp. 13 - 29 in *Corporate Violence*, edited by Stuart L. Hills. Totowa, NJ: Rowman & Littlefield.

[121] Downes, John and Jordan Elliot Goodman. 2006. *Dictionary of Finance and Investment Terms.* 7th ed. Hauppauge, NY: Barron's.

[122] Durkheim, Emile. 1951. *Suicide, a Study in Sociology*. New York: Free Press.

[123] Dutton, Kevin. 2012. *The Wisdom of Psychopaths: What Saints, Spies, and Serial Killers Can Teach Us about Success*. New York: Scientific American/Farrar, Straus, and Giroux.

[124] Dyck, Alexander, Adair Morse, and Luigi Zingales. 2013. "How Pervasive is Corporate Fraud?" Rotman School of Management Working Paper No. 2222608. Retrieved July 2, 2014 (http://papers.ssrn.com/sol3/papers.cfm?abstract_id=2222608).

[125] Dye, Jessica. 2016. "GM Not Protected from Ignition Switch Claims: US Appeals Court." *Reuters*, July 13. Retrieved May 2, 2017 (www.reuters.com/article/us-gm-ruling-idUSKCN0ZT1RR).

[126] Edelhertz, Herbert. 1970. *The Nature, Impact and Prosecution of White-Collar Crime*. Washington, DC: U.S. Department of Justice.

[127] Eichenwald, Kurt. 2015. "Killer Pharmacy: Inside a Medical Mass Murder Case." *Newsweek*, April 16. Retrieved May 4 (www.newsweek.com/2015/04/24/inside-one-most-murderous-corporate-crimes-us-history-322665.html).

[128] Eilperin, Juliet, Chris Mooney, and Steven Mufson. 2017. "New EPA Documents Reveal Even Deeper Proposed Cuts to Staff and Programs." *Washington Post*, March 31. Retrieved April 5, 2017 (www.wash-ingtonpost.com/news/energy-environment/wp/2017/03/31/new-epa-documents-reveal-even-deeper-proposed-cuts-to-staff-and-programs/?utm_term=.773186db7cdc).

[129] Engdahl, Oskar. 2011. "White Collar Crime and Informal Social Control: The Case of 'Crisis Responders' in the Swedish Banking and Finance Sector." *Sociology Mind* 1: 81-89.

[130] Enrich, David. 2017. *The Spider Network: The Wild Story of a Math Genius, a Gang of Backstabbing Bankers, and One of the Greatest Scams in Financial History*. New York: Custom House.

[131] Epstein, Joel and Theodore M. Hammett. 1995. *Law Enforcement Responses to Environmental Crime*. Washington, DC: National Institute of Justice.

[132] Epstein, Richard A. 2006. "The Deferred Prosecution Racket." *Wall Street Journal*, November 28. Retrieved July 21, 2017 (www.wsj.com/articles/SB116468395737834160).

[133] Ermann, M. David and Richard J. Lundman, eds. 1978. *Corporate and Governmental Deviance: Problems of Organizational Behavior in Contemporary Society.* New York: Oxford University Press.

[134] Faber, Jacob. 2013. "Racial Dynamics of Subprime Mortgage Lending at the Peak." *Housing Policy Debate* 23 (2): 328 - 349.

[135] Felson, Marcus. 2002. *Crime and Everyday Life.* Thousand Oaks, CA: Sage Publications.

[136] Felson, Richard B. 1996. "Big People Hit Little People: Sex Differences in Physical Power and Interpersonal Violence." *Criminology* 34: 433 - 452.

[137] Financial Crimes Enforcement Network. 2006. "Mortgage Loan Fraud: An Industry Assessment Based upon Suspicious Activity Report Analysis." November 2006. Retrieved September 12, 2014 (file: ///C: /Users/bensonm/Documents/Current% 20Projects/WCC% 202nd% 20Edition/2nd% 20Edition/Articles/FINCEN% 20mortgage _ fraud 112006. pdf).

[138] Fishman, Steve. 2010. "Bernie Madoff, Free at Last." *New York Magazine.* Retrieved January 11, 2017 (http: //nymag. com/news/crimelaw/66468/).

[139] Fisk, Margaret Cronin. 2014. "Ex - BP Engineer Wins New Trial in Oil Spill Evidence Case." *World Oil News Center.* Retrieved July 2, 2014 (www. worldoil. com/Ex - BP - Engineer - wins - new - Trial - in - oil - spill - evidence - case. html).

[140] Fisse, Brent and John Braithwaite. 1983. *The Impact of Publicity on Corporate Offenders.* Albany: State University of New York Press.

[141] Fisse, Brent and John Braithwaite. 1993. *Corporations, Crime, and Accountability.* Cambridge, NY: Cambridge University Press.

[142] Frank, Nancy. 1985. *Crimes against Health and Safety.* New York: Harrow and Heston.

[143] Frank, Nancy. 1993. "Maiming and Killing: Occupational Health Crimes." *Annals* 525: 107 - 118.

[144] Frank, Nancy and Michael Lombness. 1988. *Controlling Corporate Illegality: The Regulatory Justice System.* Cincinnati, OH: Anderson.

[145] Friedman, Hershey H. 1980. "Talmudic Business Ethics: An Historical Perspective." *Akron Business and Economic Review* 11: 45 - 49.

[146] Friedrichs, David O. 2002. "Occupational Crime, Occupational Deviance, and Work-

place Crime: Sorting Out the Difference." *Criminal Justice* 2: 243 – 256.

[147] Friedrichs, David O. 2009. "White – Collar Crime and Critical Criminology: Convergence and Divergence." pp. 27 – 39 in *Cutting the Edge: Current Perspectives in Radical/Critical Criminology and Criminal Justice*, edited by Jeffrey Ian Ross. New Brunswick, NJ: Transactions Publishers.

[148] Friedrichs, David O. 2010. *Trusted Criminals: White Collar Crime in Contemporary Society*. 4th ed. Belmont, CA: Thomson Wadsworth.

[149] Gao, Yu and Adrian Raine. 2010. "Successful and Unsuccessful Psychopaths: A Neurobiological Model." *Behavioral Sciences and Law* 28: 194 – 210.

[150] Garner, Joel. 2007. "Understanding the Nature and Context of Local Environmental Enforcement: What We Learned from Interviews with Inspectors," pp. 9 – 24 in *Why Do Corporations Obey Environmental Law?*, edited by Sally S. Simpson, Joel Garner, and Carole Gibbs. Washington, DC: National Institute of Justice, U. S. Department of Justice.

[151] Garrett, Brandon. 2014. *Too Big to Jail: How Prosecutors Compromise with Corporations*. Cambridge, MA: The Belknap Press of Harvard University Press.

[152] Geerken, Michael R. and Walter R. Gove. 1975. "Deterrence: Some Theoretical Considerations." *Law & Society Review* 9: 497 – 514.

[153] Geis, Gilbert. 1977. "The Heavy Electrical Equipment Antitrust Cases of 1961." pp. 117 – 132 in *White – Collar Crime: Offenses in Business, Politics, and the Professions*, edited by Gilbert Geis and Robert F. Meier. New York: The Free Press.

[154] Geis, Gilbert. 1988. "From Deuteronomy to Deniability: A Historical Perlustration on White – Collar Crime." *Justice Quarterly* 5: 7 – 32.

[155] Geis, Gilbert. 1996. "Definition in White – Collar Crime Scholarship: Sometimes It Can Matter." pp. 159 – 211 in *Definitional Dilemma: Can and Should There be a Universal Definition of White – Collar Crime? Proceedings of the Academic Workshop*, edited by James Helmkamp, Richard Ball, and Kitty Townsend. Morgantown, WV: National White – Collar Crime Center.

[156] Geis, Gilbert. 2000. "On the Absence of Self – Control as the Basis for a General Theory of Crime: A Critique." *Theoretical Criminology* 4: 35 – 53.

[157] Geis, Gilbert. 2016. "The Roots and Variant Definitions of the Concept of 'White –

Collar Crime'." pp. 25 – 38 in *The Oxford Handbook of White – Collar Crime*, edited by Shanna Van Slyke, Michael L. Benson, and Francis T. Cullen. New York: Oxford University Press.

[158] Geis, Gilbert and Colin Goff. 1983. Introduction to *White – Collar Crime: The Uncut Version*, pp. ix – xxxiii, by Edwin H. Sutherland. New Haven, CT: Yale University Press.

[159] Gerber, Jurg and Susan L. Weeks. 1992. "Women as Victims of Corporate Crime: A Call for Research on a Neglected Topic." *Deviant Behavior* 13: 325 – 347.

[160] Gibbs, Carole, Meredith L. Gore, Edmund F. McGarrell, and Louie Rivers, III. 2010. "Introducing Conservation Criminology: Towards Interdisciplinary Scholarship on Environmental Crimes and Risks." *British Journal of Criminology* 50: 124 – 144.

[161] Gibeaut, John. 2007. "Mortgage Fraud Mess." *ABA Journal* 93: 50 – 56.

[162] Gilligan, Carol. 1993. *In a Different Voice: Psychological Theory and Women's Development*. Cambridge, MA: Harvard University Press.

[163] Gioia, Dennis A. 1992. "Pinto Fires and Personal Ethics: A Script Analysis of Missed Opportunities." *Journal of Business Ethics* 11: 379 – 389.

[164] Glass Ceiling Commission. 1995. *Good for Business: Making Full Use of the Nation's Human Capital: A Fact – Finding Report of the Federal Glass Ceiling Commission*. Washington, DC: U. S. Government Printing Office.

[165] Gold, Stuart. 1989. "Occidental Petroleum: Politics, Pollution, and Profit." *Multinational Monitor*. Retrieved September 11, 2008 (http://multinationalmonitor.org/hyper/issues/1989/07/gold.html).

[166] Gorman, Elizabeth H. and Julie A. Kmec. 2009. "Hierarchical Rank and Women's Organizational Mobility: Glass Ceilings in Corporate Law Firms." *American Journal of Sociology* 114: 1428 – 1474.

[167] Gottfredson, Michael R. and Travis Hirschi. 1990. *A General Theory of Crime*. Stanford, CA: Stanford University Press.

[168] Grabosky, Peter N. 2009. "Globalization and White – Collar Crime." pp. 129 – 151 in *The Criminology of White – Collar Crime*, edited by Sally S. Simpson and David Weisburd. New York, NY: Springer.

[169] Grabosky, Peter N. 2012. "Beyond Responsive Regulation: The Expanding Role of Non –

State Actors in the Regulatory Process." *Regulation & Governance* 7: 114 – 123.

[170] Grabosky, Peter N., Russel G. Smith, and Gillian Dempsey. 2001. *Electronic Theft: Unlawful Acquisition in Cyberspace.* Cambridge: Cambridge University Press.

[171] Gross, Edward. 1978. "Organizational Crime: A Theoretical Perspective." pp. 55 – 85 in *Studies in Symbolic Interaction*, edited by Norman Denzin. Greenwich, CT: JAI Press.

[172] Gross, Edward. 1980. "Organization Structure and Organizational Crime." pp. 52 – 76 in *White – Collar Crime: Theory and Research*, edited by Gilbert Geis and Ezra Stotland. Beverly Hills, CA: Sage Publications.

[173] Gunningham, Neal, Peter Grabosky, and Darren Sinclair. 1998. *Smart Regulation: Designing Environmental Policy.* Oxford: Clarendon Press.

[174] Hagan, John L. 1994. *Crime and Disrepute.* Thousand Oaks, CA: Pine Forge Press.

[175] Hagan, John L. and Ilene H. Nagel. 1982. "White – Collar Crime, White – Collar Time: The Sentencing of White – Collar Offenders in the Southern District of New York." *American Criminal Law Review* 20: 259 – 289.

[176] Hagan, John L., Ilene H. Nagel (Bernstein), and Celesta Albonetti. 1980. "The Differential Sentencing of White – Collar Offenders in Ten Federal District Courts." *American Sociological Review* 45: 802 – 820.

[177] Hammett, Theodore M. and Joel Epstein. 1993. *Local Prosecution of Environmental Crime.* Washington, DC: U. S. National Institute of Justice.

[178] Hare, Robert. 1993. *Without Conscience: The Disturbing World of the Psychopaths among Us.* New York: Pocket Books.

[179] Harris, Anthony R. 1976. "Race, Commitment to Deviance, and Spoiled Identity." *American Sociological Review* 41: 432 – 442.

[180] Harris, Anthony R. 1977. "Sex and Theories of Deviance: Toward a Functional Theory of Deviant Typescripts." *American Sociological Review* 42: 3 – 16.

[181] Harris, Anthony R. 1991. "Race, Class, and Crime." pp. 95 – 120 in *Criminology: A Contemporary Handbook*, edited by Joseph F. Sheley. Belmont, CA: Wadsworth.

[182] Harris, Anthony R. and Gary D. Hill. 1982. "The Social Psychology of Deviance: Toward a Reconciliation with Social Structure." *Annual Review of Sociology* 8: 161 – 186.

[183] Harris, Anthony R. and James A. W. Shaw. 2000. "Looking for Patterns: Race,

Class, and Crime." pp. 129 – 164 in *Criminology: A Contemporary Handbook*, edited by Joseph F. Sheley. Belmont, CA: Wadsworth/Thompson Learning.

[184] Hast, Robert H. 2000. "Health Care Fraud: Schemes to Defraud Medicare, Medicaid and Private Health Care Insurers: Statement of Robert H. Hast, Associate Comptroller, General for Special Investigations, Office of Special Investigations, before the Subcommittee on Government Management, Information and Technology, Committee on Government Reform, House of Representatives." GAO/T – OSI – 00 – 15: 10. Retrieved October 10, 2017 (https://www.insurancereformwatch.org/problems/schemes.pdf).

[185] Hawkins, Keith. 2002. *Law as Last Resort: Prosecution Decision – Making in a Regulatory Agency*. New York: Oxford University Press.

[186] Hawn, Carleen. 2008. "Enron's Skilling Sprung? It Could Happen This Week." *Financial Week*, June 9, 2008. Retrieved September 10, 2014 (www.financialweek.com/article/20080609/REG/806090322/ – 1/FWIssueAlert01).

[187] Headworth, Spencer and John L. Hagan. 2016. "White – Collar Crimes of the Financial Crisis." pp. 275 – 293 in *The Oxford Handbook of White – Collar Crime*, edited by Shanna Van Slyke, Michael L. Benson, and Francis T. Cullen. New York: Oxford University Press.

[188] Heimer, Karen. 2000. "Changes in the Gender Gap in Crime and Women's Economic Marginalization," in *Criminal Justice 2000: The Changing Nature of Crime*, Vol. 1, edited by Gary LaFree, Robert J. Bursik, Jr., James F. Short, Jr., Ralph B. Taylor, and Robert J. Sampson. Washington, DC: National Institute of Justice. Retrieved (www.ojp.usdoj.gov/nij/criminal_justice2000/vol1_2000.html).

[189] Henriques, Diana B. 2011. *The Wizard of Lies: Bernie Madoff and the Death of Trust*. New York: Times Books.

[190] Herbig, F. J. W. and S. J. Joubert. 2006. "Criminological Semantics: Conservation Criminology—Vision or Vagary?" *Acta Criminologica* 19: 88 – 103.

[191] Hirschi, Travis. 1969. *Causes of Delinquency*. Berkeley: University of California Press.

[192] Hirschi, Travis and Michael Gottfredson. 1987a. "Causes of White – Collar Crime." *Criminology* 25: 949 – 974.

[193] Hirschi, Travis and Michael Gottfredson. 1987b. "Toward a General Theory of Crime."

pp. 8 –26 in *Crime & Capitalism*, edited by Wouter Buikhuisen and Sarnoff Mednick. Leiden: Brill.

[194] Hochstetler, Andrew and Heith Copes. 2001. "Organizational Culture and Organizational Crime." pp. 210 –221 in *Crimes of Privilege: Readings in White – Collar Crime*, edited by Neal Shover and John Paul Wright. New York: Oxford University Press.

[195] Holtfreter, Kristy. 2005. "Is Occupational Fraud 'Typical' White – Collar Crime? A Comparison of Individual and Organizational Characteristics." *Journal of Criminal Justice* 33: 353 –365.

[196] Howe, Michelle. 2003. "Gender, Morality, and Corporate Crime." Unpublished master's thesis, University of Maryland, Department of Criminology and Criminal Justice, College Park.

[197] Huff, Rodney, Christian Desilets, and John Kane. 2010. *The* 2010 *National Public Survey on White Collar Crime*. Fairmont, WV: National White Collar Crime Center.

[198] *Huffington Post*. 2014. "David Rainey, Former BP Executive, Given More Time for Gulf Oil Spill Trial." Retrieved July 2, 2014 (www. huffingtonpost. com/2013/07/04/david – rainey – bp – gulf – oil – spill_n_3543426. html).

[199] Iglehart, John K. 2010. "The ACA's New Weapons against Health Care Fraud." *New England Journal of Medicine* 363: 304 –306.

[200] Ingels, Steven J., Elizabeth Glennie, Eric Lauff, and John G. Wirt. 2012. "Trends among Young Adultsover Three Decades, 1974 – 2006 (NCES 2012 – 345)," in *U. S. Department of Education*, *National Center for Education Statistics*. Washington, DC. Retrieved July 2, 2014 (http: //nces. ed. gov/pubs2012/2012345. pdf).

[201] Isidore, Chris. 2017. "Fiat Chrysler Cheated on Diesel Emissions, EPA Says." *CNN Money*. Retrieved June 23, 2017 (http: //money. cnn. com/2017/01/12/news/companies/epa – emissions – cheating – fiat – chrysler/index. html).

[202] Ivory, Danielle. 2014. "GMs Faulty Ignition Switch: Who Knew What When." *New York Times*. Retrieved January 18, 2017 (www. nytimes. com/interactive/2014/05/18/business/gms – ignition – problem – who – knew – what – when. html).

[203] Jesilow, Paul, Gilbert Geis, and Henry Pontell. 1991. "Fraud by Physicians Against Medicaid." *Journal of the American Medical Association* 266: 3318 –3324.

[204] Kaal, Wulf A. and Timothy A. Lacine. 2014. "The Effect of Deferred and Non – Prose-

cution Agreements on Corporate Governance: Evidence from 1993 – 2013." *The Business Lawyer* 70: 1 – 59.

[205] Kalev, Alexandra. 2009. "Cracking the Glass Cages: Restructuring and Ascriptive Inequality at Work." *American Journal of Sociology* 114 (6): 1591 – 643.

[206] Katz, Jack. 1979. "Concerted Ignorance: The Social Construction of Cover – Up." *Urban Life* 8: 295 – 316.

[207] Katz, Jack. 1980. "The Social Movement Against White – Collar Crime." *Criminology Review Yearbook* 2: 161 – 184.

[208] Kena, G., Musu – Gillette, L., Robinson, J., Wang, X., Rathbun, A., Zhang, J., Wilkinson – Flicker, S., Barmer, A., and Dunlop Velez, E. (2015). The Condition of Education 2015 (NCES 2015 – 144). U. S. Department of Education, National Center for Education Statistics. Washington, DC. Retrieved from http://nces. ed. gov/pubsearch.

[209] King, Kathleen M. 2014. "Medicare Fraud: Further Actions Needed to Address Fraud, Waste, and Abuse." Testimony before the Subcommittee on Oversight and Investigations, Committee on Energy and Commerce, House of Representatives June 25, 2014. Washington, DC: U. S. Government Accountability Office.

[210] Klenowski, Paul M., Heith Copes, and Christopher W. Mullins. 2011. "Gender, Identity, and Accounts: How White – Collar Offenders Do Gender When Making Sense of Their Crimes." *Justice Quarterly* 28 (1): 46 – 69.

[211] Kmietowicz, Z. 2013. "Johnson & Johnson to Pay $2. 2bn to Settle Charges of False Marketing on Three Drugs." *British Medical Journal* 347: f6696. Retrieved July 2, 2014 (www. bmj. com/content/347/bmj. f6696? tab = citation).

[212] Koehler, Mike. 2015. "Measuring the Impact of Non – Prosecution and Deferred Prosecution Agreements on Foreign Corrupt Practices Act Enforcement." *UC Davis Law Review* 49: 497 – 565.

[213] Kramer, Ronald C. and Raymond J. Michalowski. 1990. "State – Corporate Crime," prepared for the American Society of Criminology Meeting, Baltimore, MD, 7 – 12 November.

[214] Krantz, Matt. 2016. "Wells Fargo Scam Latest in a String of Infractions." *USA Today*. Retrieved January 18, 2017 (www. usatoday. com/story/money/markets/2016/

09/11/wells – fargo – scam – latest – string – infractions/90139724/).

[215] Kravets, David. 2015. "Manslaughter Charges Dropped in BP Case—Nobody Will Go to Prison." *Ars Technica*, December 3. Retrieved April 4, 2017 (https://arstechnica.com/tech – policy/2015/12/manslaughter – charges – dropped – in – bp – spill – case – nobody – from – bp – will – go – to – prison/).

[216] Kuchler, Hannah and Brooke Masters. 2012. "UK Promises to Reform Libor." *Financial Times*. Retrieved June 28, 2017 (www.ft.com/content/a6807516 – 0947 – 11e2 – a5a9 – 00144feabdc0).

[217] Lasley, James R. 1988. "Toward a Control Theory of White – Collar Offending." *Journal of Quantitative Criminology* 4: 347 – 362.

[218] Lee, Matthew T. and M. David Ermann. 1999. "Pinto 'Madness' as a Flawed Landmark Narrative: An Organizational and Network Analysis." *Social Problems* 46: 30 – 47.

[219] Leeth, John D. and John Ruser. 2006. "Safety Segregation: The Importance of Gender, Race, and Ethnicity on Workplace Risk." *Journal of Economic Inequality* 4: 123 – 152.

[220] Lister, Sam. 2005. "Secrets and Lies of Beauty Industry Laid Bare by Advertising Watchdog." *The Times* [of London], January 28, p. 11.

[221] Lord, Nicholas and Michael Levi. 2017. "Organising the Finances for and the Finances from Transnational Bribery." *European Journal of Criminology* 14: 365 – 389.

[222] Lydon, James. 2012. "Justice Department Defends Role of Deferred Prosecution Agreements in Corporate Crime Enforcement." *Constitutional Rights, Sentencing, U. S. Attorney's Office*. Retrieved July 2, 2014 (www.thewhitecollarblog.com/2012/10/17/justice – department – defends – the – role – of – deferred – prosecution – agreements – in – corporate – crime – enforcement/).

[223] Maakestad, William J., Michael L. Benson, Francis T. Cullen, and Gilbert Geis. 1987. "Prosecuting Corporate Crime in California." Unpublished manuscript, presented at Symposium '87: White – Collar and Institutional Crime, Berkeley, CA.

[224] MacLaury, Judson. 2008. "The Occupational Safety and Health Administration: A History of the First Thirteen Years, 1971 – 1984." Retrieved March 26, 2008 (www.dol.gov/oasam/programs/history/mono – osha13introtoc.htm).

[225] Maher, Lisa. 1997. *Sexed Work: Gender, Race, and Resistance in a Brooklyn Drug*

Market. New York: Clarendon Press.

[226] Makkai, Toni and John Braithwaite. 1994. "The Dialectics of Corporate Deterrence." *Journal of Research in Crime and Delinquency* 31: 347 – 373.

[227] Maloney, Jennifer and Saabiri Chaudhuri. 2017. "Against All Odds, the U. S. Tobacco Industry Is Rolling in Money." *Wall Street Journal*, April 23, 2017. Retrieved June 16, 2017 (www. wsj. com/articles/u – s – tobacco – industry – rebounds – from – its – near – death – experience – 1492968698).

[228] Mann, Kenneth. 1985. *Defending White – Collar Crime: A Portrait of Attorneys at Work*. New Haven, CT: Yale University Press.

[229] Martin, Anne B., Micah Hartman, Benjamin Washington, Aaron Catlin, and National Expenditure Accounts Team. 2017. "National Health Care Spending: Faster Growth in 2015 as Coverage Expands and Utilization Increases." *Health Affairs* 36: 1 – 11.

[230] Maruna, Shadd and Heith Copes. 2005. "What Have We Learned from Five Decades of Neutralization Research?" *Crime and Justice* 32: 221 – 320.

[231] Mascini, Peter. 2013. "Why Was the Enforcement Pyramid So Influential? And What Price Was Paid?" *Regulation & Governance* 7: 48 – 60.

[232] Mayer, Robert N. 2012. "The U. S. Consumer Movement: A New Era amid Old Challenges." *Journal of Consumer Affairs* 46: 171 – 189.

[233] McBarnet, Doreen. 2005. "After Enron: Corporate Governance, Creative Compliance and the Uses of Corporate Social Responsibility." pp. 205 – 222 in *Governing the Corporation*, edited by Justin O'Brien. New York: John Wiley.

[234] McBride, James. 2016. "Understanding the Libor Scandal." Retrieved (www. cfr. org/united – kingdom/understanding – libor – scandal/p28729).

[235] McGarrell, Edmund F. and Carole Gibbs. 2014. "Conservation Criminology, Environmental Crime and Risk: An Application to Climate Change." *Oxford Handbooks Online—Criminology and Criminal Justice*. http: //www. ox – fordhandbooks. com/view/10. 1093/oxfordhb/9780199935383. 001. 0001/oxfordhb – 9780199935383 – e – 54.

[236] McGovern, Bob. 2015. "Settlement Reached in NECC Victim Case." *Boston Herald*, May 20. Retrieved May 4, 2017 (www. bostonherald. com/business/healthcare/2015/05/settlement_reached_in_necc_victims_case).

[237] McLean, Bethany and Peter Elkind. 2004. *The Smartest Guys in the Room: The Amaz-*

ing Rise and Scandalous Fall of Enron. New York：Penguin Group.

[238] McMullen，Troy. 2010. "Dannon to Pay $45 Billion to Settle Yogurt Lawsuit." *ABC News*. Retrieved July 2，2014（http：//abcnews. go. com/Business/dannon – settles – lawsuit/story? id = 9950269）.

[239] Meier，Robert F. and Gilbert Geis. 1982. "The Psychology of the White – Collar Offender." pp. 85 – 102 in *On White – Collar Crime*，edited by Gilbert Geis. Lexington，MA：Lexington Books.

[240] Merton，Robert K. 1938. "Social Structure and Anomie." *American Sociological Review* 3：672 – 82.

[241] Merton，Robert K. 1964. "Anomie，Anomia，and Social Interaction：Contexts of Deviant Behavior." pp. 213 – 242 in *Anomie and Deviant Behavior：A Discussion and Critique*，edited by Marshall B. Clinard. New York：The Free Press.

[242] Messner，Steven and Richard Rosenfeld. 1997. *Crime and the American Dream*. Belmont，CA：Wadsworth.

[243] Messner，Steven and Richard Rosenfeld. 2013. *Crime and the American Dream*. 5th ed. Belmont，CA：Wadsworth.

[244] Miethe，Terance D. and Joyce Rothschild. 1994. "Whistleblowing and the Control of Organizational Misconduct." *Sociological Inquiry* 64：322 – 347.

[245] Miller，George A. 1987. "Meta – Analysis and the Culture Free Hypothesis." *Organization Studies* 8（4）：309 – 326.

[246] Miller，Jody. 2001. *One of the Guys：Girls，Gangs，and Gender*. New York：Oxford University Press.

[247] Miller，Matthew. 2006. "A Visual Essay：Post – Recessionary Employment Growth Related to the Housing Market." *Monthly Labor Review*，October，pp. 23 – 34.

[248] Mintz，Morton. 1995. "Corporate Greed，Women，and the Dalkon Shield." pp. 191 – 199 in *White – Collar Crime：Classic and Contemporary View*，3rd ed.，edited by Gilbert Geis，Robert F. Meier，and Lawrence M. Salinger. New York：The Free Press.

[249] Mitchell，Robert W. and Nicholas S. Thompson，eds. 1986. *Deception，Perspectives on Human and Non – Human Deceit*. Albany，NY：State University of New York Press.

[250] Moffat，Susan. 1993. "Brothers Enter Guilty Pleas in Massive Insurance Fraud." *Los Angeles Times*，March 17，p. 12.

[251] Mokhiber, Russell. 2005. Speech Delivered at the National Press Club: Crime without Conviction: The Rise of Deferred and Non Prosecution Agreements (December 28). Reprinted in *Corporate Crime Reporter*, Reports and Speeches, 8: 04 pm, December 28, 2005.

[252] Mullins, Christopher and Richard Wright. 2003. "Gender, Social Networks, and Residential Burglary." *Criminology* 42: 911 -940.

[253] National Academy of Engineering. 2011. *Macondo Well Deepwater Horizon Blowout: Lessons for Improving Offshore Drilling Safety: National Research Council.* Washington, DC: National Academies of Science.

[254] National White - Collar Crime Center. 2009. "Disaster Fraud." Retrieved September 10, 2014 (file: ///C: /Users/bensonm/Documents/Current% 20Projects/WCC% 202nd%20Edition/Articles/NW3C - %20disaster_fraud. pdf).

[255] *New York Times.* 2006. "The Sago Mine Disaster." January 5. Retrieved July 2, 2014 (http: //query. nytimes. com/gst/fullpage. html? res = 9E0CEFD71130F936A35752 C0A9609C8B63&module = Search&mabRe ward = relbias% 3Aw% 2C [% 22RI% 3A6%22%2C%22RI%3A17%22]).

[256] Nguyen, Tomson H. and Henry N. Pontell. 2010. "Mortgage Origination Fraud and the Global Economic Crisis: A Criminological Analysis." *Criminology and Public Policy* 9 (3): 591 -612.

[257] Nielsen, Vibeke Lehmann and Christine Parker. 2009. "Testing Responsive Regulation in Regulatory Enforcement." *Regulation & Governance* 3: 376 -99.

[258] Noked, Noam. 2012. *Update on Corporate Deferred Prosecution and Non - Prosecution Agreements.* Harvard Law School Forum on Corporate Governance and Financial Regulation. Retrieved July 21, 2017 (https: //corpgov. law. harvard. edu/2012/07/26/update - on - corporate - deferred - prosecution - and - non - prosecution - agreements/).

[259] Paoli, Leitzia. 2014. *The Oxford Handbook of Organized Crime.* Oxford: Oxford University Press.

[260] Parker, Christine. 2013. "Twenty Years of Responsive Regulation: An Appreciation and Appraisal." *Regulation & Governance* 7: 2 - 13.

[261] Partnership for Public Service. 2013. "Helping the SEC Crack Securities Fraud Cases Using Cutting - Edge Technology and Data Analysis." *The Washington Post.* Retrieved

June 25, 2014 (www.washingtonpost.com/politics/federal_government/helping-the-sec-crack-securities-fraud-cases-using-c-utting-edge-technology-and-data-analysis/2014/05/13/9c99de8a-daa5-11e3-b745-87d39690c5c0_story.html).

[262] Partnoy, Frank. 2003. *Infectious Greed: How Deceit and Risk Corrupted the Financial Markets.* New York: Times Books.

[263] Passas, Nikos. 1990. "Anomie and Corporate Deviance." *Contemporary Crises* 14: 157-178.

[264] Paternoster, Ray. 2016. "Deterring Corporate Crime: Evidence and Outlook." *Criminology & Public Policy* 15: 383-386.

[265] Paternoster, Raymond and Sally Simpson. 1993. "A Rational Choice Theory of Corporate Crime." pp. 37-58 in *Routine Activity and Rational Choice*, edited by Ronald V. Clarke and Marcus Felson. New Brunswick, NJ: Transaction.

[266] Payne, Brian K. 2017. *White-Collar Crime: The Essentials.* 2nd ed. Los Angeles, CA: Sage Publications.

[267] Perez, Zathrina, Eric Cochran, and Christopher Sousa. 2008. "Securities Fraud." *American Criminal Law Review* 45: 923-994.

[268] Pike, Luke O. 1873. *A History of Crime in England: Illustrating the Changes of the Laws in the Progress of Civilisation.* London: Smith, Elder & Co.

[269] Piquero, Alex R. 2008. "Taking Stock of Developmental Trajectories over the Life Course." pp. 23-78 in *The Long View of Crime: A Synthesis of Longitudinal Research*, edited by Akiva Liberman. New York: Springer.

[270] Piquero, Nicole Leeper and Alex Piquero. 2016. "White-Collar Criminal Participation and the Life Course." pp. 238-252 in *Oxford Handbook of White-Collar Crime*, edited Shanna Van Slyke, Michael L. Benson, and Francis T. Cullen. New York: Oxford University Press.

[271] Piquero, Nicole Leeper and David Weisburd. 2009. "Developmental Trajectories in White-Collar Crime." pp. 153-174 in *The Criminology of White-Collar Crime*, edited by Sally S. Simpson and David Weisburd. New York: Springer.

[272] Podgor, Ellen S. 1999. "Criminal Fraud." *American Law Review* 48: 730-770.

[273] Pollock, Otto. 1950. *The Criminality of Women.* Philadelphia: University of Pennsylvania Press.

[274] Pontell, Henry N. 2016. "Theoretical, Empirical, and Policy Implications of Alternative Definitions of 'White – Collar Crime': 'Trivializing the Lunatic Crime Rate'." pp. 39 – 56 in *The Oxford Handbook of White – Collar Crime*, edited by Shanna Van Slyke, Michael L. Benson, and Francis T. Cullen. New York: Oxford University Press.

[275] Pontell, Henry N. and Gilbert Geis. 2014. "The Trajectory of White – Collar Crime Following the Great Economic Meltdown." *Journal of Contemporary Criminal Justice* 30 (1): 70 – 82.

[276] Portney, Paul R. 2000. "EPA and the Evolution of Federal Regulation." pp. 11 – 30 in *Public Policies for Environmental Protection*, edited by Paul R. Portney and Robert N. Stavisn. Washington, DC: Resources for the Future.

[277] Powell, Jerome H. 2014. "Reforming the U. S. Dollar LIBOR: The Path Forward." Presentation at the Money Marketeers of New York University. Retrieved June 28, 2017 (www. federalreserve. gov/newsev – ents/speech/powell20140904a. htm).

[278] Prechel, Harland and Theresa Morris. 2010. "The Effects of Organizational and Political Embeddedness on Financial Malfeasance in the Largest U. S. Corporations: Dependence, Incentives, and Opportunities." *American Sociological Review* 75: 331 – 352.

[279] Reasons, Charles E., Lois L. Ross, and Craig Paterson. 1981. *Assault on the Worker: Occupational Health and Safety in Canada.* Toronto: Butterworths.

[280] Rebovich, Donald J. 1992. *Dangerous Ground: The World of Hazardous Waste Crime.* New Brunswick, NJ: Transaction Press.

[281] Reed, Gary E. and Peter C. Yeager. 1996. "Organizational Offending and Neoclassical Criminology: Challenging the Reach of a General Theory of Crime." *Criminology* 34: 357 – 382.

[282] Reichman, Nancy. 1993. "Insider Trading." *Crime and Justice* 18: 55 – 96.

[283] Reiman, Jeffrey H. 1990. *The Rich Get Richer and the Poor Get Prison: Ideology, Class, and Criminal Justice.* New York: Macmillan.

[284] Reiss, Albert J. and Albert D. Biderman. 1981. *Data Sources on White – Collar Law – Breaking.* Washington, DC: U. S. Department of Justice, National Institute of Justice.

[285] Reuter, Peter. 1993. "The Cartage Industry in New York." *Crime and Justice* 18:

149 - 201.

[286] Robb, George. 2006. "Women and White - Collar Crime: Debates on Gender, Fraud and the Corporate Economy in England and America, 1850 - 1930." *British Journal of Criminology* 46: 1058 - 1072.

[287] Roberts, Joel. 2004. "Enron Traders Caught on Tape." *CBS News*. Retrieved October 9, 2017 (https://www.cbsnews.com/news/enron - traders - caught - on - tape/).

[288] Robinson, Ken. 2013. "The Role of Data Analytics in SEC Fraud Investigations." Retrieved June 25, 2014 (http://blogs.cfainstitute.org/marketintegrity/2013/10/23/the - role - of - data - analytics - in - sec - fraud - investigations).

[289] Rorie, Melissa and Sally S. Simpson. 2012. "The 'American Dream' Gone Wrong: Applying a Criminogenic Tiers Approach to Explain American's Mortgage Fraud Epidemic." Annual Meeting of Law & Society Association, Honolulu, Hawaii, June 2012.

[290] Rosoff, Stephen, Henry N. Pontell, and Robert Tillman. 2013. *Profit without Honor: White - Collar Crime and the Looting of America*. Upper Saddle River, NJ: Prentice Hall.

[291] Ross, Edward A. 1907. *Sin and Society; an Analysis of Latter - Day Iniquity*. Boston and New York: Houghton, Mifflin and Company.

[292] Ross, Edward A. 1977. "The Criminaloid." pp. 29 - 37 in *White - Collar Crime*, revised ed., edited by Gilbert Geis and Robert F. Meier. New York: Macmillan.

[293] Rothman, Martin L. and Robert P. Gandossy. 1982. "Sad Tales: The Accounts of White - Collar Defendants and the Decision to Sanction." *Pacific Sociological Review* 25: 449 - 473.

[294] Rothschild, Joyce and Terance D. Miethe. 1999. "Whistle - Blower Disclosures and Management Retaliation: The Battle to Control Information about Organizational Corruption." *Work and Organizations* 26: 107 - 128.

[295] Rowland, Christopher. 2005. "US Fraud Inquiry Targets Fresenius: Probe Comes 5 Years after Dialysis Chain Settled Medicare Case." *Boston Globe*, April 7, 2005. Retrieved September 10, 2014 (www.high - beam.com/doc/1P2 - 7895826.html).

[296] Rue, Loyal. 1994. *By the Grace of Guile: The Role of Deception in Natural History and Human Affairs*. New York: Oxford University Press.

[297] Ruggiero, Vincenzo. 2009. "Corporate Crime: A Panacea for Critical Criminology."

pp. 41 – 54 in *Cutting the Edge: Current Perspectives in Radical/Critical Criminology and Criminal Justice*, 2nd ed., edited by Jeffrey Ian Ross. New Brunswick, NJ: Transaction Publishers.

[298] Rushe, Dominic. 2013. "Deepwater Trial: U. S. Lawyers Say BP Ignored Warnings on 'Well from Hell'." *The Guardian*. Retrieved July 1, 2014 (www. theguardian. com/environment/2013/feb/25/deepwater – trial – justice – bp – warnings).

[299] Scalia, John. 1999. "Federal Enforcement of Environmental Laws, 1997." Bureau of Justice Statistics Special Report. Federal Justice Statistics Program. NCJ 175686.

[300] Schell – Busey, Natalie. 2009. "The Deterrent Effects of Ethics Codes for Corporate Crime: A Meta – Analysis." Dissertation. Digital Repository at the University of Maryland, College Park. Retrieved July 2, 2014 (http://hdl. handle. net/1903/9289).

[301] Schell – Busey, Natalie, Sally S. Simpson, Melissa Rorie, and Mariel Alper. 2016. "What Works? A Systematic Review of Corporate Crime Deterrence." *Criminology & Public Policy* 15: 387 – 416.

[302] Schlanger, Zoe. 2015. "How BP's 18. 7 Billion Gulf Spill Fine Could be One Giant Tax Deduction." Retrieved April 4, 2017 (www. newsweek. com/how – bps – 187 – billion – gulf – spill – fine – could – be – one – giant – tax – deduction – 349637).

[303] Scott, Donald. 1989. "Policing Corporate Collusion." *Criminology* 27: 559 – 587.

[304] Scott, Marvin B. and Stanford M. Lyman. 1968. "Accounts." *American Sociological Review* 33: 46 – 62.

[305] Sealock, Miriam D. and Sally S. Simpson. 1998. "Unraveling Bias in Arrest Decisions: The Role of Juvenile Typescripts." *Justice Quarterly* 15: 427 – 457.

[306] Senerdem, Enis. 2014. "Turkey's Mining Safety: Bleak Track Record." *BBC Turkish Service*. Retrieved July 2, 2014 (www. bbc. com/news/world – europe – 27414972).

[307] Shapiro, Susan P. 1984. *Wayward Capitalists: Target of the Securities and Exchange Commission*. New Haven, CT: Yale University Press.

[308] Shapiro, Susan P. 1985. "The Road Not Taken: The Elusive Path to Criminal Prosecution for White – Collar Offenders." *Law and Society Review* 19: 179 – 217.

[309] Shapiro, Susan P. 1990. "Collaring the Crime, Not the Criminal: Reconsidering the Concept of White – Collar Crime." *American Sociological Review* 55: 346 – 365.

[310] Sharp, Kathleen. 2011. "To Save on Health Care, First Crack Down on Fraud." *New*

York Times. Retrieved March 6, 2014 (www. nytimes. com/2011/09/27/opinion/to – save – on – health – care – first – crack – down – on – fraud. html? _r = 0).

[311] Shover, Neal. 2007. "Generative Worlds of White – Collar Crime." pp. 81 – 97 in *International Handbook of White – Collar and Corporate Crime*, edited by Henry N. Pontell and Gilbert Geis. New York: Springer.

[312] Shover, Neal, Donald A. Clelland, and John Lynxwiler. 1986. *Enforcement or Negotiation*. Albany, NY: State University of New York Press.

[313] Shover, Neal and Francis T. Cullen. 2011. "White – Collar Crime: Interpretative Disagreement and Prospects for Change." pp. 47 – 62 in *Reflecting on White – Collar and Corporate Crime: Discerning Readings*, edited by David Shichor, Larry Gaines, and Andrea Schoepfer. Long Grove, IL: Waveland Press.

[314] Shover, Neal and Andrew Hochstetler. 2006. *Choosing White – Collar Crime*. New York: Cambridge University Press.

[315] Silberman, Charles E. 1978. *Criminal Violence, Criminal Justice*. New York: Random House.

[316] Simon, David R. and Stanley D. Etizen. 1990. *Elite Deviance*. Boston: Allyn & Bacon.

[317] Simon, Rita J. 1975. *Women and Crime*. Lexington, MA: Lexington Books.

[318] Simpson, Sally S. 1986. "The Decomposition of Antitrust: Testing a Multilevel, Longitudinal Model of Profit – Squeeze." *American Sociological Review* 51: 859 – 975.

[319] Simpson, Sally S. 2002. *Corporate Crime, Law, and Social Control*. Cambridge: Cambridge University Press.

[320] Simpson, Sally S. 2006. "Corporate Crime and Regulation." pp. 63 – 90 in *Managing and Maintaining Compliance*, edited by Henk Elffers, Peter Verboon, and Wim Huisman. The Hague: Boom Legal Publishers.

[321] Simpson, Sally S. 2012. "Making Sense of White – Collar Crime: Theory and Research." *Ohio State Journal of Criminal Law* 8: 481 – 502.

[322] Simpson, Sally S. 2013a. "Illuminating the Dark Figure of White – Collar Crime." Invited Keynote Lecture, Griffith University, Brisbane Australia, June.

[323] Simpson, Sally S. 2013b. "White – Collar Crime." *Annual Review of Sociology* 39: 309 – 331.

[324] Simpson, Sally S., Mariel Alper, and Michael L. Benson. 2012. "Gender, Organiza-

tional Crime, and Opportunity." Paper presented at the Annual Meeting of the American Society of Criminology, Chicago, IL, 14 – 17 November.

[325] Simpson, Sally S., Miranda A. Galvin, Thomas Loughran, and Mark A. Cohen. 2017. "Perceptions of White – Collar Crime Seriousness: Unpacking and Translating Attitudes into Policy Preferences." Working Paper, Department of Criminology and Criminal Justice, University of Maryland, College Park.

[326] Simpson, Sally S., Joel Garner, and Carole Gibbs. 2007. *Why Do Corporations Obey Environmental Law?* Washington, DC: National Institute of Justice.

[327] Simpson, Sally S. and Nicole L. Piquero. 2002. "Low Self – Control, Organizational Theory, and Corporate Crime." *Law & Society Review* 36: 509 – 548.

[328] Simpson, Sally S., Melissa Rorie, Mariel Alper, Natalie Schell – Busey, William Laufer, and N. Craig Smith. 2014. "Corporate Crime Deterrence: A Systematic Review." *Campbell Systematic Reviews* 4: 1 – 105, January 2014. DOI: 10.4073/csr.2014.4.

[329] Simpson, Sally S. and Peter Cleary Yeager. 2015. "Building a Comprehensive White – Collar Violations Database." Final Technical Report submitted to the US DOJ and published by NCJRS. Retrieved from www.ncjrs.gov/pdffiles1/bjs/grants/248667.pdf

[330] Sinclair, Upton. 1906. *The Jungle*. New York: Doubleday.

[331] Singh, B. Kirshna and Larry D. Adams. 1979. "Variations in Self – Reported Arrests: An Epidemiological Perspective." *Criminal Justice Review* 4: 73 – 83.

[332] Smith, Douglas A. and Christy A. Visher. 1980. "Sex and Involvement in Deviance/Crime: A Quantitative Review of the Empirical Literature." *American Sociological Review* 45: 691 – 701.

[333] Smith, Geoffrey and Roger Parloff. 2016. "Hoaxwagen." *Fortune*. Retrieved January 11, 2017 (http://fortune.com/inside – volkswagen – emissions – scandal/).

[334] Smith, N. Craig, Sally S. Simpson, and Chun – yen Huang. 2007. "Why Managers Fail to Do the Right Thing: An Empirical Study of Unethical and Illegal Conduct." *Business Ethics Quarterly* 17: 633 – 667.

[335] Smith, Ryan 2005. "Do the Determinants of Promotion Differ for White Men versus Women and Minorities?" *American Behavioral Scientist* 48: 1182 – 1199.

[336] Sorokonish, Robert. 2017. "U. S. EPA Accuses Fiat Chrysler of Using Diesel Emission Cheating Software." Retrieved (www.roadandtrack.com/new – cars/car – technolo-

gy/news/a32267/us – epa – accuses – fiat – chrysler – of – using – diesel – emission – cheating – software/).

[337] Sparrow, Malcolm K. 1996. *License to Steal: Why Fraud Plagues America's Health Care System.* Boulder, CO: Westview Press.

[338] Sparrow, Malcolm K. 1998. "Fraud Control in the Health Care Industry: Assessing the State of the Art," *Research in Brief.* Washington, DC: National Institute of Justice.

[339] Steffensmeier, Darrell J. 1983. "Organization Properties and Sex Segregation in the Underworld: Building a Sociological Theory of Sex Differences in Crime." *Social Forces* 61: 1010 – 1032.

[340] Steffensmeier, Darrell J. 1989. "On the Causes of 'White – Collar' Crime: An Assessment of Hirschi and Gottfredson's Claims." *Criminology* 27: 345 – 358.

[341] Steffensmeier, Darrell J. and Emilie Allan. 2000. "Looking for Patterns: Gender, Age, and Crime." pp. 83 – 113 in *Criminology: A Contemporary Handbook*, edited by Joseph F. Sheley. Stamford, CT: Wadsworth/Thompson Learning.

[342] Steffensmeier, Darrell J., Jennifer Schwartz, and Michael Roche. 2013. "Gender and Twenty – First – Century Corporate Crime: Female Involvement and the Gender Gap in Enron – Era Corporate Frauds." *American Sociological Review* 78 (3): 448 – 476.

[343] Stempel, Jonathan. 2014. "Ex – BP Well Managers Must Face Gulf Spill Criminal Charges." *Reuters*, January 28. Retrieved September 11, 2014 (www. reuters. com/article/2014/01/28/us – bp – spill – charges – idUSBREA0R1H920140128).

[344] Stewart, James B. 2011. *Tangled Webs: How False Statements Are Undermining America: From Martha Stewart to Bernie Madoff.* New York: Penguin Press.

[345] Stone, Christopher D. 1975. *Where the Law Ends: The Social Control of Corporate Behavior.* New York: Harper & Row.

[346] Stotland, Ezra. 1977. "White Collar Criminals." *Journal of Social Issues* 33: 179 – 196.

[347] Stretesky, Paul B., Michael A. Long, and Michael J. Lynch. 2013. "Does Environmental Enforcement Slow the Treadmill of Production? The Relationship between Large Monetory Penalties, Ecological Disorganization, and Toxic Releases within Offending Organizations." *Journal of Crime and Justice* 36: 233 – 237.

[348] Sutherland, Edwin H. 1940. "White – Collar Criminality." *American Sociological Review* 5: 1 – 12.

[349] Sutherland, Edwin H. 1941. "Crime and Business." *Annals of the American Academy of Political and Social Science* 217: 112 - 118.

[350] Sutherland, Edwin H. 1945. "Is 'White - Collar Crime' Crime?" *American Sociological Review* 10: 132 - 139.

[351] Sutherland, Edwin H. 1949. *White - Collar Crime*. New York: Holt, Rinehart, and Winston.

[352] Sutherland, Edwin H. 1983. *White - Collar Crime: The Uncut Version*. New Haven, CT: Yale University Press.

[353] Swartz, Mimi. 2003. *Power Failure: The Inside Story of the Collapse of Enron*. New York: Doubleday.

[354] Swigert, Victoria L. and Ronald A. Farrell. 1981. "Corporate Homicide—Definitional Processes in the Creation of Deviance." *Law & Society Review* 15 (1): 161 - 182.

[355] Sykes, Gresham M. and David Matza. 1957. "Techniques of Neutralization: A Theory of Delinquency." *American Sociological Review* 22: 664 - 670.

[356] Szasz, Andrew. 1984. "Industrial Resistance to Occupational Safety and Health Legislation, 1971 - 1981." *Social Problems* 32: 103 - 116.

[357] Szockyj, Elisabeth. 1993. "Insider Trading: The SEC Meets Carl Karcher." *Annals of the American Academy of Political and Social Science* 525: 46 - 58.

[358] Szockyj, Elizabeth and James G. Fox. 1996. *Corporate Victimization of Women*. Boston: Northeastern University Press.

[359] Tabuchi, Hiroko. 2017. "E. P. A. Accuses Fiat Chrysler of Secretly Violating Emissions Standards." *New York Times*. Retrieved June 23, 2017 (www. nytimes. com/2017/01/12/business/epa - emissions - cheating - diesel - fiat - chrysler - jeep - dodge. html).

[360] Tabuchi, Hiroko, Jack Ewing, and Matt Apuzzo. 2017. "6 Volkswagen Executives Charged as Com - pany Pleads Guilty in Emissions Case." *New York Times*. Retrieved January 13, 2017 (www. nytimes. com/2017/01/11/business/volkswagen - diesel - vw - settlement - charges - criminal. html? _r = 0).

[361] Tallmer, Matt. 1987. "Chemical Dumping as a Corporate Way of Life." pp. 111 - 120 in *Corporate Violence*, edited by Stuart L. Hills. Totowa, NJ: Rowman & Littlefield.

[362] Tappan, Paul W. 1947. "Who Is the Criminal." *American Sociological Review* 12: 96 - 102.

[363] Thompson, Richard and Claire Galofaro. 2013. "Defendants in BP Oil Spill Say Justice Department Scape - goating Them." *The Advocate*, December 5. Retrieved September 11, 2014 (http://theadvocate.com/news/7715100 - 123/defendants - in - bp - oil - spill).

[364] Tillman, Robert. 1987. "The Size of the 'Criminal Population': The Prevalence and Incidence of Adult Arrest." *Criminology* 25: 561 - 579.

[365] Tillman, Robert and Michael H. Indergaard. 2005. *Pump and Dump: The Rancid Rules of the New Economy*. New Brunswick, NJ: Rutgers University Press.

[366] Tillman, Robert, Henry N. Pontell, and William K. Black. 2018. *Financial Crime and Crises in the Era of False Profits*. New York, NY: Oxford University Press.

[367] Tittle, Charles R. 1991. "Review of *A General Theory of Crime*." *American Journal of Sociology* 96: 1609 - 1613.

[368] Tracy, Paul, Marvin Wolfgang, and Robert Figlio. 1990. *Delinquency Careers in Two Birth Cohorts*. New York: Plenum.

[369] Trefis Team. 2014. "BP's Oil Settlement Could Cost Over $15 Billion as the Court Upholds the Original Agreement." Retrieved July 2, 2014 (www.trefis.com/stock/bp/articles/222367/bps - oil - spill - settlement - could - cost - over - 15 - billion - as - the - court - upholds - the - original - agreement/2014 - 01 - 14).

[370] Trop, Jaclyn. 2013. "Companies Admit They Fixed Prices of Car Parts." *New York Times*. Retrieved June 3, 2014 (www.nytimes.com/2013/09/27/business/9 - auto - parts - makers - plead - guilty - to - fixing - prices.html? pagewanted = all&_r = 0).

[371] Trost, Cathy. 2008. "Good Neighbor Policy." Retrieved April 2, 2008 (www.aliciapatterson.org/APF0404/Trost/Trost.html).

[372] Turner, Ralph H. and Lewis M. Killian. 1987. *Collective Behavior*. Englewood Cliffs, NJ: Prentice Hall.

[373] United States Sentencing Memorandum, Case 5: 14 - cr - 00244. Document 571, filed 03/28/16. In the United States District Court for the Southern District of West Virginia. United States of America V. Donald L. Blankenship. Criminal NO. 5: 14 - 00244.

[374] *USA Today*. 2014. "Halliburton Settles Deepwater Horizon Claims for $1.1B." Retrieved September 15, 2014 (www.usatoday.com/story/money/business/2014/09/

02/halliburton - settles - gulf - explosion - claims/14958979/).

[375] U. S. Bureau of Labor Statistics. 2017. "BLS Reports: Report 1065: Women in the Labor Force: A Data - book." Retrieved October 6, 2017 (https://www.bls.gov/opub/reports/womens - databook/2016/home.htm).

[376] U. S. Department of Justice. 2014. "Deepwater Horizon (BP) Oil Spill Fraud." Retrieved July 2, 2014 (www.justice.gov/criminal/oilspill/).

[377] U. S. Environmental Protection Agency. 2001. "Pulping and Bleaching System NESHAP for the Pulp and Paper Industry: A Plain English Description." Retrieved July 2, 2014 (www.epa.gov/ttn/atw/pulp/guid - ance.pdf).

[378] U. S. Environmental Protection Agency. 2013. "Enforcement Annual Results Numbers at a Glance for Fiscal Year (FY) 2013a." Retrieved July 2, 2014 (www2.epa.gov/enforcement/enforcement - annual - results - numbers - glance - fiscal - year - fy - 2013).

[379] U. S. Environmental Protection Agency. 2014. "Enforcement and Compliance History Online." Retrieved July 2, 2014 (http://echo.epa.gov/air_dashboard? state = National&view = activity).

[380] U. S. Environmental Protection Agency. 2016. *EPA Enforcement and Compliance Annual Results*. Office of Enforcement and Compliance Assurance, December 19. Retrieved from the EPA website; link is no longer active.

[381] U. S. Federal Bureau of Investigation. 2010. "Members of Organized Crime Enterprises Charged with Federal Health Care Fraud Offenses." October 13, 2010. Retrieved September 12, 2014 (www.fbi.gov/albuquerque/press - releases/2010/aq101310 - 1.htm).

[382] U. S. Federal Bureau of Investigation. 2011. "Financial Crimes Report to the Public." Retrieved March 7, 2014 (www.fbi.gov/stats - services/publications/financial - crimes - report - 2010 - 2011/financial - crimes - report - 2010 - 2011#Health).

[383] U. S. Federal Trade Commission. 2013. "Consumer Fraud in the United States, 2011: The Third FTC Survey." Staff Report of the Bureau of Economics, Federal Trade Commission. Retrieved July 2, 2014 (www.ftc.gov/sites/default/files/documents/reports/consumer - fraud - united - states - 2011 - third - ftc - survey/130419fraudsurvey_0.pdf).

[384] U. S. General Accounting Office. 2002. "Financial Statement Restatements: Trends,

Market Impacts, Regulatory Responses, and Remaining Challenges." Report to the Chairman, Committee on Banking, Hous - ing, and Urban Affairs, U. S. Senate. GAO - 03 - 138. Retrieved October 11, 2017 (https://www.gao.gov/assets/240/236067.pdf).

[385] U. S. Sentencing Commission. 1993 - 2004. *U. S. Federal Sentencing Guidelines.* Washington, DC: U. S. Sentencing Commission.

[386] U. S. Sentencing Commission. 2016. Interactive Sourcebook (isb.ussc.gov) Datafile, USSCFY2016.

[387] Valencia, Milton J. and Kay Lazar. 2017. "NECC Co - Owner Convicted in Meningitis Outbreak." *Boston Globe*, March 22. Retrieved May 4, 2017 (www.bostonglobe.com/metro/2017/03/22/jury - reaches - verdict - new - england - compounding - center - trial/AMxQoZBV3EIhGMf1q7gSbP/story.html).

[388] Vandenbergh, Michael P. 2001. "The Social Meaning of Environmental Command and Control." *Virginia Environmental Law Journal* 20: 191 - 219.

[389] van Onna, Joost H. R., Victor R. van der Geest, Wim Huisman, and Adriian J. M. Denkers. 2014. "Criminal Trajectories of White - Collar Offenders." *Journal of Research in Crime and Delinquency* 51: 759 - 784.

[390] van Wingerde, Karin. 2015. "The Limits of Environmental Regulation in a Globalized Economy: Lessons from the Probo Koala Case." pp. 260 - 275 in *The Routledge Handbook of White - Collar and Corporate Crime in Europe*, edited by Judith van Erp, Wim Huisman, Gudrun Vande Walle, with the assistance of Joep Beckers. New York, NY: Routledge.

[391] Vaughan, Diane. 1983. *Controlling Unlawful Organizational Behavior.* Chicago: University of Chicago Press.

[392] Vaughan, Diane. 1990. "The Macro/Micro Connection in 'White - Collar Crime' Theory." pp. 124 - 145 in *White - Collar Crime Reconsidered*, edited by Kip Schlegel and David Weisburd. Boston: Northeastern University Press.

[393] Vaughan, Diane. 2005. "The Normalization of Deviance: Signals of Danger, Situated Action, and Risk." pp. 255 - 276 in *How Professionals Make Decisions*, edited by Henry Montgomery, Raanan Lipshitz, and Berndt Brehmer. Mahwah, NJ: Lawrence Erlbaum.

[394] Vaughan, Diane. 2007. "Beyond Macro – and Micro – Levels of Analysis, Organizations, and the Cultural Fix." pp. 3 – 24 in *International Handbook of White – Collar and Corporate Crime*, edited by Henry N. Pontell and Gilbert Geis. New York: Springer.

[395] Vickers, Marcia and Doris Burke. 2006. "The Bonnie and Clyde of Mortgage Fraud." *Fortune*. Retrieved April 18, 2008 (www.scopus.com/scopus/inward/record.url?eid=2-s2.0-35349031732&partnerID=40&rel=R7.0.0).

[396] Vlasic, Bill and Danielle Ivory. 2014. "Barra Faces Scrutiny in House over G. M. Recalls." *New York Times*. Retrieved July 2, 2014 (www.nytimes.com/2014/06/19/business/house-hearing-on-general-motors-recalls.html?_r=0).

[397] von Fritz, Kurt and Ernst Kapp. 1950. *Aristotle's Constitution of Athens and Related Texts*. New York: Hafner Publishing.

[398] Warner, Judith. 2014. "Fact Sheet: The Women's Leadership Gap." *Center for American Progress*. Retrieved June 5, 2017 (www.americanprogress.org/issues/women/reports/2014/03/07/85457/fact-sheet-the-womens-leadership-gap/).

[399] Weisburd, David and Elin J. Waring. 2001. *White – Collar Crime and Criminal Careers*. New York: Cambridge University Press.

[400] Weisburd, David, Stanton Wheeler, Elin Waring, and Nancy Bode. 1991. *Crimes of the Middle Classes: White – Collar Offenders in the Federal Courts*. New Haven, CT: Yale University Press.

[401] Wells, Celia. 1993. *Corporations and Criminal Responsibility*. Oxford: Clarendon Press.

[402] Wheeler, Stanton. 1992. "The Problem of White – Collar Crime Motivation." pp. 108 – 123 in *White – Collar Crime Reconsidered*, edited by Kip Schlegel and David Weisburd. Boston: Northeastern University Press.

[403] Wheeler, Stanton, Kenneth Mann, and Austin Sarat. 1988b. *Sitting in Judgment: The Sentencing of White – Collar Criminals*. New Haven, CT: Yale University Press.

[404] Wheeler, Stanton and Mitchell L. Rothman. 1980. "The Organization as Weapon in White – Collar Crime." *Michigan Law Review* 80: 1403 – 1426.

[405] Wheeler, Stanton, David Weisburd, and Nancy Bode. 1982. "Sentencing the White – Collar Offender: Rhetoric and Reality." *American Sociological Review* 47: 641 – 659.

[406] Wheeler, Stanton, David Weisburd, Elin Waring, and Nancy Bode. 1988a. "White Collar Crime and Crim－inals." *American Criminal Law Review* 25: 331－357.

[407] White, Jenny, Albert Bandura, and Lisa A. Bero. 2009. "Moral Disengagement in the Corporate World." *Accountability in Research: Policies & Quality Assurance* 16: 41－74.

[408] Wilbanks, Charles. 2013. "Enron's Jeff Skilling May Get Early Release." *Money－Watch*, May 9, 2013. Retrieved September 12, 2014 (www. cbsnews. com/news/enrons－jeff－skilling－may－get－early－prison－release/).

[409] Willott, Sara, Christine Griffen, and Mark Torrance. 2001. "Snakes and Ladders: Upper－Middle Class Male Offenders Talk about Economic Crime." *Criminology* 39 (2): 441－466.

[410] Wilson, George. 2012. "Starting the Same ...Finishing the Same? Race, Occupational Origins, and Mobility into Managerial Positions." *American Behavioral Scientist* 56 (5): 682－695.

[411] Woodyard, Chris. 2015. "GM Ignition Switch Deaths Hit 124." *USA Today*, July 13, 2015. Retrieved May 3, 2017 (www. usatoday. com/story/money/cars/2015/07/13/gm－ignition－switch－death－toll/30092693/).

[412] Wright, Erik O. 1997. *Class Counts: Comparative Studies in Class Analysis.* New York: Cambridge University Press.

[413] Yang, Fangxing, Shiwei Jin, Ying Xu, and Yuanan Lu. 2011. "Comparisons of IL－8, ROS and p53 Responses in Human Lung Epithelial Cells Exposed to Two Extracts of PM2. 5 Collected from an e－Waste Recycling Area, China." *Environmental Research Letters* 6: 1－6.

[414] Yeager, Peter Cleary. 2016a. "The Elusive Deterrence of Corporate Crime." *Criminology & Public Policy* 15: 439－451.

[415] Yeager, Peter Cleary. 2016b. "The Practical Challenges of Responding to Corporate Crime." pp. 643－661 in *The Oxford Handbook of White－Collar Crime*, edited by Shanna Van Slyke, Michael L. Benson, and Francis T. Cullen. New York: Oxford University Press.

[416] Yeager, Peter C. and Gary E. Reed. 1998. "Of Corporate Persons and Straw Men: A

Reply to Herbert, Green and Larragoite." *Criminology* 36: 885 – 897.

[417] Zietz, Dorothy. 1981. *Women Who Embezzle or Defraud: A Study of Convicted Felons*. New York: Praeger Publishers.

[418] Zimring, Franklin E. and Gordon Hawkins. 1973. *Deterrence: The Legal Threat in Crime Control*. Chicago: University of Chicago Press.

索 引

注：斜体页码表示数字；粗体页码表示表格；索引页码为原书页码。

B

C

D

E

F

G

H

I

J

K

L

M

N

O

S

T

U

V

W

Y